中央大学政策文化総合研究所研究叢書 3

# 東アジア共同体への道

滝田　賢治 編著

中央大学出版部

# はしがき

本書は日本私立学校振興・共済事業団（2003～4年度）と中央大学（2003～5年度）からの学術研究振興資金を得て3年間にわたり行った国際共同プロジェクト「米中関係と東アジア共同体構想」の成果の一部である．

本プロジェクトのテーマである東アジア共同体構想は，本書の各論文でもしばしば言及されているように，マレーシア首相であったマハティールが冷戦が終結しつつあった1990年に「東アジア経済協議体」構想を発表してから注目されてはいたが，具体化してきたのは1997年のアジア通貨危機以降のことである．この通貨危機を受けて東アジアではチェンマイ・イニシアチブが成立し，ASEAN＋3の枠組みも具体化したのである．この過程で中国政府はこの問題に対する姿勢を積極化させ，これに対して日本政府も2003年12月には日本・ASEAN 特別首脳会議を開催して「東京宣言」を発表し東アジア共同体構築への意思を表明せざるをえなかった．そして2005年12月にはマレーシアのクアラルンプールで，第1回東アジア・サミットが開催されるに至ったのである．

この流れを受け日本では，2004年には官民共同のいわばトラック2レヴェルの「東アジア共同体評議会」が設立され，またメディアばかりか学界でも，東アジア共同体をめぐる議論が活発化してきている．しかし議論は積極論と消極論に分裂しているのが現状である．積極論は，グローバリゼーションのマイナス面を緩和するためには地域主義が不可欠であるとともに，地域的影響力を日増しに増大させている中国に対応するためにも，多国間の枠組みが不可欠であることを理由にしている．消極論は，東アジア共同体は強大化しつつある中国の新たな「華夷秩序」に日本が組み込まれる恐れがあること，あるいは中国・韓国との間に横たわる歴史認識問題を克服することは困難であること，などを理由としている．いずれの立場に立つにせよ，この東アジア共同体への対応は日本外交の試金石となりつつあり，現在，テロとの戦いとトランスフォーメーションを進めているアメリカとの関係をどのように規定するのかという問題とも密接に関わる問題となっている．よりマクロ的な観点から見ると，東アジア共同体にどのように対応していくか，共同体構築にどのように貢献していくかという問題は，近現代日本外交の一大転換点となる問題であると認識すべきである．

本書に収められた論文は，この様な問題性を孕む東アジア共同体構想を，経済・安保・社会・思想の諸側面から論じたものである．2003年にスタートしたプロジェクトは，定例研究会を開催しつつ，4回の国際シンポジウム・ワークショップ（2004年3月中央大学，同年10月中国・清華大学，2005年3月韓国・漢陽大学，2005年12月中央大学）によって議論を深めてきた．この過程で提出されたペーパーをまとめたものが本書の骨格となっている．東アジア共同体について何冊か研究書が出版されているが，中国・韓国・ロシア・アメリカ・日本各国の視点から書かれた著書としては初めてのものであろう．ご批判頂ければ幸いである．

2006年3月

「米中関係と東アジア共同体構想」
プロジェクト主査　滝田賢治

# 目　　次

第１章

# 東アジア共同体構想の背景と課題

滝田　賢治

## はじめに――共同体のイメージ

共同体という日本語には村落共同体とかドイツ語でいうゲマインシャフト的イメージが付きまとう．英語に訳す場合の community も領域的にも人口的にも小規模で限定的な政治的空間をイメージさせる．だが現実には，東南アジアと北東アジアからなる東アジアは世界人口の約３分の１を占め，宗教的にも民族的にも歴史的にも多様であり，日本語で言う共同体や英語の community とは本来的に大きく異なっている．イメージ的には先行事例であるヨーロッパ経済共同体（EEC）やヨーロッパ共同体（EC）が community を使っていたため，community の訳語として定着していた共同体が使われるようになったのである．

確かにヨーロッパでは近現代に独仏間で３度にわたる熾烈な戦争が展開され，ヨーロッパに亀裂を生んだが，世界の他地域に比べれば宗教的にも民族的にも同質的であり地理的近接性もあったため，この地域における協調・共生のための枠組みを community という概念で理解することは可能であったかもしれない．しかしそれを条件の大きく異なる東アジアに適用すれば違和感があるばかりか誤解を生むことは当然である．東アジア共同体という日本語の共同体に近い英語を探すならばcommonwealthかEU（European Union）のunionであろうが，それでも現実からは程遠いといわざるをえない．東アジア共同体は，将来commonwealthかunionの構築を目指す「構想」であり，東アジアの諸問題を解決していくための「協力体制」あるいは機能別の「レジーム」の重層的な全体を指すものとして理解すべきであろう．

共同体構築にはidentity, interest, institutionという「３つのＩ」――人によってはIdeaのＩを加え「４つのＩ」ともいうが――が不可欠であるといわれるが，東アジア共同体は実際には東アジア協力体制ともいうべきものであるので，必ずしも共通のアイデンティティが必要不可欠であるということではない．共通のアイデンティティが保障されて初めて，共通の利益やこれを担保する制度が構築されていくというものではないのである．もちろんアイデンティティの共有が協力体制を共同体に高めていく上で有効であることは事実であり，歴史認識の共有や共通の歴史教科書の作成，文化交流やスポーツ交流の活性化は重要であるが，これが進まなければ利益，すなわち経済交流・経済的相互依存関係が促進されないわけではない．また経済関係が強化されなければ，この地域はより安全にならないというものでもない．この考え方は，経済的統合が実現して初めて政治的統合が実現し――スピルオーバー――，不戦共同体が出来上がるものであるというヨーロッパ統合を唯一のモデルとした新機能主義的発想に影響されたものである．東アジア共同体は現実には共同体構築に向けてのプロセスあるいは協力体制であり，アイデンティティの共有化，経済的相互依存関係の強化，地域的安全保障の向上，これらのための制度作りが順不同で同時に展開されても構わないのである．いわば可能なところから具体化していくべきプロセスなのである．

ドイツ語のゲマインシャフトであろうが，英語のコミュニティあるいはコモンウェルスであろうがユニオンであろうが，共同体なる概念の核（コア）は結局のところ共同体に包摂されることになる人々の安全が保障されるということである．安全保障securityの基になっているフランス語のsécuritéは「安心」という意味であり，共同体構築の目的は東アジアの人々が安心して暮らしていける状態を生み出すことである．しかし現実には同じ東アジア共同体という言葉を使いながら，使う者や国によってその意味するところが大きく異なり，そのことが東アジア共同体をめぐる議論を複雑にしているのである[1)]．

## 1．東アジア共同体構想の背景

東アジア共同体構想の内容あるいはイメージがこのように異なるために，これへの関心が高まるにつれ反発や警戒論も強まってきている．とりわけこの構想を支持し具体化しようとしている中国に対しアメリカが反発を強め，この構想自体が国際政治の争点にすらなっていることは注目に値する．このような東アジア共同体構想が浮上し，具体化に向けた動きが活発になった背景にはどのような要因が働いているのであろうか．

それにはグローバルな要因と東アジアあるいはアジア・太平洋地域のリージョナルな要因が考えられる（図1）．前者に関していえば冷戦終結をも一大要因とするグローバリゼーションの急展開があることは明らかである．イデオロギー対立という「断層」が消滅し，この対立に基づく政治的・経済的・軍事的緊張も大幅に弛緩し，その結果「人・物・金・情報」が以前の段階よりもはるかに大量に短時間で――ということは多くの場合より低コストで――移動しあう現代グローバリゼーションが始動したのである．当初はア

図1　東アジア共同体構想の背景

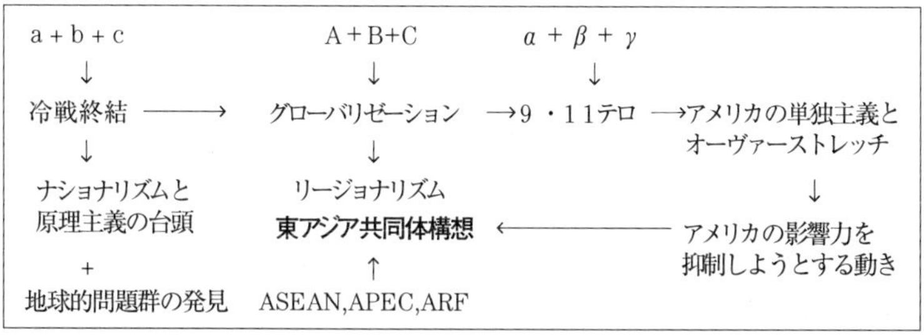

メリカナイゼーションとしての性格を色濃く持ったグローバリゼーションに対抗するためのリージョナリズムとしての東アジア共同体構想が浮上したのである．

後者に関しては，この構想を生み出すような条件が東アジア地域に醸成されていたことを指摘しなければならない．反共同盟として生まれたASEANが米中接近を契機に地域協力機構に変質していき，冷戦終結を契機にアメリカが打ち出した太平洋共同体構想はAPECとして具体化し，安全保障対話機構としてのARF（ASEAN Regional Forum）が実質的協議を開始したのをはじめ，数々のサブリージョナルな枠組みが形成され，重層的な協力体制が存在していることがこの構想の重要な背景として存在している．

こうしたグローバル・リージョナルな要因を背景としつつも，東アジア共同体構想の直接的契機となったのはやはり1990年代初頭にマハティール・マレーシア首相が提唱した東アジア経済協議体構想（EAEG）であることに異論はないであろう．この構想はベーカー・アメリカ国務長官が「太平洋に線を引くものだ」[2)]と強く批判したため立ち消えになったかに見えたが，1997年のアジア通貨危機を契機に再びこの構想が浮上してきたのである．すなわちアジア通貨危機[3)]に対してIMFやAPECが有効な対応をすばやく取りえなかったことから，東アジア諸国は主体的に通貨問題に対応する枠組みを形成する必要性を痛感し，日本は「アジア通貨基金（AMF）」構想を打ち上げ，「ASEAN＋３(日中韓)」の枠組みが実質的に動き始めたのである[4)]．このAMF設立構想に対してアメリカやEU諸国が「IMFより甘い域内支援策を行うと政策運営の規律を弱める」という理由で強硬に反対し，AMF構想の実現を阻止したのであるが，2000年のチェンマイ・イニシアチブによる通貨スワップ協定は形を変えたAMFとみることができる．＋３の中で韓国は日中の間で埋没することを恐れ，「東アジア・ヴィジョン・グループ(EAVG)」(1998年ASEAN＋３首脳会議）や「東アジア・スタディ・グループ(EASG)」(2000年11月ASEAN＋３首脳会議）の設置を提案したのである[5)]．しかしASEAN自体の方が動きが早く，2003年10月の首脳会議で，2020年までに安保，経済，社会・文化の3分野で共同体を構築し，最終的に「ASEAN 共同体」を創設することを初めて確認した．この動きを受け12月日本と ASEAN が東京で開催した特別首脳会議では「東京宣言」を発表して「共同体の構築に向けた東アジア協力の深化」を明確に謳い上げた[6)]．さらに2004年11月末，ラオスで開催された ASEAN＋3首脳会議では2005年12月に第1回東アジア・サミットの開催が決定するに至ったのである．この決定こそがアメリカの神経を逆撫でることになったのである．

**表1**　東アジア共同体への動き

| | |
|---|---|
| 1989年11月 | APEC（アジア太平洋経済協力会議）発足 |
| 1990年12月 | マハティール，「東アジア経済協議体（EAEG）」構想を提唱 |
| 1992年1月 | AFTA（ASEAN 自由貿易地域）設立合意 |
| 1993年11月 | APEC 第1回非公式首脳会議（シアトル） |
| 1994年7月 | ARF（ASEAN Regional Forum）発足 |
| 1995年12月 | 東南アジア非核地帯条約締結 |
| 1997年7月 | アジア通貨危機→日本「アジア通貨基金（AMF)」構想，「ASEAN＋3」設置 |
| 1998年12月 | 「ASEAN＋3」首脳会議で金大中・韓国大統領「EAVG」設置を提案 |
| 2000年5月 | チェンマイ・イニシアチブ（通貨スワップ協定） |
| 11月 | 「ASEAN＋3」首脳会議で金大中大統領「EASG」設置を提案 |
| 2002年1月 | AFTA 発効 |
| 2003年10月 | ASEAN 首脳会議，「ASEAN 共同体」創設を決定 |
| 12月 | 日本・ASEAN 特別首脳会議，「東京宣言」 |
| 2004年11月 | 「ASEAN＋3」首脳会議，「第1回東アジア・サミット」開催を決定 |
| 2005年12月 | 第1回東アジア・サミット（マレーシア・クアラルンプール） |
| 2007年 | 中国，「ASEAN＋3」設立10周年を記念し，東アジア・サミット開催希望 |

## 2．東アジアの国際関係

東アジア共同体という場合の東アジアという概念は，地理的概念か国際関係上の概念かという問題が議論されるべきであるであるが，この概念をめぐる議論そのものが極めて政治的色彩を帯びるのである．単純に考えれば東アジアという概念は地理的概念であり，東南アジアと北東アジアから成る地域を意味し，この地域に存在する主権国家を基礎的構成要素とすることになる．地理的概念とした場合でも，境界国家[7)]オーストラリアやニュージーランドとの関係をどう考えるのか，あるいは地理的には明らかに南アジア地域に属するインドなどとの関係をどう規定するのか，北東アジア地域との関係の深い極東ロシアやモンゴルとの関係をどう規定するのかという問題が残ることも事実である．国際関係上の概念と捉えた場合には，地理的概念としての東アジアにおける国際政治のアクターを包摂することになり，この地域に長期にわたり経済的にも軍事的にも圧倒的重みを持ってプレゼンスするアメリカも東アジア共同体の構成要素とすることになるかもしれない．

アメリカはEUに正式メンバーとして加盟することはできないし，EUや日本がNAFTAに加盟することは考えられないのと同様にアメリカも東アジア共同体に中核メンバーとして参加することはできない，と谷口誠は主張している[8)]．この考えは明らかに東アジアを厳密に地理的概念で捉えた結果である．もし厳密に地理的概念として規定するならば，モンゴルは別としてもオーストラリア・ニュージーランド・極東ロシアも東アジア共同体の中核メンバーからは外れることになる．これらの国々が正式に参加できるとするならば，太平洋を挟んではいるがハワイ・グアムをその領土としているアメリカを地理的概念を根拠に排除できないことになる．「開かれた共同体」を標榜するならばEUやNAFTAと相互に「開き」，密接に協力関係を強め，それを制度化していくべきである．ASEM（Asia–Europe Meeting＝アジア欧州会議）[9)]はその萌芽かもしれないが，地理的概念に従ってアメリカを排除した場合でもNAFTAと東アジア共同体との間での協力のメカニズムを形成していくことは十分可能であろう．

ここではまず東アジア共同体が地理的概念に従って形成されることを前提に，共同体の構成要素となるはずのこの地域の国家の基本的条件と地域的枠組みを確認しておく．

東アジア共同体構想が語られる時，しばしばより同質的なEUと比較して

**表2**　東アジア諸国の基礎的データ（2002年）

| | 人口<br>（百万人） | GDP<br>（百億ドル） | 1人当りGDP<br>（百ドル） | 国防費<br>（百万ドル） | 対GDP比<br>（%） |
|---|---|---|---|---|---|
| 北東アジア | | | | | |
| 日　本 | 127 | 399 | 313 | 37,070 | 1.2 |
| 韓　国 | 47 | 47 | 100 | 12,615 | 2.8 |
| 中　国 | 1304 | 126 | 9.7 | 48,380 | 4.1 |
| 小計 | 14億7,000万人 | 5兆7,200億ドル | | | |
| 北朝鮮 | 22 | 1.2[1)] | 5.4[2)] | 4,728 | 25.0 |
| 台　湾 | 22 | 28 | 125 | 7,479 | 2.7 |
| モンゴル | 2.6 | 0.1 | 4.3 | | |
| 小計 | 約15億人 | 約6兆ドル | | | |
| 東南アジア | | | | | |
| フィリピン | 79 | 7.7 | 9.8 | 1,511 | 2.1 |
| ブルネイ | 0.3 | 0.5[3)] | 153[4)] | 253 | 5.2 |
| ヴェトナム | 81 | 3.5 | 4.4 | 2,286 | 7.1 |
| ラ オ ス | 5.6 | 0.1 | 3 | 14 | 0.8 |
| カンボジア | 14 | 0.4 | 2.9 | | |
| タ　イ | 62 | 12 | 19 | 1,730 | 1.5 |
| マレーシア | 24 | 9.4 | 39 | 3,260 | 3.6 |
| シンガポール | 4 | 8.6 | 209 | 4,334 | 5.2 |
| ミャンマー | 49 | 3.4[5)] | 7[6)] | 2,837 | 5.0 |
| インドネシア | 21 | 17 | 7.9 | 6,245 | 3.7 |
| | 約4.4億人 | 6,260億ドル | | | |
| 東アジア | | | | | |
| 合計 | 約19.4億人 | 約6.6兆ドル | | 約1,280億ドル | |

（注）1)～6)は2000年のデータ．
（出所）『世界国勢図会2004／05』（矢野恒太記念会，2005年）より作成．

その多様性が問題にされる．自然条件，宗教を含む文化的条件，経済的条件は，確かにヨーロッパに比較して大きく異なり，その意味で東アジアは多様性に富むとは言える．しかし自然条件の多様性はこの地域の協力・協調を阻む要因とは言えず，むしろ協力・協調のための豊かな可能性を提供するものであろう．自然条件の相違こそが，この地域内における物資・資源の移動を引き起こす要因となり，また産業としてのツーリズムを活性化し，文化交流に貢献する可能性を高めるのである．同様に文化的多様性も互いにその意味・価値を認め合えば相互交流により，より豊かな文化的発展をもたらす契機になるはずである．イスラム教・キリスト教・小乗仏教など宗教的多様性が阻害要因になるという指摘もあるが，ヨーロッパでは同じキリスト教文化でありながら宗教戦争を体験したばかりか，近現代において独仏は３度にわたる熾烈な戦争を体験してきたことを考えると，宗教的同質性が共同体形成に不可欠な条件とは言いがたい．確かに宗教的相違が紛争を引き起こす事例は多いが，その多くは政治権力が宗教的相違を利用した結果であることがしばしばであり，この相違が共同体形成の大きな阻害要因であると断ずることは早計である．

自然・文化条件の相違よりもむしろ経済的相違あるいは格差こそが共同体形成過程を阻害する可能性が極めて高いといわざるを得ない．１人当たりGDPでみると人口がそれぞれ４百万人，30万人の小規模国家であるシンガポールとブルネイが２万ドル，1.5万ドルで飛び抜けているほかは，アジア準NIESと評されたマレーシア，タイですらそれぞれ3,900ドル，1,900ドル程度で，それ以外の諸国はフィリピンの約1,000ドルを筆頭に最下位ラオスの300ドルまでASEAN内部に大きな格差が存在する（表２）．

ASEAN内部の格差とともに問題なのは，東南アジアと北東アジアからなる東アジア共同体を形成するとするならば，このASEANと＋３の日中韓との凄まじいほどの格差である．ASEAN 10ヵ国のGDP合計が約6,300億ドルであるのに対し，日中韓３ヵ国のそれは約5.7兆ドルで，台湾を加えれば約６兆ドルとなり，ASEAN諸国のGDP合計の９倍に上っている．１人当たりのGDPでも人口13億の中国の約1,000ドルを除けば――中国国内における沿海部と内陸部，大都市圏と農村部との著しい経済格差も中国国内問題にとどまらず東アジア全体に影響を与えうる問題であるが――日本の約３万ドル，台湾の約1.3万ドル，韓国の１万ドルと，ASEAN地域とは対照的である（表２）．

このように東アジアには，ASEAN地域と北東アジア地域との間，ASEAN

地域内部，中国を東北アジア一地域と見た場合には中国内部，それぞれに巨大な経済格差が存在していることが明らかになっている．いわば東アジアには三重の潜在的「南北問題」がビルトインされているのである．「人・物・金・情報」がそれ以前の段階より遥かに短時間で，かつ大量に――ということは多くの場合，低コストで――移動し合う現象としてのグローバリゼーション（の東アジア的展開），あるいはこれへの対抗現象としてのリージョナライゼーション――その具体的政策としての地域機構・レジームの形成や自由貿易協定（FTA）の締結――により，東アジア地域において経済的格差が固定化・構造化していく可能性が極めて高い．地域的経済大国の日中韓や台湾・シンガポールが，経済規模が遥かに小さく社会経済インフラが貧弱な域内小国とFTAを結ぶことによって，この地域の三重の潜在的「南北問題」が現実のものとなっていく恐れが強いのである．このような内部矛盾を抱える東アジアの国際的枠組みはどのような構造になっており，二国間・多国間の国際関係がこの国際的枠組みにどのように影響しているのか，また今後どのような影響を与えうるのかを確認していく．

図2を見れば明らかなように東アジアの国際的枠組みという場合，その中心にあるのはASEANであり，このASEANを核として重層的な枠組みが形成されていることは一目瞭然である．1967年にインドネシアを中心にマレーシア，シンガポール，タイ，フィリピン5ヵ国により親米反共同盟の色彩の濃い地域機構として発足したASEANは，1972年の米中接近によって東アジア地域の緊張が大幅に低下するとその性格を地域協力機構として変質させ，さらに1975年のサイゴン陥落を受けて1976年に域内地域協力を制度化させる東南アジア友好協力条約（TAC=Treaty of Amity and Cooperation in Southeast Asia）に調印し，域外諸国にも賛同を求めて調印国を拡大し，これをASEANの根拠条約としたのである[10)]．その後，ブルネイ（84年），ベトナム（95年），ミャンマーとラオス（97年），カンボジア（99年）がASEANに加盟して，ほぼ東南アジアの全ての国家がこの地域機構に参加することになったのである（ASEAN 10）．

図2　東アジアの国際的枠組み

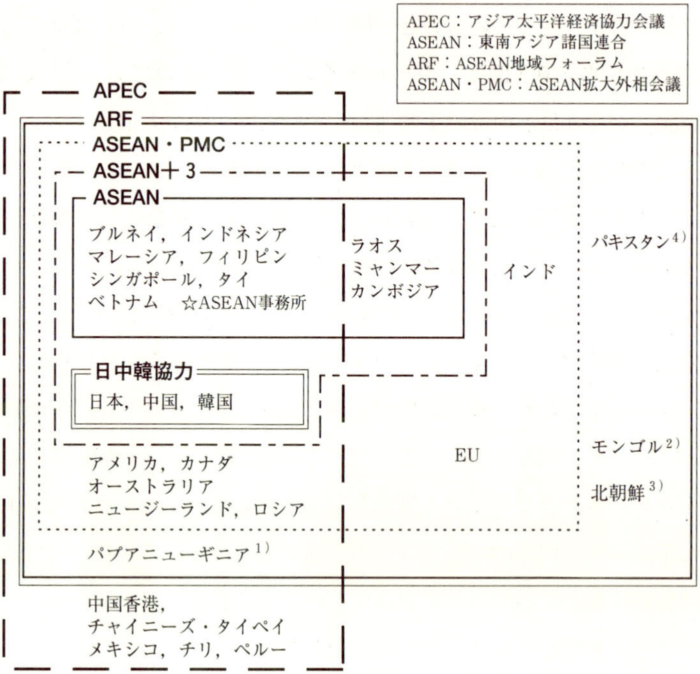


（注）1）オブザーバーとしてASEAN外相会議に出席．
2）98年の第5回閣僚会合で参加承認．
3）2000年7月のARFに初参加．
4）2004年7月のARFに初参加．
（出所）水本達也「東アジア共同体は実現するか」『世界週報』(2005年3月29日号)

この間，冷戦終結を受けASEANは1990年代に域外諸国との関係を拡大させることになる．1994年に安保対話機構としてのARF（ASEAN Regional Forum=ASEAN地域フォーラム）を立ち上げ，域外の国々をも「対話パートナー国」（日中韓，ロシア，オーストラリア，ニュージーランド，インド，パキスタン，アメリカ，カナダ，EU，モンゴル，北朝鮮，パプアニューギニア）として組み込んできた．域外諸国との関係拡大の第2の事例は，1996年3月に設置されたASEM（Asia–Europe Meeting＝アジア欧州会議）であり，ASEAN 7ヵ国に日中韓を加えたアジア10ヵ国とEU（15ヵ国：当時）と欧州委員会のヨーロッパ側との対話機構である．域外の国家を組み込んだもう1つの重要な出来事は，アジア金融危機の発生した1997年末に，日中韓の3ヵ国首脳をASEAN首脳会議に招待しASEAN＋3の枠組みを形成したことである．東南アジアのほぼ全ての国家を包摂したASEANが，ARF, ASEMとASEAN＋3という3つの機構を構築してきたことは，ASEANが閉鎖的なブロックではなく，開かれたリージョナリズムの具体化であることを国際社会にアピールするとともに，多国間協調主義の実践によって特定の大国の影響力を排除しようとしている意図を持っていることを如実に示している．歴史的にはヨーロッパ諸国の植民地となり，第2次大戦中には日本の侵略を受け，大戦後の冷戦期にはアメリカの圧倒的な影響力の下に置かれ，同時に多くの東南アジア諸国の経済における中国系市民の影響力やこの地域の華人ネットワークの強力さを各国の政治・経済エリートが認識しているからであろう．

ASEAN内部には経済的に大きな格差が存在しているばかりか（「ASEAN内部の南北問題」），域外大国である米中日3国との関係にも「温度差」以上のものがある．タイ・シンガポール・フィリピンはアメリカとの軍事協力を維持しており，マレーシアはマハティールの時代からアメリカ批判の急先鋒であった．中国は胡錦濤政権になってから平和台頭論に依拠して周辺諸国との関係改善を進めてきており，ASEANへの影響力を増大させつつあるが，そのことが同時に，歴史的に対立した経験をもち国内に中国系市民を多く抱えるインドネシアやベトナムの中国への警戒心を強める結果にもなっている．日本はASEAN内の経済大国であるシンガポールとブルネイ以外の国家に対してはODAを継続的に供与してきており，日本の経済的プレゼンスをASEAN諸国に認識させてはいるが，中国の経済大国化と対ASEAN緊密化政策の影響によりそのプレゼンス認識は相対的に低下してきており，その上，日本の対米従属的姿勢がASEAN諸国の批判を受ける結果となっている．

北東アジアの日中韓三国間の経済的相互依存関係は，それぞれの国家の経済力の大きさを反映してASEAN地域を遥かに凌ぐ規模に成長してはいるが，３国間の政治的思惑やアメリカとの関係性により政治的・軍事的断層が走っており，この地域には共同体を構築していくためには多くの障害が存在しているといわねばならない．

第１に38度線（厳密にはDMZ）と台湾海峡という「冷戦の遺構」[11)]が残っており，これが米中関係を規定する重要な要因の１つとなっている．さらに前者は米中関係ばかりか，2005年現在，米韓関係と日韓関係をも緊張させる原因にもなっている．朝鮮戦争以来，恒常的に続いてきたこの38度線をめぐる緊張は，冷戦終結とこれをも主要因として発生したグローバリゼーションによっていわゆる朝鮮半島危機となったのである．すなわち冷戦終結期に，中ソ・韓ソ・中韓が国交を正常化させたため（中ソ：1989年５月，韓ソ：90年９月，中韓：92年８月）東アジアの軍事的緊張は一挙に緩和したが，朝鮮民主主義人民共和国（以下，北朝鮮）は東アジア国際関係の中で政治的孤立感を深めていった．米韓同盟と対峙していた北朝鮮は，中ソ（ロ）いずれの国家からも以前のような経済援助は期待できなくなったのである．すなわち同盟国＝中国がアメリカとの関係を緊密化させつつ市場経済化に邁進する一方，もう一つの同盟国＝ソ連は崩壊してその後継国家ロシアはグローバリゼーションに対応するための政治的・経済的再編の中にあったからである．その上，冷害・旱魃に見舞われ極度の経済的困難に陥った北朝鮮は，瀬戸際外交によって苦境を打開しようとし1993年から94年にかけ第２次朝鮮戦争の勃発をも危惧させるアメリカとの軍事的危機を引き起こすに至ったのである．

後者は，1998年に米中間で「戦略的パートナーシップ」が確認された後も，さらには９・11テロ後に「国際反テロ同盟」を結成した後も米中間に突き刺さった「棘」となっており，米中間のほとんど全ての問題とリンクする米中双方にとっての「カード」となった観がある．

第２に，冷戦終結，グローバリゼーション，９・11テロを背景にアメリカは軍のトランスフォーメーションを加速化し，日本は同盟関係の強化・グローバル化を受け入れたため日米同盟は今まで以上に中国・北朝鮮により警戒されつつある．

第３に，歴史問題と領土問題を要因とした日中・日韓関係の緊張・対立問題である．首相はじめ主要閣僚の靖国参拝や歴史教科書をめぐる「歴史認識問題」と尖閣列島と竹島をめぐる「領土問題」により，2006年１月現在，日本は中韓両国と厳しい対立状況にある．

第４に，北朝鮮政策をめぐり，以前の「日韓　対　北朝鮮」という構図が「日本　対　南北朝鮮」という構図に変化しつつあり，こうした状況の中で2005年現在，韓国は米中，日中の間に均衡をもたらすバランサー政策を追求しつつある．逆に言えば，この政策が上記の構図の変化をもたらしているといえる．

このように北東アジアには，マクロ的にいえば日米・米韓の同盟関係と米中の協商関係が存在しているが，北朝鮮問題をめぐり米中，日韓，米韓の間に対立や不信感が生まれており，この問題が米中間の「棘」である台湾問題と結びつき始めている．すなわちアメリカが北朝鮮を攻撃しなければ，中国も台湾を攻撃しないという論理を中国が発信し始めていることである．逆に言えば，アメリカが北朝鮮を攻撃すれば，中国も台湾を攻撃するという論理でもある[12)]．

## 3．東アジア経済共同体への模索

東アジア共同体が構想される場合，議論の中心は経済共同体をいかに形成していくかという問題である．しかし東アジアはすでに「東アジアの奇跡」[13)]といわれたように，すでに経済成長のセンターとして発展してきているという現実がある．この経済成長の背景には，まず1970年代の米中接近と米中国交樹立による「冷戦のアジア戦線」[14)]の解体という事実がある．この東アジア国際政治構造の一大転換により政治的・軍事的緊張が大幅に減少し，東南アジアへの日本や域外諸国からの投資と技術移転が起こり，さらに改革・開放政策を打ち出した中国にも同様の移転が起こり，「東アジアの奇跡」が起こったのである．

1985年に東アジア（ASEAN＝タイ・マレーシア・インドネシア・フィリピン，NIES＝韓国・台湾・香港・シンガポール，中国，日本の10ヵ国）の域内輸出貿易依存度は43.2％であったが，2001年には51％となり，46.3％のNAFTAを抜き61.9％のEUに迫っている[15]．また1985年から2001年の7年間のASEAN地域に対する投資額はNIESが978億ドル，日本が903億ドル，アメリカが430億ドルで，日本とNIES合計は1,881億ドルに上り，アメリカのそれの4倍強となっている．また東アジア地域における対内直接投資は1980年から2002年までの22年間に約26倍と急拡大している．同じ時期の国内総生産（GDP）の伸びが4倍強であることから見ると，域内経済にとって貿易と投資の重要性が大きく高まったことが明らかである．また同時期，中国に対する対外直接投資額3,924億ドルのうち62.8％に当たる2,466億ドルがNIESからのものである．また2004年現在，貿易の依存関係を示す貿易補完係数（最高は100）[16]で見ると東アジアは68.0であり，欧州連合（EU）の出発点となった欧州経済共同体（EEC）が発足した1958年時点のヨーロッパの53.4よりはるかに大きくなっている．

この意味で，渡辺俊夫が指摘するように，冷戦終結後，東アジア地域においては「域内循環メカニズム」が形成されてきており，「東アジアの東アジア化」が進んできていることは否定できない[17]．

しかし現在，東アジア地域で活発化してきている自由貿易協定（FTA）締結の動きは，この域内循環メカニズムを補強する効果を持つ一方，この地域に亀裂を生む可能性を秘めており，この地域に「三重の南北問題」を生みかねない．もともと東アジアは欧州に比べ貿易面で特定国を優遇するFTAへの動きは鈍かったが，世界貿易機関（WTO）での多角的貿易自由化交渉が遅れる一方，世界各地域でFTAが急増するにつれ東アジア諸国が輸出市場確保の手段としてFTAを考えるようになったという経緯がある．東アジアのFTAの多くは貿易自由化だけでなく，直接投資の自由化，貿易・投資手続きの簡素化・共通化などを含む包括的な取り決めであるが，域内には発展段階の異なる国々が存在するため，必ずしも域内循環メカニズムを強化する効果だけではない[18]．ASEANは経済共同体建設を目標に，1992年に域内貿易の自由化を目指すASEAN自由貿易地域（AFTA）を創設することで合意し，2002年1月発効したが，その隠れた意図は第1に域内から企業流出を食い止めること，第2に経済発展の度合いも社会習慣も違う10ヵ国を「人口規模5億人の単一市場」に見せかけることによって対外的発言力を確保しようとすることであった[19]．煩雑な通関手続き，国ごとに異なる制度や認証など非関税障壁（NTB）が貿易を阻害し，域内貿易は19.3%（1993年）から22.6%（2002年）へと微増したに過ぎなかったため，自由化に熱心なタイとシンガポールは経済共同体実現に向けスピードアップを主張し，国内の産業基盤が弱いインドネシアやフィリピンと激しく対立した結果，独自に外国とのFTA交渉を加速していった．経済発展の度合いの高い一部の国家が域外諸国とのFTA交渉を進めれば進めるほどASEAN内部の分裂が深刻化する恐れがあるが，中国やインドなどがますます経済大国化する状況の中で交渉推進は避けられず，ASEANが経済共同体を実現するためにはアクセルとブレーキの微妙な調整が不可欠となっている．

**表3**　東アジア域内のFTA（自由貿易協定）［2005年8月現在］

| | |
|---|---|
| 協定発効： | 日本・シンガポール（参考）日本・メキシコ |
| 締結済み： | AFTA（ASEAN 10ヵ国），日本・フィリピン（2004年11月基本合意），日本・タイ（2005年8月基本合意），日本・マレーシア（2005年5月），中国・香港／マカオ，タイ・ラオス |
| 交 渉 中： | 中国・ASEAN（10年以内に実施），日本・ASEAN，日本・インドネシア，日本・韓国，韓国・ASEAN，韓国・シンガポール |

FTAは，関税の相互撤廃，投資・サーヴィスの自由化，知的財産権の保護ばかりか人の移動などを含む幅広い経済協力を目指すものであるので，当該国の社会に与える影響は大きく，とくに人の移動は移民問題として送り出す国家と受け入れる国家の社会に与える影響は無視できない．例えば日本・フィリピン間のFTAでは，一定数の看護・介護の有資格者を受け入れ，日

本の資格を取れば期間の制限なしに就労する道が開けることになったが，高齢化社会を迎えつつある日本がその給与水準の高さにより介護・看護士をフィリピンから大量に受け入れることは，フィリピン社会から見れば「頭脳流出」に当たり，本来フィリピン社会に貢献しなければならないプロフェショナルズを日本社会の一方的必要性により奪い取ることになる．その上，人の命に関わる介護・看護の現場は教育の現場以上に，そこでの労働に携わる人間の社会的・文化的背景がきわめて重要な要素になるので，外国人を受け入れる環境作りが不可欠である[20]．

このようにFTAは域内の経済格差を拡大して経済共同体とは逆の方向に向かわせる可能性があるばかりか，労働・農業などの分野では当該国の社会に深刻な亀裂を生み出す恐れもあり，共同体構築にとって必ずしもプラスの効果をもつものではない．

東アジア経済共同体を考える上で，FTAと並んで重要なもう１つの問題はこの地域の共通通貨問題である．すでに検討したように東アジア地域では，貿易・投資・金融を通じた市場ベースでの経済統合が急速に進んでおり，「最適通貨地域」の条件が満たされつつある．金・ドル交換停止後も基本的に米ドルにペッグすることによって間接的に東アジア諸国の通貨相互の為替安定を確保してきた．しかし1997年のアジア通貨危機は，日本との経済関係の深い東アジア諸国にとってドル・ペッグ制をとると円・ドルレートの変動が自国経済を大きく変動させるという問題が深刻に認識されるに至ったのである．確かに中国の人民元は地域的な基軸通貨になる潜在力を持って入るが，現時点ではマクロ的な最適通貨地域の条件が満たされておらず，資本勘定での交換性もなく，完全な市場経済化や政治体制の民主化も実現しておらず，国内金融システムの根本的改革も遂行されていないため，人民元が国際的な信頼性を得てこの地域の基軸通貨になるとしても40～50年はかかるというのが大多数の経済学者の見通しである[21]．

こうしてみてくると，東アジアで域内為替レートの安定を目指すには各国が円・ドル・ユーロからなるＧ３通貨バスケットに対して自国通貨を安定させる政策をとることが経済共同体実現のために不可欠となってきている．河合正弘によると，G 3通貨バスケット制は将来の急激なドル下落にも対応できるという．すなわちアメリカが双子の赤字を出し続け，東アジア地域が巨額の外貨準備を保持しているので，将来的には東アジア通貨に上昇圧力がかかることは必至であり，東アジア通貨が一体となってドル下落に対しフロート・アップするシステムを構築することが緊急課題であるという．米ドルに対する為替調整は，東アジア通貨が域内では相互に安定し，対外的にはフロートする制度につながる可能性が高い[22)]．このような前提に立って河合は，次の3つの政策を実現することが必要であると主張しているが，それはまた東アジア経済共同体を構築する上での「背骨」ともなるものである．第1に，アジア諸通貨からなる合成通貨であるアジア通貨単位（ACU）を創出すべきである．ACUの為替レートは地域の平均水準を意味するので，域内貿易や外貨準備の計算単位としたり，各国の為替レートが東アジアの平均からどのくらい乖離しているかを測る基準となる．第2にチェンマイ・イニシアチブ（CMI）と地域サーベイランスを強化すべきである．CMIを多国間協定へと強化し，地域経済サーベイランスやCMI発動条件策定能力を持つ事務局を設立することが必要であり，これが実現すれば事実上のアジア通貨基金（AMF）となる．第3に現地通貨建てのアジア債券市場を一層活性化させるべきである．アジアの貯蓄をアジアの投資につなげ，銀行主体の金融システムを補完できるようにすべきである．以上3つの政策を実現していけば，20～30年の視野で見ればアジア通貨統合は決して夢ではないと河合は力説している．

財とサーヴィスの域内循環メカニズムは急速に発展しており，金融システムの強化を図っていけば少なくとも経済共同体の実現は夢物語ではない．しかし現在，東アジア域内で急激に進行しつつあるFTAはこの共同体建設にブレーキをかける危険性を孕んでいる．

すなわち二国間で貿易を拡大しようという短期的目的によって当該国の社会そのものに修復しがたい亀裂を引き起こし，様々なレヴェルでの「南北問題」を生み出す恐れがあるばかりか，東アジア共同体構築というリージョナリズムを実現しようという政策を否定する方向に機能する可能性があることを指摘しなければならない．

## 4．東アジア安全保障共同体

英語でいうところのcommunityとしての共同体は，その共同体に生きる人々が安心して暮らせる条件を確保することを至上命令としているが，本稿で論じている共同体は当面，東アジア地域の様々な問題を解決するための協力体制ないしは重層的なレジームを意味している．とはいえ人間の安全保障を含めた広い意味での安全保障を少しずつこの地域で実現していくことは協力体制構築の「核」であるべきである．共同体という本来の概念がより当てはまるヨーロッパにおいても半世紀という時間を要したことを考えると，一挙に安全保障共同体あるいは不戦共同体を目指すことは東アジアの現実から見て無理であるばかりか，かえって不協和音を生みかねない．

アドラー（Emanuel Adler）とバーネット（Michael Barnett）は，社会構成主義の立場から編んだ『安全保障共同体』の中で，共同体の構築には関係国が相互利益を調節する凝結段階，相互信頼と集合的アイデンティティの形成・発展段階，地域社会を平和的に変更していくことができると十分に期待できる必要な条件を整えていく段階，の３つの段階が不可欠であるという．この３段階で信頼醸成を築くことによって不戦共同体を構築することができると主張した[23)]．彼らの発想は明らかに，カール・ドイッチュらの「安全保障共同体」やアーネスト・ハースの「スピルオーヴァー理論」の影響を受けたものであるが，共同体の最終目的である安心・安全が十二分に確保される社会的空間が構築されるには，信頼醸成のためのいくつかの段階あるいは協力体制を時間をかけて経験しなければならないことを改めて確認したものである．

東アジアでも第5節で検討するようないくつかの段階あるいは協力体制を経なければ最終的な不戦共同体は構築できないことは明らかであるが，このことは安全保障分野での協力あるいは協調のための枠組み形成はこの段階まで待たなければならないということを意味しない．安全保障分野でも緊急性のある問題や実現可能なレジームはできるところから実現していくべきである．1994年に発足したARFは安全保障についての対話のメカニズムではあるが，2004年7月の会議（ジャカルタ）では中国の提案によりARF安全保障会議（ASPC）の設置が合意され，徐々に安保対話の機能が強化されつつある．

また緊急性を要する核についても，1995年12月に東南アジア非核兵器地帯条約（バンコク条約）に調印し97年3月に発効させたASEAN（9ヵ国）は，米ロなど核保有5ヵ国に対しバンコク条約の尊重と，締約国への兵器使用と及び使用の威嚇を禁じた同条約付属議定書への調印を呼びかけ，中国だけが99年のASEAN拡大外相会議で原則的にこれに調印する意向を示した．東北アジアにおける非核兵器地帯（NWFZ）については構想だけは一部で検討されているが，北朝鮮の核問題がネックとなって進展していない．しかし現在，中国が主催国となっている北朝鮮の核問題解決のための「6者協議」が一定の成果を出すことに成功すれば，東北アジア非核兵器地帯条約締結への弾みがつくはずであるし，「6者協議」そのものが東北アジアにおける安全保障レジームに発展する可能性を孕んでいる．

## 5．同床異夢の東アジア共同体構想——米中日の対応

東アジア共同体構想がまさに構想であった1990年代，東アジア国際政治の中心的アクターであった米中日3ヵ国のこの構想への関心は薄かった．もともとこの構想はマレーシアやシンガポールを中心にASEANから提起されたものであったことがこの背景にあるが，これら3ヵ国にはそれぞれの事情が

あったのである.

冷戦終結によりイデオロギー的断層が消滅していき，代わってグローバリゼーションの波が世界各地に襲いかかり始めた1990年代に入り改革・開放政策を本格化させた中国の江沢民政権にとって，高度経済成長こそがその権力の正統性を支えるものであり，ナショナリズムと「未回収の中国」＝台湾の「回収」がこれを補助する両輪であった．矛盾を抱えながらも高度経済成長政策を維持していくためには，対内的に三大改革（行政・金融・国有企業改革）[24)]を推進すると同時に，アメリカが主導するWTO（世界貿易機関）への加盟を実現することが至上命題となったのである．沿海部と内陸部との凄まじい経済格差，大都市部との農村部との生活条件の格差，外資と国有企業との間の生産効率格差など高度経済成長に伴う対内的矛盾と，この高度経済成長にとって不可欠の世界経済システムへの接合のために余儀なくされるアメリカへの屈辱的な譲歩[25)]という対外的矛盾から生み出される国民の不満を，江沢民政権はナショナリズムの発現と台湾回収キャンペーンによって解消しようとしてきたのである．このナショナリズムの発現は主として反日教育という形をとってきたが，台湾回収キャンペーン自体がナショナリズムの発現であると同時に，中国による台湾武力解放に厳しい態度をとってきたアメリカへの反米ナショナリズムの表現ともなり，国民の不満・フラストレーション解消に役立ってきたのである．しかし反日教育と，台湾統一キャンペーンを通じての間接的な反米ナショナリズムによって中国国内が混乱すると，高度経済成長を支えてきた対中貿易・投資にブレーキを掛ける可能性を中国指導部に認識させる結果となった．

江沢民・朱鎔基政権を引き継いだ胡錦涛・温家宝政権にとっても政権の正統性の根拠は，高度経済成長であり，ナショナリズムの解放と台湾統一政策の堅持の2つが高度経済成長の矛盾を緩和あるいは解消する手段であったが，これら3者間のバランスを欠くと高度経済成長の大前提である世界経済システムとの接合が機能不全化するばかりか，平和な国際環境をも破壊しかねないことを認識せざるをえなかった．

高度経済成長を背景に国力の強化によりナショナリズムの高揚を誘導しつつも，他方で平和な国際環境の維持と世界経済システムとの関係強化を政策の中心に置かざるを得なかった．2003年10月に有人宇宙船「神舟５号」の打ち上げを成功させたり，上海協力機構（SCO）の設立を主導したり，アメリカ中心の世界的傍聴システムであるエシュロンに対抗してEUが構築しようとしている衛星ナビゲーション・システム「ガリレオ計画」の開発と投資への参加を表明したり，長年緊張関係にあったインドとも領土問題解決を中心にデタントのプロセスに入りつつあり，ロシアとも国境協定を締結して中ロ両軍の本格的共同演習を展開し，北朝鮮の核問題解決のための「６者協議」を主催するに至っている[26]．

このようにアメリカに対抗するための外交を慎重に進めつつも，鄧小平の遺言に従うかのように一方では対米協調政策を堅持している．それはアメリカが世界経済システムを主導しているからばかりでなく，第１次湾岸戦争やイラク戦争でアメリカ軍の圧倒的な優越性を思い知らされたからに他ならない．人口では世界全体の4.3％しか占めていないのに世界経済の25％を産出し，軍事費は一国で世界の40％を占めて軍事革命（RMA）とアメリカ軍のトランスフォーメーションを展開しつつあるアメリカとの軍事的緊張は，高度経済成長を共産党一党独裁政権の唯一の正統性とした中国にとっては絶対に回避しなければならないのである．

大英帝国との協調関係を維持しつつ「ヨーロッパの忠実な仲介人」として全方位外交を展開して実現した平和的国際環境の中で「ドイツ第２帝国」の繁栄と安全を確保した19世紀後半の「ビスマルク外交」の発想と方法論を中国は21世紀初頭の東アジアに適用しているかに見える[27]．その中国的表現が「平和台頭論」[28]であろう．

経済成長のためには平和的国際環境は不可欠であるが，経済成長を背景としたナショナリズムの高揚も軍事力の強化や国際政治におけるプレゼンスにより担保されなければならない．アメリカとの協調関係の維持は不可避であるが，同時に東アジア地域に対するアメリカのプレゼンスを緩和しなければならない．こうした相矛盾する発想・政策を止揚できるものとして東アジア共同体を中国指導部は認識し始めているのではないか．中国は97年のアジア通貨危機をきっかけにASEAN＋３の＋３の一員として参加した以外，1990年代を通じ東アジア共同体構想にはあまり関心を寄せていなかったが，以上のような認識から21世紀に入るやこの構想に積極的となり，2001年にはASEANとのパートナーシップを結んでFTA締結に向け交渉を開始し，2003年には東南アジア友好協力条約（TAC）にも調印し，2004年11月の「ASEAN＋３」首脳会議（ラオス・ビエンチャン）で中国は東アジア・サミットの開催をマレーシアと共に強く主張するに至った．

しかしこうした中国の姿勢・態度はアメリカを東アジア共同体から排除するものであるとしてブッシュ政権の強い反発を引き起こしているのである．現ブッシュ政権からは離れているが，アーミテージ元国務副長官や現ライス国務長官は，東アジアには「ASEAN＋３」という枠組みがあるのにさらに東アジア・サミットを設置することに警戒感を示し，この動きの背後にアメリカの影響力を東アジアから排除しようという中国の隠れた意図を嗅ぎ取っている[29)]．もともとアメリカは冷戦終結後，太平洋共同体構想を掲げ，これをアメリカが主導しようとしていた．冷戦終結期の時点で，アメリカのアジア・太平洋地域との貿易量は大西洋諸国との貿易量の1.5倍となっており，この地域のGNPは世界の50％，人口と貿易は40％に達しており，この事実が冷戦終結期のブッシュSr.政権と冷戦後のクリントン政権が共にこの地域を経済的に重視した背景になっていた．ECとNAFTAを経済ブロックと認識しこれに対抗するために1990年12月マレーシアのマハティール首相が，ASEAN諸国と日中韓のモンゴロイド系国家を中心とした東アジア経済協議体（EAEG）の設立を提案した際，アメリカは世界の経済成長のセンターから排除されることを恐れこの提案に強硬に反対し，日本にもこれに参加しないよう２度も書簡を送ったほどであった．アジア太平洋諸国との経済的連携を強化することによって国家の繁栄を維持しようとしていたオーストラリアもアメリカと同じ認識を共有していたため，1989年オーストラリアのホーク首相が提唱していたこの地域全体を包摂するアジア太平洋経済協力会議（APEC）が具体化し始めた．第3回APEC閣僚会議（1991年ソウル）でマレーシアは前年のEAEG構想を正式に打ち出したが，EAEGはAPECの枠組みの中における協議の場と位置づけられ，EAEGに対するAPECの優位性が明確にされたかに見えた（この過程でEAEGはEAEC=East Asian Economic Caucusと改称された）[30)]．

ブッシュSr.政権の国務長官であったJ. ベーカーが1991年11月『フォーリン・アフェアーズ』に「アジアの中のアメリカ――太平洋共同体の芽生え」という論文を寄稿した背景にはこのような事情があったのである[31)]．この論文の中でベーカーは，太平洋共同体の安定と繁栄を確保するためには，第1に開放的な世界貿易システムと整合性を持つ地域枠組み，第2に民主化の推進と独裁制による冒険主義の阻止，第3に安全保障上の不安と疑惑を緩和すること，が不可欠であると強調した．この発想の基本構造は経済と安全保障をリンクさせていること，そしてこの地域の安全保障のためにはアメリカが不可欠であることの2点であることは明らかである．経済的観点からであるならばアメリカはこの地域の経済協力機構から排除されかねないが，経済と安全保障を密接不離なものとすることによって安全保障の中心的提供者として経済協力機構の正当なメンバーとしての地位を確保しようとしたのである．1995年2月末に発表された『第1次東アジア戦略報告』は，アメリカが提供する安全保障はこの地域の経済発展のための「酸素」であると規定し，アメリカの積極的な軍事的関与こそが東アジアの経済発展を保障しているのであるとの認識を表明していた[32)]．

経済と安保をリンクさせるアメリカの発想には，そうすることによってこの地域の経済枠組みに参加するためばかりか，これを根拠にこの地域に軍事プレゼンスを継続し地域覇権国となる可能性のある中国を牽制する狙いがあったことは明らかであろう．台湾問題があるとはいえ米中関係はある種の協商関係にあるといえるが，アメリカは冷戦終結後に発表したさまざまな公式文書の中で地域覇権国の登場は絶対に阻止すると言明しており，経済と安保をリンクして東アジア地域にプレゼンスを継続させることによって協調しつつも中国の軍事的台頭を牽制しようとしている．2001年の9・11テロ以降，ウィグル分離問題を抱える中国をも「国際反テロ戦線」に組み込みながらもラムズフェルド国防長官の主導により軍事革命（RMA）を背景に世界的規模でトランスフォーメーションを展開しつつあるアメリカが，中国が背後で主導しつつあると認識している東アジア共同体に関わる枠組から排除される動きには敏感に反応することは当然である．

東アジア共同体をめぐる米中の静かな闘争の中で日本はこれにどう対応してきたのか，今後どのように対応しようとしているのか．1990年代初めアメリカ・オーストラリア主導の太平洋共同体構想[33)]への関与を優先させようとしていた日本は，マハティール構想へ参加しないようアメリカから圧力をかけられたが，1997年アジア通貨危機を契機に徐々に東アジア共同体構想への関心を強めていった．2002年小泉首相が東南アジアを歴訪した際，東アジア共同体構想を日本として初めて打ち出し，これに基づき2003年12月には日本・ASEAN特別首脳会議を開催して「東京宣言」を発表し[34)]，東アジア共同体形成に積極的姿勢を示した．ASEAN 10ヵ国が域外で一堂に会するのは初めてのことであり，日本としてこの構想実現にいかに積極的であるかを内外にアピールしたのである．これ以降，日本の東アジア共同体への取り組みは具体化していった．2004年のASEAN＋3外相会議（ジャカルタ）で日本は，共同体構築のため各種の機能的協力の推進，ASEANの中心的役割，ASEANの域内格差の是正，アメリカの関与の必要性などを強調し，具体的提案を行った[35)]．

このような日本政府の積極的姿勢に呼応して官民共同のいわばトラック2レヴェルの「東アジア共同体評議会」が2004年5月18日設立された．この評議会は経団連や日本貿易振興機構（JETRO），総合研究開発機構（NIRA）など経済界や外務省の全面的支援を受けているだけでなく，役員，議員の顔ぶれから見ると政財官学の協力の下に成立した極めて政治的影響力の大きいものといわざるを得ない．会長には中曽根康弘，議長には伊藤憲一・日本国際フォーラム理事長が就任し，外務省審議官であった田中均が参与として加わっている[36)]．2004年6月24日の第1回政策本会議で報告を行った田中均は，現在，東アジア共同体が必要とされる理由として3点を挙げているが，この3点こそが学会はともかく政財官の本音といえよう．彼は東アジア共同体は日本の中長期的な国益にかなうとの基本認識の下に，第1にグローバリゼーションの弊害を是正するためにも地域主義が不可欠で，東アジアで効率的な経済体制を構築することは日本の国益であると主張した．第2に地域的影響力を強める中国に対応するためには二国間では無理で多国間の枠組みが不可欠であると，対中外交の観点からの理由付けをおこなっている．第3に「日本の状況は標的のないナショナリズムというか，けしからんという勢い，アメリカはけしからん，中国はけしからん，北朝鮮はけしからんという憤りに満ちた不健全なナショナリズムが充満していて，そのためにも東アジア共同体というのはそうしたナショナリズムをより建設的な方向に吸収して行く一つの運動になりうる」と今後，日本が生存していくために東アジア共同体構築に積極的に関わっていくことの意味を力説した[37)]．このような政府や官民共同の動きを反映し，主要メディアが東アジア共同体についてシリーズで特集を組み，あるいは短期間で多くの書物が出版されてきている[38)]．

こうした政府や官民の動きに対して批判も生まれてきている．この批判の論点は主とし2点ある．第1に東アジア共同体構想は結局のところ覇権大国化する中国に日本が吸収されていき，日本の国益や民族の独自性が失われていくという問題意識であり，中国への反発や嫌悪感が背景にある．第2にこの構想はアメリカを排除しようとするものであるという警戒心である．戦後日本の安全と繁栄は日米同盟によって実現したものであり，同盟国アメリカを排除する形での共同体は受け入れないとするものである．この観点はASEAN＋3やAPECが存在しているのになぜ東アジア共同体の構築を目指す必要があるのかというライス国務長官やアーミテージ元国務副長官らの警戒感と共通のものである．この警戒感の背景には中国が地域覇権大国になろうとする意図を強めているという認識がある．小森義久は産経新聞の基本的スタンスを反映してこの構想に反対の論陣を張っている．彼はFTAの延長上に東アジア自由貿易圏を構築するというものなら十分その可能性はあるが，共同体となると中国を含めこの地域の国々が単一の国家になることを意味し，核兵器を保有する中国に日本が吸収されていく結果，自国内ですら移動の自由のない中国から日本は中国人を受け入れることになるとして強く反対している[39]．ジャーナリストの青木直人は，東アジア共同体構想は「友好」という美名の下で構築されてきた日本の政財官の既得権益を守り拡大するための装置であり，それによって「日本人の正当なナショナリズム」は否定されることになると警告している[40]．

こうしてみてくると日本における東アジア共同体をめぐる議論は，結局のところ日本が米中それぞれとの関係をどう規定していくかを中心に展開されてきており，米中関係そのものが今後どう変化していくのか，またこの変化を踏まえ日本が東アジア地域でどう生存していくのか——日本の安全保障をどう確保し，経済的繁栄をどう永続させていくのか——というマクロ的視点が弱いように思われる．

しかしこうした批判があるものの日本政府は2004年のASEAN＋３外相会議（ジャカルタ）に提出し多くの参加国から評価された３つの論点ペーパーをさらに精緻化させた「東アジアの機能的協力に関するデータベース」を作成し，2005年12月の第１回アジアサミットに提案した．「政治と安全保障」「経済・貿易・投資」「国境を越えた犯罪」など17分野にテーマを分け地域協力の具体的取り組みを列挙し，「ASEAN＋３の協力」として66項目，「その他の主な地域協力」として27項目を挙げている．

## おわりに——東アジア共同体構築の課題

第２次世界大戦以前，ヨーロッパ国際政治構造はより自律的であり，東アジア国際政治構造はこの地域のほとんどが欧米の植民地であったという意味でより他律的であった．大戦終結後，この地域のほとんどが政治的には独立したが経済的には長期にわたって停滞を余儀なくされ，米ソ冷戦によって政治的にも長いこと分断されてきた．米中対立の解消さらには冷戦終結によって政治的分断はほとんど解消し，それに先行する形で経済的にも「アジアの奇跡」が実現した．とはいえ38度線と台湾海峡という2つの断層が深く走っており，分離運動やテロ活動も東アジア各地で発生している．その上，東アジアは人種・民族的，宗教的，自然条件的にも極めて多様であり経済共同体から安全保障共同体へと一挙に駆け上ることは不可能である．ヨーロッパとは大きく異なる条件を抱えた東アジアは，東アジア的アプローチを採用することが現実的である．ASEAN WAY や ASIAN WAY を重視すべきである．

第1に，狭い意味での共同体概念にとらわれないことである．共同体というのは最終目的であり，共同体という言葉を使ってもそれはそこに至るプロセスと解釈すべきものである．

第2に，EU モデルに拘泥しないことである．ヨーロッパと東アジアでは全ての条件があまりにも異なり，ヨーロッパの経験は教訓として学ぶべきところは学ぶべきであるが，ヨーロッパは基本的には東アジア共同体のモデルたりえない．信頼醸成措置を蓄積していくことは共同体建設に不可欠であるが，いくつかの段階を踏んで共同体に至るというアドラーやバーネットの発想も，ハースのスピルオーヴァー理論も多分にヨーロッパの現実を前提としたものであり，必ずしも東アジアに当てはまるものではない．無理にこれに拘泥すれば混乱や誤解を招くばかりか，実現に向けた歩みを阻害することになる．

第3に，出来るところから始めることが肝要である．極論すればどんな分野でもよいから，東アジア地域の人々がより安心して暮らせる条件を構築する上で実現可能な分野から国際協力の枠組みを形成するという「パッチワーク・アプローチ」が現実的である．

第4に，中台と係争問題になっている尖閣諸島や韓国と論争している竹島（韓国名＝独島），あるいはロシアとの長年の外交問題である北方領土問題などの領土問題は「ゼロ・サム」的な解決ではかえって緊張を高めるので，当面「棚上げ」し「時間に解決させる」「Asian Way」を基礎にするべきである．少なくとも領土主権にこだわるという古い感覚から抜け出し，分有，二重主権＋共同管理，あるいは国際管理などの第3の道を模索すべきである．樺太（サハリン）は20年間日露両国の二重主権の下に置かれていた事実を想起すべきである．

第5に，実務的・実際的分野（ローポリティックス分野）における現実的な国際協力を進めるべきである．この場合，国連などの国際組織やアジアの市民社会との協力・連携が不可欠である．この実務的・実際的分野における現実可能な国際協力のレジームを形成していく方法は，現在日本政府がまとめつつある「機能的協力」アプローチと発想を共有しているといえる．東アジアあるいは西太平洋地域は海によって分断されているとともに結び付けられているという点がEUと大きく異なる点である．海によって分断されているマイナス面は大型化・高速化した航空機や船舶により大幅に解消されるようになったし，このマイナス面から生じる諸問題を実務的に解決していくために国際協力することができるのである．海賊行為，海難事故，海洋汚染を共同で解決していく体制が出来上がりつつあり，また海洋資源や海底資源を共同開発する可能性を高めていくべきである．「海域アジア」の特徴を生かすべきである．地震，火山爆発，津波など自然災害への緊急共同行動も，人身売買，麻薬取引，暴力団による国際犯罪への共同警察行動も，この地域の国際協力の現実的対象となる．AIDSやSARSあるいは西ナイル熱，エボラ出血熱などの疫病の拡大を早期に阻止する体制をとったり，これらへの国際的治療体制を構築することも政治的論争を伴わない人道的協力となる．しかし大気汚染，酸性雨，砂漠化といった環境悪化を阻止するための議論は，当該国の経済成長問題とも関係する問題であり政治化する可能性のある分野であるので，国際協力を進めるにあたっては慎重さが要求されよう．これらの実務的・実際的問題を解決するために国際協力する過程で信頼醸成を進めることが最も重要であり，この過程が少しずつ進めば，この地域の人々の安心と安全を高めようという共通の意識が育つはずである．

実務的・実際的でない最も微妙で論争的な問題は歴史認識・教科書問題であることは明らかであるが，相互理解に向けての第一歩は，関係国の間で論争になっている問題を１つ１つ具体的に取り上げた上で，それぞれの国の主張とその学問的根拠を併記するという基本的なところから始めることが重要であろう．一方的な主張はそれぞれの国民に感情的な反発を生むだけであり，それぞれの国の研究者が論争に耐える史資料を相互に提出し，それぞれが検証しつつ学問的論争をすべきである．この問題の解決にはこの地域の研究者が中心となりつつ域外の研究者の参加を得つつこの作業を進める「東アジア学術共同体」（猪口孝）[41]の構築が不可欠であろう．

1）　拙稿「東アジアのリージョナリズムと東アジア共同体構想」中央大学政策文化総合研究所・韓国漢陽大学共催国際ワークショップ（2005年３月17日～19日，ソウル）提出ペーパー．

2）　水本達也「共同体に揺れるASEAN，2020年までの構築目指す」『世界週報』2004年９月７日．

3）　1980年代後半から90年代にかけ東アジア諸国は高い成長率を実現し「世界の成長のセンター」といわれ，特に台湾・韓国・シンガポール・香港はアジアNICS（現在はNIESと呼ばれる）とうたわれ，これら諸国には域外諸国から大量の短期資金が流入した．タイ，マレーシア，インドネシアなどはこれらNICSを追いかける準NICSといわれるほどに急激に経済成長を実現しつつあったが，この高度経済成長の過程で外国からの短期資金に過度に依存していた上に，金融自由化を進めていたものの銀行の貸し出し審査能力は未熟で，しかも政治権力と癒着し資金が不効率な投資に向かいバブルが生じていた．このため，まず実質的な対米ドル固定相場制を維持していたタイ・バーツは数度にわたり国際通貨投機筋の標的となっていた．はたして1997年７月バーツは暴落し，変動相場制への移行により事実上の通貨切り下げを余儀なくされ，大量かつ急激な外資の流出（逃避）によりバーツの減価が進んだ．これは瞬く間にマレーシアやインドネシアに波及し，マレーシア・リンギットやインドネシア・ルピアは大幅に減価した．外資の逃避ばかりか為替変動による自国通貨建て対外債務の急激な増加や金融システムの混乱による急激な信用収縮と不良債権の増加により，これら諸国は深刻な景気後退に見舞われた．この金融的混乱は韓国，ロシア，中南米などにも波及し，世界的規模での影響を発生させたのである．危機発生の初期にIMFが関係各国に緊縮政策を強制したことが危機を深刻なものにし，よりマクロ的には資金の流れが欧米に偏在しがちなことがアジア通貨の安定性を阻害してきたとの認識が，東アジア諸国の政治指導者達に抱かれるようになった．

4) 1997年のアジア通貨危機発生直後にアジア域内の通貨協力機構として日本政府が提案した構想．アジア地域で再び通貨危機が発生した際に迅速に緊急支援を行える枠組みを予め構築しておこうとするものであったが，米欧諸国が「IMF より穏やかな条件で融資が行われると IMF の政策運営の規律を弱めてモラルハザードを引き起こす」との理由で反対した．しかしその後アジア通貨危機は世界大に拡大したため IMF を補完する地域金融協力体制の必要性が広く認識された．2000年5月タイ・チェンマイで合意された中央銀行相互間の外貨の相互融資協定（通貨スワップ協定）は形を変えた AMF といえる．

5) EAVG（＝East Asian Vision Group）は，韓国の金大中が ASEAN＋3各国から2名ずつトラック2レヴェルの専門家を集めて東アジアの将来について議論してもらい，2001年ブルネイでの第5回 ASEAN＋3首脳会議に提案を提出してもらうために設立したものであった．EAVG は5回の会議を開き，2001年10月初旬報告書を ASEAN＋3諸国の首脳に提出し，この報告書は第5回 ASEAN＋3首脳会議で正式に検討された．この EAVG による報告書が提出される1年前に東アジア地域における国際協力の将来について検討するための EASG（＝East Asian Study Group）が金大中によって提案され，第4回 ASEAN＋3首脳会議（2000年11月，シンガポール）で設立が承認された．「東アジア共同体への道：平和・繁栄・進歩の地域」と題する EAVG の報告書は，①東アジア諸国の間で紛争を予防し，平和を促進する，②貿易，投資，金融，開発という分野で一層緊密な経済協力を実現する，③環境保護とグッド・ガヴァナンスのための地域協力を促進することによって人間の安全保障を強化する，④教育と人的資源開発の分野での協力を強化することによって共通の繁栄を促進する，⑤東アジア共同体のアイデンティティを育成していく，という5つの目標を設定していた．(Termsak Chalermpalanupap, 'Toward an East Asian Community : The Journey Has Begun' pp.7–9. http : //www.asean.or.id/13202. htm)

6) 東京宣言は①「前文」，②「基本原則と価値観」，③「行動の共通戦略」，④「実施のための制度的及び資金的措置」の4部から成っている．②では東南アジア友好協力条約の目的，原則及び精神を評価し，公平で民主的で調和のとれた環境での平和な東アジア地域の創設を謳い，④では包括的経済連携と金融・財政協力の強化，経済発展と繁栄のための基礎の強化，政治・安全保障の協力の強化，人的交流・人的育成の円滑化と強化，東アジア共同体の構築に向けた東アジア協力の深化などを確認しあった（『日本経済新聞』2003年12月12日及び『朝日新聞』2003年12月12日）．

7) 大庭三枝『アジア太平洋地域形成への道程――境界国家日豪のアイデンティティ模索と地域主義』（ミネルヴァ書房，2004年）40–41頁．

8) 谷口誠「21世紀外交：東アジア共同体推進を」『朝日新聞』2005年6月2日．

9)　ASEAN 7ヵ国に日中韓を加えたアジア10ヵ国とEU 15ヵ国・欧州委員会で構成され，アジアとヨーロッパとの協力関係を強化するために設置された．2年ごとにアジアとヨーロッパで会議が開催されることになり，第1回目は1996年にタイのバンコクで開催された．アジア諸国にはAPECを梃子にしたアメリカの影響力の増大を抑制できるとともに，東アジアで構築されるかもしれない協力体制は決して閉鎖的ではないことを世界にアピールできるという効果があり，EU側には経済成長著しいアジア市場への参入ができるという思惑が働いていたといえる．

10)　東南アジア友好協力条約（TAC）は1976年の第1回ASEAN首脳会議で原5ヵ国が採択したASEANの基本的文書の性格を持つ条約．国家の独立，主権平等，領土の相互尊重，相互内政不干渉などをうたっている．2003年には中印2ヵ国が加盟し，東京会議を機会に日本も加盟を決定した．

11)　山本吉宣は，ここで言う「冷戦の遺構」を競争的安全保障の事例であると指摘している．ここで言う競争的安全保障とは，ある国家群Aにとって外部に特定の明確な脅威が存在しており，逆にこの国家群Aに脅威を与えている外部の国家Bにとってはこの国家群Aそのものが脅威であるシステムのことである．山本吉宣「アジア太平洋の安全保障の構図」山本吉宣編『アジア太平洋の安全保障とアメリカ』（彩流社，2005年）28-29頁及び46頁．

12)　『朝日新聞』2005年6月15日．

13)　“East Asian Miracle : Economic Growth and Public Policy—A World Bank Research Paper”(1993)．世界銀行（白鳥正喜監訳）『東アジアの奇跡』（東洋経済新報社，1994年）．

14)　「アジアの冷戦」という表現がメディアばかりか学界でも多用されるが，冷戦というのはあくまでも第1義的には米ソ間の現象であり，米中対立を「アジアの冷戦」と表現すると概念上の混乱を招く．あえて言うならば，それは「冷戦のアジア戦線」とすべきである．

15)　渡辺利夫「東アジアのダイナミズムと経済統合」『問題と研究』（第33巻3号，問題と研究出版）3-4頁．

16)　貿易補完係数とは，自国の輸出品目構成が，比較対象国の輸入品目構成とどの程度類似しているかを示す指標である．この係数が0の時，自国の輸出品を比較対象国が受け入れていないことを示す．逆に100の時，自国と対象国の輸出品目は一致していることを示すことになる．経済産業省『通商白書2004』155頁（ぎょうせい，2004年）．

17)　渡辺，前掲論文，6頁．

18)　「ゼミナール　展望　東アジア共同体⑮」『日本経済新聞』（夕刊）2004年11月9日．

19)　「動き出すASEAN共同体」『日本経済新聞』2003年10月10日．

20)　『朝日新聞』2005年6月24日．

21)　河合正弘「東アジア経済統合と通貨体制」『日本経済新聞』2005年7月15日．

及びNIRA・E-Asia研究チーム編著『東アジア回廊の形成』146－161頁.

22）河合，前掲論文.

23）臼井久和「グローバリゼーションと東アジアの共生」24－26頁，滝田賢治編著『グローバル化とアジアの現実』（中央大学出版部，2005年）. E. Adler and M. Barnett eds. "Security Communities", Cambridge University Press, 1998.

24）この三大改革は単に改革・開放政策を成功させるためばかりでなく，中国としてグローバリゼーションに対応するために不可欠のものである．社会主義市場経済という名の下に中国共産党が独裁を維持しつつグローバリゼーションに対応できる市場経済の進展を制御できるかどうかがこの三大改革の成否にかかっている.

25）1989年の天安門事件によって生まれた中国への警戒論は，96年の台湾海峡危機により一層強まり，96年から97年にかけアメリカ議会内外で広く中国脅威論が高まっていった．その結果，対中最恵国待遇更新問題が政治化していった．中国としては毎年アメリカ議会で繰り返されるこの問題をめぐる議論に終止符を打ち，恒久的な通商関係を樹立し，これを背景にアメリカが主導するWTO加盟を実現しようとしたのである．そのため97年には多くの対米譲歩を行い，99年5月ベオグラードの中国大使館誤爆事件や2001年4月の米中軍用機接触事故にも中国は抑制的対応をし，同年12月にWTO加盟を実現させたのである（拙稿「アメリカの中国政策と最恵国待遇――クリントン政権の中国政策を中心にして――」『拓殖大学海外事情研究所報告』第32号，1998年及び拙稿「現代米中関係の変容」『国際政治』118号，1998年）.

26）拙稿「ビスマルク化する中国外交」『白門』2003年12月号（中央大学通信教育部）.

27）ビスマルク外交は全方位外交を基本としたが，フランスはその対象から外し敵対的姿勢を貫いた．中国は国境を接する大国であるロシア・インドとの協調的関係を発展させつつあり，ベトナム・フィリピンとの領土問題にも協調的な態度を示しているが，歴史問題をめぐる認識の相違から領土問題・海底資源問題・国連安保理問題など多くの問題で日本には厳しい態度をとりつつある．日本がビスマルク外交におけるフランスにならないためには，協調主義を基本にしつつ東アジア共同体構想を構想段階から現実のものにしていく外交努力が不可欠である.

28）中国の改革派の研究者や中央党学校国際戦略研究所などの理論家が，2004年頃から主張し始めた長期的世界戦略の一つ．中国の経済成長とこれに伴う軍事力の強化により世界的に中国脅威論が高まってきている現状に対し，グローバル化時代には平和的な手段により世界のリーダーになることを世界にアピールしようという意図が見られる．2003年12月の毛沢東生誕100周年記念座談会で胡錦涛が公式に提起したといわれているが，中国外交の基本戦略として定着するにはまだ時間を要するであろう．この問題については船橋洋一「再び中国平和台頭論」（『朝日新聞』2004年4月29日）が示唆に富む.

29)　アーミテージ（『Wedge』2004年），ライス国務長官演説（上智大学，2005年3月）．またアメリカの民間研究機関である「アメリカ・アジア太平洋評議会」が主催した「アメリカとアジア太平洋：第2期ブッシュ政権の課題」をテーマにしたシンポジウムで，ハリー・ハーディング（ジョージワシントン大学教授）は「APEC があるのになぜ東アジア共同体なのか，アメリカやオーストラリアを排除する意図を感じる」と東アジア共同体構想の排他性に警戒感を示し，エドワード・リンカーン（外交評議会上級研究員）も「今の構想では米豪やニュージーランド・台湾を排除しており，共同体は中国のパワーに圧倒されてしまい，この地域の平和と安全にも悪影響がでてくる」と中国への不信感を表している（古森義久「緯度経度」『産経新聞』2004年12月4日）．

30)　青木健，馬場啓一編著『検証　アジア太平洋の新しい地域主義』225頁（日本評論社，1995年）．

31)　James Baker Ⅲ, "Foreign Affairs" (Autumn, 1991).

32)　『第1次東アジア戦略報告』正式には『アジア太平洋におけるアメリカの安全保障戦略』（U.S. Department of Defense, Office of International Security Affairs," United States Security Strategy for the Asia–Pacific Region" February 1995）．アメリカには伝統的に世界を生物学のアナロジーで理解する傾向があり，F. D. ルーズヴェルトの『隔離演説』では，日独伊を，健全な肉体である米英仏などの民主主義国を冒そうとしている病原菌にたとえ，これを外科的に隔離・排除しなければ健全な肉体は滅びてしまうと警告した．また G. ケナンが定式化した対ソ封じ込め政策も，明示してはいないがソ連に養分や酸素を供給しなければソ連は滅亡するという発想に基づいている．

33)　注31）のベーカー構想に添う形でブッシュ Sr. 共和党政権が輪郭を示した太平洋共同体構想は発表1年で政権が交代したため具体化には至らなかったが，次のクリントン民主党政権はこの実現に向け動き出した．東京サミットに先立ち1993年7月5日サンフランシスコでの演説で，アメリカの貿易の40%以上をアジア太平洋地域が占め，貿易総額は92年時点で1,200億ドルを越え，いまやアメリカ国内で250万人の雇用を支えている事実を強調した．東京入りした7月7日早稲田大学での講演で「新太平洋共同体構想」を提唱し，この構想がオーストラリアの構想と統合されやがて APEC へと具体化していったのである．

34)　注6）参照．

35)　外務省『外交青書』（2005年）66頁．「東アジア共同体」「機能的協力」「東アジア・サミット」の3本の論点ペーパーを提出したが，第2の論点ペーパーがとくに重要であるとともに，日本としての知的貢献となるはずである．

36)　東アジア共同体評議会ホームページ，及び青木直人「東アジア共同体構想という悪夢」『諸君』（2005年2月号，文芸春秋）．

37)　青木，前掲論文．

38)　例えば『日本経済新聞』の「ゼミナール　展望　東アジア共同体」は2004年10

月中旬より約2ヵ月にわたり連載された．また，NIRA·E Asia研究チーム編著『東アジア回廊の形成』（日本経済評論社，2001年）や，谷口誠『東アジア共同体』（岩波新書，2004年）など本格的な研究書が出版されている．

39）古森，前掲記事．

40）青木，前掲論文．

41）猪口孝編著『アジア学術共同体：構想と構築』（NTT出版，2005年）．

第２章

# 東アジアにおける地域ガバナンスの課題と展望

内田　孟男

## は じ め に

1990年代に入って加速されたグローバリゼーションの潮流はすべての世界地域を巻き込んでいるが，そのインパクトの強弱と利害関係は地域によって大きく異なっている．また，グローバリゼーションは常に反傾向としてのリージョナリゼーションないし分散化を伴ってきた．グローバリゼーションが困難に直面するとリージョナリゼーションが台頭するなど，両者の関係は反対傾向を示す場合もあるが，地域的協力が地球化への先駆けとなることも有り得る．従って，アジアにおける地域主義を考察する場合にも具体的な歴史的，経済的，政治的要因を分析する必要がある．本稿は，東アジアを舞台に繰り広げられるグローバル化と地域化との２つの傾向を分析し，同地域での共働システムとしてのガバナンスの，そしてさらに地域共同体の，可能性について考察することを目的とする．

本論では最初にアジアにおける地域主義の台頭を政治と経済の視点から考察し，その現状と機構を検証する．次に，ガバナンスの概念と政策とが地域レベルでどのような課題に直面しているかについて考える．第3に，グローバル・ガバナンスと地域ガバナンスを関連づける国連システムの役割に注目し，東アジアにおけるガバナンスの問題点と展望について検討する．

## 1．アジアにおける地域主義の台頭

### ⑴ 政治安全保障体制の変化

グローバリズムは国家と各種の非国家アクターがその活動を国境を超えて全世界に拡大しようとする思想であり運動であり，グローバリゼーションは，そのような意図や行動を意識しない現象であるといえる[1)]．同じことが，地域主義と地域化にも該当し，前者はアクターの意図的行動であり，後者はその結果としての現象であるといえる．

第二次世界大戦以後の国際政治秩序は，国連憲章に見られるように第一義的には全世界を覆う多国間協調主義に基づき，第二義的に地域主義を認めそれを下位に位置づけていた．平和と安全の不可分性の原則に基づく国連の集団安全保障体制は，地域の独自性を尊重する地域的取極めによって補完されてきた．さらに，集団的自衛権は集団安全保障体制の不備を補うために不可欠な条文であり，同盟関係を強化する根拠とされてきた．このような国際秩序は1980年代末までは米ソを中心とするグローバルな冷戦構造によって特徴付けられていたといえる．

冷戦中に危惧された核兵器による世界戦争の可能性と脅威は「平和の不可分性」を説得的にしていた．人類はまさにダモクレスの剣のもとにあり，人類の安全は運命的に結び付けられていることが少なくとも先進国の多くの人々によって実感として共有されていたといえる．非同盟諸国そして「第３世界」はこの東西対立の枠の外にあったかのような印象を与えるが，圧倒的な米ソの対立関係から自立していたというよりも，冷戦対立からの防御的逃避への試みであったといえる．

冷戦が終焉した後には，このようなグローバルな安全保障に対する感覚は後退し，それまで共有された「平和の不可分性」に対する信憑性は大きく揺らぐことになる．1980年代末に冷戦が終結して，「世界新秩序」へのユーフォリアは新たに多発する民族紛争によって破られ，破綻国家の再建という複雑な問題を国際社会に投げかけている．ある特定地域における紛争は，たとえそれが1994年のルワンダでの３ヵ月間に80万人もの犠牲者を出したジェノサイドであても，多くの国の平和と安全を脅かす脅威とは受け止められなかった．国際社会のこの不作為はなによりもこのことを証明している．グローバリズムに対する懐疑は，新たな地域主義の台頭をもたらしたと言える．

1980年代中葉からの緊張緩和と冷戦の終結によって，「新地域主義」とも呼べる動きが顕著となってきた．ビヨルン・ヘトネによると新地域主義は，「旧地域主義」と異なり，「政治，経済，社会，文化の側面を含み，自由貿易を超えた範囲にわたっている．むしろ，地域の結束と地域のアイデンティティを確立するという政治的目標が最重要視されているようにおもえる」と述べ，新世界秩序の形成に密接にかかわるであろうとする[2)]．金鳳珍は「地球化のなかでリージョナルな感覚をつむぎ出すことも，地理学的想像力の一つに加える必要がある．地域化は，それぞれの地域に及ぼす新自由主義的地球化の＜負＞を和らげ，牽制しかつ克服するための枠組み，または装置として働く可能性がある」と指摘している[3)]．

このような状況にあって，国際の平和と安全の分野において，紛争地域とより密接な関係を有する地域機構の役割が増大してきた．2003年８月のシエラレオネの和平に関してもその仲介の指導的役割を果たしたのは，アフリカ連合（AU）であり，西アフリカ国家経済共同体（ECOWAS）であり，国連でもなく，米国でもなかった．頻発するアフリカにおける紛争解決に積極的に取り組んできたのは，これまでもアフリカの地域組織（OAU/AU）や下位地域組織（ECOWAS）であった．アジアにおいても紛争は域内で解決するべきであるとの合意がより鮮明に示されている．2003年10月にインドネシアのバリ島で開催された東南アジア諸国連合（ASEAN）首脳会議はASEAN協和宣言IIを採択して，内政不干渉の原則を維持しながら，地域外の国や国際機関の援助なしで，域内協力によって紛争を解決することを再確認している[4)].

### (2) 世界経済秩序に対する異議申し立て

2003年9月に開催された世界貿易機関（WTO）の閣僚会議の決裂は，グローバルな世界市場強化を目指す欧米と，より自立的な経済枠組みを志向する途上国の対立が表面化し，グローバルな経済秩序形成への努力が困難に直面していることを明らかにした．無論先進工業国間にも利害の衝突があり，単に南北の対立にその原因を帰すことはできないが，基本的な対立構造は1970年代の新国際経済秩序を彷彿とさせるものであった．カンクン会議の前後から，地域的貿易協定締結への動きは加速したかに見える．自由貿易協定（FTA）は，WTO秩序を補完するよりも，むしろWTOの無差別の原則への挑戦として注目を集めている．最新の『WTOの将来』と題する報告書は，最恵国待遇は原則ではなくほとんど例外となっていると警告を発している[5)]．2004年10月までに，GATTとWTOに通告のあった300の優遇貿易協定（PTAs）のうち176協定は1995年1月以降に通告があったものであり，現在150のPTAsが発効しており，70の協定が未通告であるが実施されると予測されている．交渉が計画されているか，または既に交渉中の協定が合意された場合には，2007年末までには効力を持つPTAsの合計は300に近づくと考えられている[6)]．経済協力開発機構（OECD）事務局長ドナルド・ジョンストンが，南北の指導者がよりグローバルな視点から，狭い国内的配慮を乗り越えて，世界貿易規則策定へのリーダーシップを発揮するよう説得したのはそのような状況を憂慮したからに過ぎない[7)].

欧州連合（EU）は市場の統合を推進し，遂に単一貨幣ユーロを採択し，米国に匹敵する経済規模を創設した．その他の地域でも自由貿易協定によって特定地域のみの経済的協力と統合を推進している．北米自由貿易協定(NAFTA)，南米南部共同市場（MERCOSUR)，その他ガット協定に基づく二ヵ国，多国間の関税同盟，自由貿易協定および経済協力協定は実に100を超えている．米州自由貿易地域（FTAA）は2005年12月の発効を目指しているが，創設されれば人口約８億人，域内国内総生産は11兆ドルを超える世界最大の地域経済統合がみられることとなる[8)]．

## ２．アジアにおける地域協力と地域機構

### (1)　現　　状

それでは，アジアにおける地域協力の枠組みはどのようになっているのだろうか．アジアは世界人口の実に57％を擁し，文化，宗教，言語，人種は他の地域と比較しても極めて多様である．また，近代における歴史的経験の共有という視点からも欧州はいうまでもなく，アフリカや中南米に比しても希薄といえる．経済的発展の格差も他の地域よりも甚大といえる．従って，アジアにおいて単なる地理的隣接性のみで地域協力の枠組みを創設することは困難でもあるし，インセンティブに欠ける．欧州の欧州連合は別格としても，アフリカのアフリカ連合，アメリカ大陸の米州機構といった汎地域機構がアジアには存在しないのはこの理由からも驚くべきことではないといえよう．アジアのみならず，米州の一部，オーストラリア，ニュージーランドを加盟国とするアジア太平洋経済協力会議（APEC），アジアの一地域を加盟国とするASEAN，南アジア地域協力連合（SAARC），加えて，ASEAN・リージョナルフォーラム（ARF）がアジアにおける地域協力の枠組みを提供してきた．

ASEANは冷戦さなかの1967年に，インドネシア，マレーシア，フィリピン，シンガポール，それにタイの５ヵ国によって結成された連合体で，現在は加盟国10ヵ国に発展している．さらに，1994年のARF設置によって，日本，ロシア，米国，オーストラリア，ニュージーランド，中国，ベトナム，韓国，朝鮮民主主義人民共和国，欧州連合との対話と協議を政治・安全保障問題に関して続けている．アジア太平洋地域の信頼醸成と予防外交に寄与す

るなど，経済協力と政治・安全保障分野での活動が注目されている．ASEAN＋３は1997年のASEAN 30周年記念首脳会議に日本，韓国，中国の首脳が招待されて開始され，アジア域内の協力強化に貢献している．1999年には「東アジアにおける協力に関する共同声明」が採択されるなど定着化している．2004年11月ラオスで開催されASEAN首脳会議は「ビエンチャン行動計画」を採択し，2020年に「ASEAN共同体」の実現を目指すとの合意に到達している[9)]．また，ASEANは2001年から国連と地域組織との協議に初参加するなど，国連との協力関係も模索し始めている[10)]．

SAARCは南アジア７ヵ国における地域協力を促進するために1985年に設置された．経済，社会，文化，技術，科学分野での協力が謳われているが，インドとパキスタンの紛争のために実質的成果は乏しいと言わざるを得ない．インドとパキスタンを取り巻く他の加盟国は，小国であり，事務局をネパールに置くという措置も連合の活動に寄与しているとは考えられない．ただ，最近のインドとパキスタン両国関係改善への交渉開始は注目される．2004年１月にはパキスタンで開催されたSAARC首脳会議で，本格的な二国間対話の継続が合意されている．その成果は予測しがたいが，いずれにせよSAARCの中核となる加盟国が対立状態を解消しない限り，この地域での協力の将来性にあまり期待できないといえる．事務局のあるネパールにおいても2005年２月に入り，国王による内閣罷免と戒厳令の発布そして長年にわたる政府軍と反乱軍による武力衝突も南アジア地域協力の課題となっている．

東アジアにおける経済的統合への動きは，世界銀行の報告書によると，最近の２つの大きな要因があるという．第１は，1997年に起こった通貨金融危機であり，第２には，中国が2001年11月に世界貿易機関（WTO）への加盟を果たし，中国の経済力が地域のより強い協力関係を促進していることである[11)]．菊池努は東アジアにおける米国を中心とする経済と安全保障関係は80年代と較べても変化していないが，近年東アジア共同体論が活発となった原因として，アメリカの覇権に対する対応，中国経済の発展に触発されたアジア経済のダイナミズムを指摘している[12)]．東アジアにおける共同体論の1つの論点は，米国の東アジアにおける地位と役割に関するものであり，米国が排除されていると感じ，否定的な政策を採るか否かである．アジア通貨危機に対する米国の対応は，関係諸国に地域レベルでの対策の必要性を確認させたことは確かであろう．このような文脈においては，米国からの自立という側面があり，米国を苛立たせる要因を含んでいるといえる[13)]．

これらの点を含む，より広いアジアにおける地域主義についての検討を本稿において試みるが，これらの経済的要因は単にアジア地域に限らず，米中の貿易関係での「摩擦」を見ても，グローバルな問題であることは常に留意しておく必要があろう．

### (2) 問　題　点

アジアにおける地域主義を検証すると，ASEAN（ARFとASEAN＋3）を核として，APECがその周辺国を巻き込みながら，さらに2国間協定とアドホックな取り決めによって発展していくシナリオを描くことができよう．21世紀に入って，特に中国は積極的に地域協力のメカニズムを形成し推進する姿勢を明確にしてきた．他のアジア諸国もその呼びかけに好意的に対応している．ASEANの設立は冷戦下にあって，共産主義に対する防御が加盟国の吸引力となっていたが，現在では中国に対する警戒心は緩和されて，急成長する中国経済との協力によって利益を確保することが優先課題となっている．中国は2002年11月のASEAN首脳会議において「中国・ASEAN自由貿易地域」の創設を含む「包括的経済協力枠組み協定」に署名している[14)]．

日本の立場は中国のように明快ではない．日本の政策はその経済的重要性からもアジア特に東アジアにおける地域主義を展望する上で大きなインパクトを持つことは疑いない．世界第2位の経済規模を誇る日本は，そのグローバリズムに対するコミットメント，なかんずく対米配慮によってこれまで地域主義には消極的であったと評価されている[15)]．日本の米国依存は，安全保障だけではなく，経済面でも決定的であることは自明のことである．加えて日本外交の過度なまでの対米配慮はそれが戦後長年にわたる日本外交の中核であり，その遺産でもあり惰性でもあることが指摘されよう．そして，日本のアジア諸国との関係では，いまだに戦後処理が終わっていないことが大きな心理的負担となっている．日本と中国および韓国との関係については，歴史認識の問題はいまだ未解決であり，底流となって日本批判と日本嫌いを表面化させている[16)]．

2004年から2005年にかけて顕著となった中国と韓国における反日感情と運動は東北アジアにおける政治状況の複雑性と困難さを再確認させることとなった．例えば，入江昭は「国際新秩序形成への動きの一つ」としてとらえることができると評価しつつも，それが米国との関係を犠牲にしない「広範囲な東アジア・太平洋秩序の建設へと発展していく」ことに期待を表明している[17)]．渡辺利夫は東アジアにおける地域貿易依存度が高まり自由貿易協定のメリットが認識されると同時に，政治，安全保障，文化面での差異も浮き彫りになってきていることを指摘し，東アジア共同体が実現するとしても，その主導権ないし覇権を握るのは中国ではないかという懸念を持ち，「東アジア共同体という中国主導の「風圧圏」の中に身をおき，米国からの離脱傾向を強めるこの構想の中に日本がさしたる戦略もなく入っていくことの危険性」を警告している[18)]．フィリピン，マレーシア，インドネシアにおいても日本は1940年代の遺産を引きずっていることは否めない．日本がこれからアジア地域において自らのアイデンティティを持ち，他国から迎え入れられ，仲間として行動することがアジアにおける地域主義を大きく左右するであろう．

日本は東アジア地域協力への取り組みの基軸を次の４点としている．

① 地域内の安定性を確保しつつ進むと同時に地域全体の近代化（民主化，市場整備等）を推進するものとなること．

② 単なる政治的意思の表明ではなく，実質的内容を伴う形で進むこと．

③ 経済分野の協力から出発しつつも中長期的には政治面でのガヴァナ

ンスにも及ぶ方向性（民主的統治）を視野に入れつつ進むこと．

④　グローバルガヴァナンス（国際機関等を通じた国際社会のマネージメント）と衝突せず相互補完する形で進むことである[19)]．

このような配慮は正論である．日本はアジアに位置していると同時に太平洋国家でもあることを重視すれば，あくまで，開かれた地域主義を主導すべきであろう．同時に，域内の民主化とグローバル・ガバナンスとの補完性を強調することによって，地域主義に対して消極的であると認識されることも否定的な結果をもたらすと考えられる．グローバル・ガバナンスと地域ガバナンスを連結させるという思想を具体化させることが日本の貢献になるであろう．その意味ではAPECのもつ意義は大きく，日本外交の試金石となるかもしれない．2003年12月に東京で開催された日本・ASEAN首脳会議では，経済協力，テロ防止，海賊取締りといった具体策のほかに，「東アジア共同体」構想が，政治議題に上っており，2005年12月にはマレーシアにおいて東アジア・サミットが開催された．

外務省の『日本国政府作成の論点ペーパー』（仮訳）によると，コミュニテイ形成へのアプローチは3つのカテゴリーに分類することができるという．すなわち，①幅広い事項における機能的協力の促進（機能的アプローチ），②地域的規模の制度的取決めの将来的導入（制度的アプローチ），そして③地域間交流の促進や，この地域の諸国間の発展格差の縮小，共通の価値観と原則に基づく共有されたアイデンティティの創造を含む，様々な手段を通じた「コミュニテイ意識」の醸成である[20)]．まずは貿易，金融，環境保全などの非政治的分野での協力を推進することによって，ネットワークを強化・拡大し，その上で必要に応じて制度的枠組みを構築する．東アジアとしての地域のアイデンティティは長期的に醸成するという，段階的アプローチである．現段階では機能的アプローチの強化に専念すべきであるとの論調である．

東アジアの範囲は確定してはいないものの，ASEAN＋3が一般に受け入れられているように見える．ただしオーストラリアは東アジア・サミット参加に積極的であり，インドも関心を示すなど「東アジア」地域を越える可能性もある．いずれにせよ東アジア共同体に関する初期の議論は抽象的なレベルに終始するであろうが，アジアまたは東アジアという地域のアイデンティティへの模索が開始され始めたことは確かであろう．

## 3．ガバナンスにおけるグローバリズムと地域主義

### (1) ガバナンス

グローバル・ガバナンスは地球的規模の問題に対して地球社会が対応する方法の総和であると言える．地球社会には国家のみならず，市民社会，非政府組織（NGOs)，ビジネスと企業そして国際機構と地域機構があり，アクターとして協同して問題解決にあたることが想定されている．温暖化やオゾン層の破壊といった地球環境問題は，まさに地球的対応を必要とし，開発や貧困撲滅，そして感染症は地球的規模の問題であるが，同時に地域レベルでも効果的な対応は可能である．大量兵器による世界戦争ではなく，民族紛争に関しては地域的取極めがより実効性が高いことはこれまでの経験が教えるところである．従って，グローバル・ガバナンスのもとにリージョナル・ガバナンスの可能性を追求することが現在求められていると言える．問題（イッシュー）別に地方，国，地域，そして地球的レベルでの政策策定が緊急となっている．すべての問題が同様のグローバルなレベルでの対応が必要で有効ではないことを理解すれば，グローバリズムとリージョナリズムの分業と共同が見えてこよう．

最初に，「ガバナンス」概念と理論そして政策的意義について概観しておくことが必要であろう．世界銀行が「良い統治」（good governance）の必要性をアフリカにおける開発の条件として提示したのは，1989年のことであり，それは公的セクターの効率性を主として念頭においていた[21)]．「良い統治は」その後，効率性に加えて，透明性，説明責任，法の支配といった要因

を満足させた政府があって，初めて開発が可能である点を強調した．

冷戦が終結した，同じ年にこのような報告書が出たことは，開発援助がそれまでの冷戦の手段から，途上国の経済社会開発と福祉という本来の目的に資することが優先課題となったということで，世界情勢の変化を反映したものであったといえる．1990年代に入って急速に進展したグローバリゼーションは，さらにガバナンスの必要性を浮き彫りにしてきた．概念は国連事務総長によって，単に公的セクターの問題ではなく，決定によって影響を受ける人民の参加と民主化を含むものに拡大され，「良い統治」は国内の人権尊重，参加を中核とするようになる[22]．

グローバリゼーションによって地球的規模の諸問題（環境，開発，人口，紛争）の解決はより緊急性を帯び，1995年に公表されたグローバル・ガバナンス委員会の報告書『地球リーダーシップ』は，地球レベルでの「ガバナンス」の重要性を喚起した[23]．ガバナンスは公的なアクター（国家，政府，地方自治体）だけではなく，非国家アクター（市民社会，NGO，民間セクター）との共同と協力を目指す概念へと発展した．国内の「良い統治」には，国家主権を代表する政府が存在し，階層的な序列が明確であるのに対して，「グローバル・ガバナンス」には，世界政府は存在せず，しかも多様なアクターを内包しており，水平的な協力関係を基軸としているという決定的な違いがあるといえる．

### (2)　地域ガバナンス

地域レベルでのガバナンスは，「国家」と「地球」レベルの中間に位置づけられようが，その特色はより「グローバル・ガバナンス」に近いであろう．それは，地域を統括する政府が存在しないからである．そして，この地域ガバナンスは世界の地域によって大きく異なる様相を示している．欧州においては，EU が2004年5月には25ヵ国を擁する地域統合へと拡大し強化されている．既に12ヵ国が単一通貨ユーロを使用し，共通の外交防衛政策の策定へ動き，「欧州憲法」の全加盟国の署名が行われ，引き続き議会または国民投票に付されることになっている[24)]．アフリカにおいては，OAU が AU としてより強力な地域のガバナンスを目指している．西半球にはほぼ全地域をカバーする OAS も同様の役割を強化しているといえる．

地域ガバナンスの観点から，アジアを展望すると，他の世界地域にある全地域的組織は存在しない．既に概観したように，ASEAN，SAARC，といったサブ・リージョナルな枠組みがあり，APEC のように，アジアを超える取極めがある．なかでも，10年前に設置された，ARF は東南アジア，東アジア，ロシア，米国，オーストラリア等をカバーし，ASEAN＋3は，1997年より，ASEAN と日本，中国，韓国との協力関係を促進する重要な枠組みへと変化してきている．このように，政府間機構としてのガバナンスの枠組みを検証すると，他の世界地域との比較において，アジアにおける遅れが顕著といえる．しかしながら，地域レベルでの政府間取極めが無いということは，東アジアにおいてガバナンスが存在しないということを意味しない．ガバナンスはまさに，そのような公式で階層的な統治体系とは別個のものであるからである．同時に，地域レベルでの取極めが無いことは，その地域の諸問題をも提示している．それらは次の諸点を含んでいる．

① 東アジアにおける共通の歴史経験と認識は，欧州，アフリカ，中南米のそれとは著しく異なる．特に，20世紀における歴史認識に大きなギャップが存在している．しかも近年のナショナリズムの高揚は，他国との対話すら困難にしている．この傾向は2005年に入って悪化の一途を辿っている．

② 東アジアにおいては，中国と台湾の問題，朝鮮半島における南北の対立があり，日本も，ロシアのみならず，中国と韓国との間に領土をめぐる紛争がある．

③ 東アジアにおける日本，韓国，中国は，高度経済成長をそれぞれ異なった時期に経験し，国内の民主化によるラディカルな社会変動を経てきた．特に中国における国内ガバナンスの様式はいまだに流動的であり，それが，地域レベルでのガバナンスにどのようなインパクトを

与えているのか明確ではない．

一方，このような政治的対立にもかかわらず，「政冷経熱」と称されるように，経済分野での相互依存関係は強化されてきている．政経分離はどこまで可能なのであろうか？　ミトラニーの提唱した機能主義は，経済社会分野での活動を活発化させることによって，問題の多い政治分野での対立を緩和し，最終的には「国境を無意味なもの」[25]にしてしまうという．そのことが東アジアの今日に可能なのであろうか？　政治は経済に対して高い壁として立ちはだかるのではあるまいか．

### (3)　地域公共財と地域公共政策とは？

地域ガバナンスは共通の利益の認識が前提となる．従ってその可能性を考察するためには具体的な地域公共財の供給とそのための政策を検証することが必要となる．「公共財」は通常，非排除性と非競合性によって特徴づけられるが，さらに，その決定過程が集団的で民主的である点も指摘されよう．国連開発計画（UNDP）では，「地球公共財」概念を提唱し，1999年と2003年に報告書を公表している[26]．地球公共財には，有形な地球環境，無形な秩序があり，そのような（最終）公共財を供給する手段としての国際制度，なかんずく国連の役割が分析されている．国家，国際機構，市民社会，NGO，そして企業・ビジネスの民間セクターがそれぞれ「地球公共政策」策定のプレイヤーとして役割を果たすことが期待されている．ガバナンスが「良い統治」として，国内レベルでは受け入れられているのと比較すると，「地球公共財」や「地球公共政策」は必ずしも学界でも政策決定者においても合意されているとはいえない．

しかし，実際にはそのような地球公共財は存在し，そのための政策はアドホックな形であれ策定され実施されている．地域公共財については，国連のミレニアム・プロジェクトの報告書においても言及されている．国家にとって隣接諸国は重要なパートナーであり，その地域のインフラ整備と政策協力によって関係はより強化されるとし，４種類の地域公共財を確定している．

それらは，

① 運輸，エネルギー，水管理のためのインフラ整備．

② 国境を超える環境問題に対する調整メカニズム．

③ 貿易政策と手続きの調整と調和を含む経済協力を促進するための制度．

④ アフリカ・ピア・レビュー・メカニズム（APRM）に代表される地域対話と合意形成のための政治協力[27]．

それではより具体的な「地域的な公共財」は東アジアにおいてなんであろうか？ その公共財を供給し発展させることが取りも直さず東アジアのガバナンスではないのだろうか？ 例えば，次のような公共財については広く合意が可能であろう．

① 1997年に発生したような国際通貨危機の再発を防ぐ安定した通貨体制．

② WTO，FTAまた2国間自由貿易協定のもとでの安定した貿易体制．

③ 地域紛争を予防し問題の平和的解決を可能にする協議システムの拡充．

④ 地域環境保全のための諸措置の策定（温暖化対策，水の供給対策，石油汚染対策）

⑤ 開かれた地域主義による経済，社会，文化，人道的分野における，グローバリゼーションの負の影響の軽減措置．

## 4．グローバルとリージョナルを結ぶ国連システム

普遍的メンバーシップを有する国連はグローバル・ガバナンスと地域ガバナンスとを連結する役割を果たしている．平和と安全保障問題を分析したブトロス・ガリ前国連事務総長は，国連と地域機構について，原則と実際の協

力様式について提言している[28]．ガリの原則は次の4点である．

① 協議についてのメカニズムが設けられるべきであるが，公式のものでなくとも良い．

② 国連憲章で述べられた国連の卓越性が尊重されなければならない．

③ 分業は明確に定められ，合意されなければならない．

④ 国連と地域機関メンバーによる整合性は確保されなければならない．

### (1) 安全保障分野

紛争の平和的解決（憲章第6章）に関しては，国連憲章は当事国が国連に付託する前に地域的取極めや機構によって解決するよう努力することを要請しており，強制措置に関して地域機構は安全保障理事会の許可が必要であることを明記している．協力の形態としては，①協議，②外交支援，③活動支援，④共同展開，⑤合同活動，の5つを平和活動の歴史から分類している[29]．

グローバル・リージョナル協力強化のために，国連は1994年から定期的に地域機構との協議を開催しており，紛争解決手段に関する議題を中心に取り上げてきた．同年総会は決議A／49／57によって「国際の平和と安全の維持における国連と地域的取極めまたは機関との協力を促進する宣言」を採択した．宣言は安保理の承認なしには地域的取極めや機関は強制的行動を取ってはならないことを再確認し，協力方法として：①全てのレベルにおける情報交換と協議；②国連機関の活動に地域機構が適切な場合に参加する；③要員，物資その他の援助を適切な場合に供与する，ことを挙げている．具体的な活動としては，予防外交，平和創出，平和維持，そして平和構築のための軍人，文民監視員，事実調査，平和維持部隊の設置と研修を国連と地域機構とが行うことを示唆している．

国連と地域機構との協力に関する定期協議は1994年の第1回から，2005年の第6回を数える．第1回協議では，国際の平和と安全に関して，国連と地域機構が協力できる3つのテーマ，すなわち介入分野，行動原則，そして協力の方法が討議された．その結果は前出の総会決議による宣言として公式化されたといえる．第2回は1996年2月に開催され，国連と地域機構が紛争解決のために有する資源不足問題が取り上げられ，また平和構築の重要性が討議された[30]．1998年の第3回協議では，平和構築のための協力をテーマに討議され，国連と地域機構との間に広い合意が達成された．アナンによれば，「反応の文化」から「予防の文化」へと移行する契機となったという[31]．第5回目の協議は2003年7月に行われ，国際テロリズム，内戦と国家崩壊，組織犯罪，人権侵害などの国際平和と安全に対する新たななる挑戦を議論している[32]．この協議には20の地域機構が参加し，多国間主義と国際機構および国際社会がこれらの問題に効果的に支援活動を行うことを再確認し，テロリズムが主たる安全への脅威であり，国連が国際的活動の調整において中心的役割を果たすべきことを強調している[33]．安保理も地域機構の役割を重視し，2003年4月には地域機構と集団安全保障に関する協議を行っている．この協議には国連と共同で平和活動を実施した経験を持AU，OAS，アラブ連盟（AL），EU，欧州安全協力機構（OCSE），ECOWASがそれぞれの立場から，より良い国連との協力関係について発言している[34]．

最新の第6回協議は2005年7月に開催され，アナン事務総長は国連と地域機構との間に情報共有，費用の分担，資源の利用について合意が必要である点を強調している．さらに，3月に提出した報告書『より大きな自由のなかで』において提案されている平和構築委員会においては地域機構が大きな役割を果たすことが期待されている旨を述べている．また，国連と地域機構との協力の重要性に鑑みて，協議を隔年ではなく，毎年開催することを提案している[35]．

2004年12月に公表された「脅威・挑戦・変化に関するハイレベル・パネル」の報告書『より安全な世界へ――われわれの共有された責任』も地域機構が多国間システムにおいて重要な役割を果たしてきたことを認め，さらに国連と地域機構との協力関係を強化するよう勧告している[36]．この提言を支持して，アナン事務総長も，地域インフラ整備と政策協調は経済開発支援に必要であることを認め，地域協力は「単に経済協力だけではなく地域的政治的対話と合意構築のためのメカニズムをも含むべきである」と積極的に地域主義の役割を強調している[37)]．

### (2) 開発分野

このように過去6回にわたる国連と地域機構との協議は国際の平和と安全問題を扱ってきたが，特に最新の会議においては，文明の対話，文化的多様性の重要性，そして開発問題も討議されている．しかし開発や環境分野における地域機構の役割が明確に討議され合意されるのは，国連主催の世界会議であり，1992年の国連環境開発会議で採択された『アジェンダ21』以来，行動計画には地域機構の果たすべき役割が明文化されている．最近では，2002年の持続可能な開発に関する世界サミットのフォローアップでも，国連の地域経済社会委員会を含めて地域機構の役割が重視されている[38)]．国連の地域委員会は，リージョナリズムを促進する3つの理由を持っていたとされ，それらは，

① 機関の任務として，加盟国間の一致した行動を容易にすることがある．

② 先進国に追いつくために必要な工業化は地域，下位地域の取極めが必要であった．

④ 先進国への依存を減少するため，であった[39)]．

例えば，現在のアジア太平洋経済社会委員会（ESCAP）の前身であるアジア極東経済委員会（ECAFE）は1940年代末に経済開発の優先は農業開発と食糧生産であるべきであると主張をし，工業化への道は1つではなく「資源の有無と制度によって国ごとに変わる」ことを指摘していた[40)]．

経済協力と政治統合を内包する新地域主義は，「全世界にグローバル化された開放経済に向けたビルディングブロックであると同時に，各国をグロー

バル化の負の側面から守る防波堤」[41]になるであろうか．国連はまさにグローバル化と地域化とのそれぞれの長所と比較優位を生かしてこの挑戦にいかに対応するかが問われている．1990年代に入って，国連は環境，人権，開発，人口，女性問題等について世界会議を主催してきた．国連はこのような世界会議の準備として，地域会合を開催してそれぞれの地域の声を世界会議の場で反映させようと努めてきたが，この世界会議へのプロセス自体が地域と世界とを結ぶ１つの道程といえよう[42]．また，国連の各機関も，市民社会との連携を地域毎に組織するなど，地域の特殊性と世界の普遍性との橋渡しに貢献している[43]．

## 5．ガバナンスの確立のために

### (1) 条　　件

ガバナンスの主要なアクターである国家の統治能力は，東アジアにおいては他の世界地域に見られる破綻国家の危険性は緊急な課題としては提起されていない．（地域におけるいくつかの政治的紛争の原因は憂慮に値するが．）経済市場も基本的に健全で，国家間の相互依存を高めている．東アジア地域における，ガバナンスの確立にはより具体的な次の点が検討される必要があろう．

① グローバル・ガバナンスで大きな役割を果たし，そのより健全な発展が期待されているのは，市民社会，そしてその組織されたNGOである．2004年６月に公表された『我ら人民：国連と市民社会の関係』（カルドーソ報告）も，市民社会の役割の重要性を確認して，国連がさらに，市民社会との強力なパートナーシップ構築を目指すべきことを勧告している[44]．東アジアにおいては，相対的に市民社会とNGOは未成熟であり，地域ガバナンスのためには，国家を補完し，時にはリードして地域公共財の供給と発展のために貢献する必要がある．これは，国内の

ガバナンスをより民主的にするためにも不可欠な要件であるといえる．

② この成熟した市民社会とNGOが地域レベルで環境，開発，紛争解決，人道援助で，協力を促進するメカニズムを発展させる必要がある．例えば，トラック－２とよばれる国際問題研究所のネットワークは既に存在する．他の分野での同様な枠組みを構築することが望まれよう．

③ 広くは，パブリック・ディプロマシーまたは民際外交とよばれる東アジアの人々の交流を促進し，相互の文化を理解し，価値観や倫理観を共有することが長期的な地域ガバナンスのためには必須である．ミレニアム宣言は人類の共通の価値観として，自由，平等，団結，寛容，自然の尊重，責任の共有をあげている．これらの抽象的な価値の，実質的な活動による実現が地域ガバナンスのみならず，国内そして，地球レベルでのガバナンスにも前提条件となる．東アジアには，歴史的に儒教や仏教による，共通の自然観，人間観が見られる．このようなベースを活性化し，閉鎖的ではない，開かれた人類価値観の育成に向けて発信し，貢献することは極めて重要である[45]．

④ 知識人のガバナンスに対する責任は重い．特に国際関係を専門とする研究者や学者は，知的交流を通して，衡平で安定した地域秩序の構築に参加する必要がある．時として，偏狭なナショナリズムに陥りかねない人々に，より広い，国境を超えた地域と世界の問題について啓発し，地域的な公共政策形成に貢献できる立場にある．幸い，各種の研究プロジェクトを通して，地域の学者の交流は盛んになりつつあり，このモーメンタムを失わずに，活用しなくてはならない．

⑤ すでに，歴史教科書を東アジアの学者が共同して執筆する試みは他の団体等で試みられてはいるが，ユネスコまたは国連大学のような国際機構と提携して，東アジアの近代史を共同執筆し，刊行できれば，ガバナンスの基礎作りに大きな貢献となるであろう．ユネスコでは，アフリカの歴史など，世界地域での歴史の対話があり，同様に東アジアにおける古代から，近代，現代に至る対話と議論は極めて有益であろう[46]．

⑥　東アジアのガバナンスの構築へ向けての努力は，地域の「大国」である中国と日本とのリーダーシップが，他の東アジアの国を牽引することが必要であり，その自覚が両国に期待されよう[47]．地域の全ての国の足並みが揃うのを待つのではなく，準備できた国と，分野からガバナンスへの枠組みを構築することによって，全体のシナジー（synergy）を形成しなくてはならない．

⑦　地域の政治家，政策決定者が開かれた地域主義を促進することによって，共通の問題解決に努力し，そのためのメカニズムを構築し，発展させることが優先されなくてはならない．

### (2) 展　　望

ガバナンスが多様なアクターの共同作業である以上，長期的計画と短・中期的計画とを策定することが重要で，共通の認識や価値観の形成は長期的な展望のもとで考察され，学者の共同研究プロジェクト，文化交流の組織化は短・中期的目標といえる．市民社会の形成はむろんのこと，西洋諸国のそれとは文化的伝統的に異なった表現様式を取るであろうが，市民個人の人権を尊重し，個々人の能力を開発することによって選択肢を拡大する「人間開発」を目指す点では同じであり，世界共通の価値基盤を確固たるものにする．文化の多様性の尊重は，人類の団結や，人権の普遍性とは本来矛盾するものではない．

地域的取極めや組織にしても，既に言及した機構をより地域ガバナンスに適合した役割を与えることで，必ずしも新たな機構作りが不可欠というわけではない．二国間協定のネットワークを重ねることで，欠落した分野での協力を補完することは充分に可能であろう．同時に，欧州，アフリカ，中米にみられる地域的レベルでの人権裁判所の設置などは，東アジア地域のガバナンスにとってその成熟度を測る１つの基準となるのではないか．やはり，新たなこのような制度作りは長期的展望に内包されることが望ましいであろう．

# おわりに

グローバリゼーションはその恩恵もコストも極めて不平等に配分し，国家間と国内の経済格差を増大させている．ミレニアム宣言もその点を重要視して，世界レベルでの手段と政策を採る必要を認めている．東アジアにおいても，グローバリゼーションは，各種の格差を生み，紛争の原因ともなっている．国際的テロリズムも，グローバリゼーション抜きでは考えられない．組織犯罪もグローバル化の鬼子である．国連事務総長が「非市民社会アクター」と呼ぶテロリズム，組織犯罪，人身売買，疫病といった負のグローバリゼーションの問題にも対処しなければ，ガバナンスの確立は望めない．機能主義も消極的な現状維持的な機能と，より積極的なダイナミックな変革機能とを兼ね備えている．冷戦の終結はイデオロギーの対立をほぼ解消し，基本的には機能主義のスペースは拡大している．

東アジアにおいては，しかしながら，冷戦の解消は未完であるのみか，第二次世界大戦の戦後処理も完結していない．したがって，欧州においては，機能主義は新機能主義として[48]，ヨーロッパの統合をもたらしたが，東アジアにおいては，古典的な機能主義が限定的に適応されているに過ぎない．当地域におけるガバナンスの確定は他の世界地域よりも大きな挑戦に直面しているといえる．それだけに，より地道な努力が全てのアクターによってなされる必要がある．東アジアに良いガバナンスが確立すれば，その人口，経済力，文化の多様性からみても，グローバル・ガバナンスの中核となることは明らかであり，人類の将来を左右する重要な任務である．付言すれば，ガバナンスは永続的なプロセスであり，普遍的なガバナンスの「確立」ということはあり得ない．

東アジア共同体構想は，ある一定水準の地域ガバナンスを前提として初めて可能である．共同体構想が理念として地域の国家と人民とによって共有されるまでには数十年単位の時間の経過が必要であろう．しかし，グローバル化のインパクトと，地域レベルでの経済，政治，文化交流の進展は現存する地域ガバナンスの枠組みを強化し，東アジア共同体の実現を促進していくであろう．これからの地域ガバナンスはその共同体のあり方を決定し，グローバル・ガバナンスそのものに重要なインパクトを与えることはいうまでもないであろう．

＊　本稿は2005年３月17日–18日に中央大学・政策文化総合研究所が韓国の漢陽大学と協力して開催したInternational Workshop on The Road to East Asian Community Buildingに提出した報告を修正・加筆したものである．

1）ロバート・コヘインとジョセフ・ナイは，グローバリズムとグローバリゼーションに異なった定義をしている．彼らによると，グローバリズムは大陸間レベルでの相互依存のネットワークを包摂する世界の状況であり，グローバリゼーションはそれがより密度を増す過程である，とする．Joseph S. Nye and John D. Donahue, eds., *Governance in a Changing World*, Brookings Institution Press, 2000, pp. 2–7.

2）ビヨルン・ヘトネ「グローバリゼーション・新地域主義と東アジア」『グローバリズムとリージョナリズム』（猪口孝・田中俊郎編）かながわ学術研究交流財団，1997年，18－19頁．ヘトネによると，新旧の地域主義の違いは１．旧地域主義は二極構造の冷戦下で主張されたが，新地域主義は多極化した世界で出現した．２．「旧」は大国によって上から押し付けられたのに対して，「新」は地球規模の問題に対処するために自発的プロセスを通じて形成されている．３．「旧」は経済面で閉鎖的であり，「新」はより開放的である．４．「旧」は具体的目的のために形成されたが，「新」はより包括的で多元的なプロセスである．５．「旧」は国家間の関係に関心が集中していたが，「新」は国家以外のアクターをも含んでいる．

3）金鳳珍「思想課題としての日韓関係」山脇直司・丸山真人・柴田寿子編『グローバル化の行方』新世社　2004年，169頁．

4）議長声明は「政治・安保，経済，社会・文化の三つの分野でASEAN共同体を確立することに同意する．安保共同体は，防衛条約や軍事同盟よりもむしろ，政治，経済，社会，文化の分野を広く包括する安全保障であるという原則に同意する」と総括している．（朝日新聞，2003年10月９日）

5）WTO, *The Future of the WTO: Addressing institutional challenges in the new millennium* (Report by the Consultative Board to the Director–General

Supachai Panitchakdi), 2005, p. 19, and p. 79.

6) *Ibid*., pp. 21–22.

7) Donald Johnston, "The Key to a new agreement," *The International Herald Tribune*, November 3, 2003.

8) 2005年11月にアルゼンチンで開催された34ヵ国首脳会議は失敗に終わり，2005年の設立は見送られた．Cf. Larry Rohter and Elisabeth Brumiller, "Latin summit on trade ends in deadlock", *International Herald Tribune*, 7 November 2005.

9) 日本経済新聞，2004年11月30日．

10) UN, "Secretary–General Tells Regional Organizations Need for Cooperation is Greater than Ever," (SG/SM/7706, 6 February 2001)．第1回国連と地域機構との高級会合は1994年8月に，第2回は1996年2月に，第3回は1998年8月，第4回は2001年2月，そして第5回は2003年7月に行われた．

11) K. Krumm/H. Kharas 編『東アジアの統合—成長を共有するための貿易政策課題』（世界銀行，田村勝省訳）スプリンガー・フェアラーク東京，2004年，xi–xii頁．

12) 菊池努「『地域』を模索するアジア－東アジア共同体論の背景と展望」『国際問題』No. 538，2005年1月号，42－50頁．

13) アーミテージ前米国務副長官は2005年4月29日に朝日新聞のインタービューで，東アジア共同体構想は「米国がアジアで歓迎されていないと主張するのとほとんど変わりない」として，「深刻な誤り」であると反対を表明している．（朝日新聞，2005年5月1日）

14) 谷口誠「東アジア経済圏を提唱する」『世界』2003年10月号，65－78頁参照．より詳しくは，同じ著者による『東アジア共同体—経済統合のゆくえと日本』（岩波新書）岩波書店，2004年を参照．滝田賢治は「日本は米ソ冷戦終結に対しても自立的・自主的な外交政策を打ち出せず，グローバリゼーションの急展開に対してもこれに対応する国内的再編に成功しておらず，ひたすらアメリカに従属しているのが現状である」と論じている．滝田賢治「グローバリゼーションと東アジア国際関係の変容」川崎嘉元・滝田賢治・園田茂人編著『グローバリゼーションと東アジア』中央大学出版部，2004年，84－85頁．

15) 2003年10月9日付の朝日新聞は「ASEAN 会議：日本に厳しい視線」と題する記事を掲載し，「8日閉幕した一連の東南アジア諸国連合（ASEAN）首脳会議で，ASEAN 各国は中国の接近を高く評価し，インドの将来性への期待を表明した．一方，日本への不満は増幅するばかりだった」と報じている．

16) 日韓に横たわる政治的・心理的問題については，姜尚中『日朝関係の克服—なぜ国交正常化交渉が必要なのか』（集英社新書）集英社　2003年を参照．また，最近の中国と韓国における反日デモなどの影響が強く表面に出たと思われる，2005年4月27日の朝日新聞の世論調査の結果を見ると，日本を嫌いと回答した者は中国で64%，韓国で63%であったとのことである．

17） 朝日新聞，2005年3月2日〈夕刊〉.

18） 渡辺利夫「東アジア共同体の危うさと怪しさ：幻想を吹き飛ばす反日地政学」『中央公論』2005年6月号，53頁.

19） 外務省『外交青書　2004年度』77頁.

20） 外務省ホームページ（http : //www.mofa.go.jp/mofaj/area/asia/e_asai/pdfs/01.pdf (June 20, 2005)

21） The World Bank, *Sub-Saharan Africa : From Crisis to Sustainable Development,* 1989, pp. 192-193.

22） Kofi Annan, *Annual Report on the Work of the Organization 1998*, para. 113.

23） グローバル・ガバナンス委員会『地球リーダーシップ』NHK出版局1995年，28－29頁.

24） 2005年5月と6月にフランスとオランダは国民投票によって憲法条約を否決した．欧州統合への動きは内省の時期に入ったかに見える.

25） David Mitrany, *A Working Peace System : An Argument for the Functional Development of International Organization*, London : The Royal Institute of International Affairs, 1943, p. 26.

26） インゲ・カール他『地球公共財―グローバル時代の新しい課題』日本経済新聞社，1999年および，Inge Kaul, et al. eds., *Providing Global Public Goods : Managing Globalization*, Oxford University Press, 2003を参照.

27） UN, *Investing in Development : A Practical Plan to Achieve the Millennium Development Goals : Overview* (Millennium Project Report to the UN Secretary-General) 2005, pp. 47-48.

28） ブロロス・ガリ『平和への課題―追補』〔国連広報センター訳〕1995年，24－25頁.

29） 同上書，23－24頁.

30） UN Press Release SG/SM/5895, "Secretary-General's Statement at Opening of Second Meeting between United Nations and Regional Organizations," 14 February 1996.

31） UN Press Release SG/SM/7708 "Secretary-General Lists Main Points of United Nations Discussions with Regional Organizations on Peace-Building," 7 February 2001.

32） UN Press Release SG/2083 "Secretary-General to Convene Fifth High-Level Meeting on Cooperation between United Nations and Regional Organizations," 28 July 2003.

33） UN Press Release SG/2084 "Fifth High-Level Meeting between UN and Regional Organizations Concludes Following Two-Day Discussion of Main Challenges to International Peace and Security," 30 July 2003.

34） UN Press Release SC/2084 "Security Council Meets Regional Organizations to

Consider Ways to Strengthening Collective Security," 11 April 2003.

35）UN Secretary-General's remarks to the sixth high-level meeting with heads of regional and other intergovernmental organizations in New York, 25 July 2005.

36）UN, *A More Secure World: Our shared responsibility* (Report of the High-Level Panel on Threats, Challenges and Change, 2004, pp. 85-86.

37）Kofi Annan, *In larger freedom: towards development, security and human rights for all* (Report of the Secretary-General) A/59/2005, para 69.

38）UN Press Release ENV/DEV 676 "Sustainable Development Summit Focuses on Importance of Regional Organizations in Summit Follow-Up," 29 August 2002.

39）Yves Berthelot, ed., *Unity and Diversity in Development Ideas: Perspectives from the UN Regional Commissions,* (UN Intellectual History Project Series), Indiana University Press, 2004, p. 38.

40）*Op.cit.* p.35.

41）ルク・ファン・ランゲホープ「地域統合とグローバル・ガバナンス」『UNU Nexcon』2003年10月号，5頁.

42）Michael G. G. Schechter, ed., *United Nations-Sponsored World Conferences: Focus on Impact and Follow-Up,* UN University Press, 2001参照.

43）Andre C. Drainville, *Contesting Globalization: Space and place in the world economy,* Routledge, 2004, Chapter 4.

44）UN, *We the Peoples: Civil Society, the United Nations and Global Governance: Report of the Panel of Eminent Persons on United Nations-Civil Society Relations* (A/58/817), 11 June 2004参照.

45）早稲田大学総長を務めた西原春夫は2004年10月24日中国天津商科大学での講演において，民間機関が恒常的な協議機関を設けて北東アジアの協力を促進し，その積み重ねによって公的機関の設置へと努力することの重要性を指摘している．西原春夫「北東アジアの地域的枠組みの可能性と文明史的役割」『国連ジャーナル』2005年1月号，10頁.

46）例えば，国連大学の東アジア展望プロジェクトは，日本，中国，韓国，朝鮮民主人民共和国の学者の参加を得て，*The State and Cultural Transformation: Perspectives from East Asia*, ed. By Ken'ichiro Hirano（1993）を出版している．これは，韓国と朝鮮民主人民共和国がいまだ国連に加盟する1991年の前にワークショップなどを開催して，議論を踏まえた論文集である．現在は，政治情勢は，当時よりも好転しており，このような共同研究の機会は容易に得られよう.

47）2005年に入っての日中関係は領土問題，ODA 問題，日米外相・防衛会議での台湾海峡に関する言及などによって緊張を高めている．Michael Vatikiotis は日中紛争への流れを憂慮して2005年末マレーシアで開催が予定されている東アジア・サミットを契機に，他のアジア諸国も日本と中国との協力関係の強化へ動かなければならないと主張している．（Michael Vatikiotis, "Heading off a Japan-China conflict," *The International Herald Tribune*, 3 March 2005.)

48) Inis L. Claude, Jr., *Swords into Plowshares: The Problems and Progress of International Organization,* 1984, Chapter 17. pp. 378–408.

第3章

# 東アジア・サミットと地域共同体の創設

ジョン・カートン
今井　宏平 訳

## はじめに

2005年末，東アジア全ての国々の指導者が参加するこの地域では初めてのサミットがマレーシアのクアラルンプールで開催される予定である．このサミットの形態は春に行なわれた東アジア諸国の外務大臣会合によって決定された．このサミットを開催するイニシアティブは中国とマレーシアによってとられているが，一方で日本は中国，マレーシアのイニシアティブを弱めようとしているし，インドネシアとベトナムはこのサミットに依然として反対したままである．サミットに乗り気でない日本，インドネシア，ベトナムといった国々は，このサミット開催のイニシアティブが成長過程にある中国を中心にとられ，本格的かつ恒久的な東アジア共同体サミットとして定着することを危惧している．このように一方でサミットを開催しようとする原則的な合意が見られるが，もう一方で東アジア・サミットのアジェンダ，加盟国の資格，形式，開催の頻度，機能といった基本的な諸問題について交渉は困難を極めている．日本はこのサミットが安全保障問題を対象とするのではなく，経済に焦点を当て議論を行なうべきであるとする強硬な態度をとっている．日本，インドネシア，ベトナムといった国々は東アジア・サミット

（EAS）にオーストラリア，ニュージーランド，さらにはアメリカすら含めることを望んでいる．

多くの多様性，ライバルを地域内に含む東アジアにおいて，組織化され，多元的で，加盟国が制限された東アジア・サミットは将来的，東アジア共同体が創設されていく過程でどのように貢献できるのかという広くて根本的な疑問を提起している．ここから共同体創設の努力を最大限行なうために加盟国の資格，アジェンダ，（会議の）頻度，形式，任務，機能，下位レベルまたは外部機構との関係に関してサミットをどのように設計するかについてより具体的な疑問が浮かび上がってくる．これらの疑問は以下のような事実から提起される．東アジアと世界には，アジアの主導国である日本，中国，韓国を含む既存の，先見性があり，多元性を持ち，異なった構想によって行なわれている各国首脳中心の制度が満ち溢れている．この異なった構想による各国首脳中心の制度には東南アジア諸国連合（ASEAN），アジア太平洋経済協力会議（APEC），ASEAN＋３（APT），アジア欧州会合（ASEM），Ｇ８，Ｇ20蔵相・中央銀行総裁会議，Ｇ20の首脳たちによる企画会議であるＬ20などが含まれる．

本章では，新しく組織化されたサミットが東アジア共同体建設のためにどのように最大限貢献できるかについて説明する．そのためには近代国際システムにおける多元共存的なサミットレベルの諸制度（PSIs）のグローバルな進化について，またそれら諸制度の果たす基本的な機能とサミットレベルを中心としたその費用と便益について描写する．そして世界的な広がりを持つAPEC，Ｇ８，Ｇ20，Ｌ20といった日本，中国，アメリカ，ロシア，カナダを含むサミットレベルの諸制度の実績について説明する．これらの諸制度の中で，日本が中心国として，新しい東アジア・サミットの枠組み作りと発展のための推進力となれるかどうかという問題について焦点を当てる．どのような形式の新たな東アジア・サミットが，バランスのとれた共同体建設の達成に最も貢献できるかを提案し，それをもって結論とする．グローバル化の過程における自然な進化によって，またアジアの世界的な発言権を弱めるかもしれない他地域のサミット発展に対し，アジア地域が結束してこうした動きに対し対応するためにも，加盟国の参加条件を検討するためにも，さらには地域色を弱めずに協力を促進するためにも東アジア・サミット制度を創設する時期にきている．こうした外部諸制度からの圧力や，グローバル化時代において諸大国が新たな脆弱性を露呈したことのショックにより，十分な力を持つサミット運営のモデルが極めて必要であることがわかる．もし最大主義的な形のサミットが生れるなら，既存の多元共存的なサミットレベルの諸制度下での中国，韓国，とりわけ日本の実績は有益な地域共同体設立者として，東アジアサミットを作り上げる中心国としての十分な結果を示唆することになる．その中でも排他的で，多層からなり，トップダウン型で危機に対応し，緩やかに制度化した柔軟性を持つＧ８のモデルは東アジア・サミットの誕生と成長のための最も望ましい道筋を提供するものである．

## １．多元共存的なサミット制度のグローバルな成長

グローバルな現象としての多元共存的な首脳レベルの諸制度は，領域的な排他性を持つ主権国家体系という近代システムの形成にまで溯ることができ，その重要な一部分をなしている（Dunn 1996）．多元共存的な首脳レベルの諸制度は，まずウエストファリア条約が創られたミュンスターとオスナブリュックでの10の会議からなる一連の講和会議の過程で，教会による大規模会議において初めて出現した．この会議に基づく諸制度はフランス革命まで続いた（Goldstein 1996）．これらの諸制度は大規模な講和会議と共に段階的に進歩した．大規模な講和会議の第１段階として，1814～15年のウィーン会議によって立ち上げられたヨーロッパ協調があげられ，第２段階としては1919年の国際連盟を創設した（日本を含む）パリ講和会議があげられる．

表１が示すように，ヨーロッパを起源として発展した多元共存的な首脳レベルの諸制度は，1887年のイギリス中心の植民地会議において初めてグロー

表1　多元共存的サミットの諸制度のグローバルな成長

| | |
|---|---|
| 1887 | 植民地会議（不定期，1887，1897，1902，1907），帝国会議へと名称変更（1911－1944の間に4年毎），英連邦首脳会議（CHOGM）へと名称変更，不定期，1944，1948，1949，1961，1965，1966（x 2），1969，1971，1973，1975，1977，1981，1983，1985，1986，1987から現在まで2年毎 |
| 1957 | 北大西洋条約機構（NATO），不定期，1957，1974，1975，1977，1978，1982，1985，1988，1989，1989，1990，1991，1994，1997，1999，2002，2004，2005 |
| 1961 | 欧州議会，不定期，1961，1961，1967，1969，1972，1973，1974，1975－1985 3 X/yr，1985-2 X/yr ［プラス特別な諸サミット］ |
| 1969 | イスラム会議機構（OIC），不定期，1969，1974，1981，1984，1987，1991，1994，1997，2000，2003 ［プラス臨時会議］ |
| 1973 | 欧州安全保障会議（CSCE），外務大臣による年次会合（サミットが開催された以下の年は除く，1975，1990，1992，1994，1996，1999）［CSCEは95年に名称を欧州安全保障協力会議（OSCE）へと変更］ |
| 1975 | G7／G8，年次 |
| 1976 | 東南アジア諸国連合（ASEAN），1976，1977，1992，1995，これ以後は年次 |
| 1985 | フランス語圏政府機構，2年毎 |
| 1989 | G15，年次 |
| 1993 | アジア太平洋経済協力会議（APEC），年次 |
| 1994 | アメリカ諸国サミット（SOA），不定期，1994，1996，1998，2001，2004（特別サミット） |
| 1994 | 北米自由貿易協定（NAFTA），（1956），1994，2005年5月23日 |
| 1996 | アジア欧州会議（ASEM），2年毎 |
| 1997 | ASEANプラス3（APT），年次 |
| 2000 | G77，1964年からの年次外務大臣会合，2000年に初めて首脳会合が行なわれる |

バルな規模で機能し始めた．この植民地会議はイギリス，カナダ，オーストラリア，ニュージーランド，南アフリカの首脳間で創設された．この制度は第2次世界大戦後に，今までにない大規模な英連邦首脳会議（CHOGM）へと変容した．1969年からこの会議は2年毎に開催されており，現在では地理的位置，発展の度合，人口の規模，領土の広さ，言語，宗教が驚くほど多様な53ヵ国を取り込んでいる．英連邦首脳会議参加国には，インドとパキスタン

のように２ヵ国間で戦争が勃発したような国々も含まれている．このように広範囲でさまざまな側面で国内的多様性を持ち，制度内部での敵対性に直面するにもかかわらず明確な敵や脅威を想定しない英連邦首脳会議の耐久性とその効果は，東アジア・サミットがなぜ発足せず，十分な機能を果たせず，最低限の基本審議や透明性，信頼醸成措置を構築できないのかといった問題が東アジア固有のものではないことを示している．

第２次大戦後，多元共存的な首脳レベルの諸制度は新しい局面を迎えた．大西洋の国々において安全保障分野を基本とする北大西洋条約機構（NATO）のサミットが1957年から始まり，ヨーロッパにおいても1961年に欧州理事会が始まった（Park 1996, Redmond 1996）．1970年代にはアメリカの覇権の衰退といくつもの相関した危機の勃発が，多元共存的な首脳レベルの諸制度による同盟を拡大させた．この多元共存的な首脳レベルの諸制度の急激な拡大には，1947年の欧州理事会の制度化とNATO首脳の強化が含まれた．この多元共存的な首脳レベルの諸制度拡大の過程は，1975年11月のＧ７の創立メンバーに日本が含まれたことによって突然アジアにも波及した．１年後の1976年にはASEANサミットが始まった．1990年代には，多元共存的な首脳レベルの諸制度拡大の波にアメリカ大陸が加わった．

具体的にはアメリカ諸国サミット（SOA）の誕生と1994年12月に始まった北米自由貿易協定（NAFTA）のサミットがあげられる．アジアにおいても，アメリカ諸国と共同で1993年に誕生したAPECサミット，そしてヨーロッパと共同で２年に１度行なわれるASEMが1996年に誕生した．アジア内における地域拡大の過程も，1997年のASEAN＋３の発足によって始まった．このステップを考慮に入れると，東アジア・サミットは首脳レベルによる制度化のための小さな第一歩である．長い過程を経てヨーロッパがEUへと発展し，アメリカ諸国がNAFTAとSOAへと発展した成功例に追いつくためのステップである．

次第に増加してきているグローバルな体系としての多元共存的な首脳レベルの諸制度が，トップダウン型（CHOGM）またはボトムアップ型（NATO,

EU）の両方の形態から成立可能なことを示している．多元共存的な首脳レベルの諸制度は，深化の度合，制度化への道程，加盟国資格が大変多様である．そして，多様な加盟国，紛争の発生する可能性のある敵対的な加盟国（例としてNATOにおけるトルコとギリシャ）が他のメンバーの出現，拡大，効果などに対し，致命的な存在とはならないことを示している．

いくつかのより明確なパターンが顕著になってきている．第1に，アジェンダに関してだが，多元共存的な首脳レベルの諸制度は幅広い範囲の問題を含みつつ拡大している．この場合，経済的安全保障か政治的安全保障か，のどちらかにまず焦点が当てられる．多元共存的な首脳レベルの諸制度は，時間をかけてトランスナショナルな経済関係，政治や安全保障問題といった包括的なアジェンダへと浸透する傾向が出てくる．Ｇ７／Ｇ８の急速な進化は，この拡大が非常に早く起こったことを例証している．９・11同時多発テロ事件以後，テロとの闘いの時期において，APECが東ティモールのエネルギーや安全保障分野，北朝鮮に関する2002年文書へ関与したことは支持されるべきことである．

第2に，加盟国資格に関しても，多元共存的な首脳レベルの諸制度は時間をかけて拡大させる傾向にある．多元共存的な首脳レベルの諸制度は決して契約を結ばないが，それにもかかわらず時折加盟国が脱退したら活動停止を受ける（例えば，1961年の南アフリカの英連邦と英連邦首脳政府会議からの脱退）．しかし，全ての場合において基本的な基準を構成する中心となる論理がある．この基準によって拡大の過程が導かれ，諸国家が加盟を決定する際の手助けとなる．

第3に，開催の頻度に関して，多元共存的な首脳レベルの諸制度は通常１年に１回，あるいは１年に２回から３回，２年か３年に１回の割合で会議を開催する傾向にある．多元共存的な首脳レベルの諸制度には，開催されるのがまれであったり，不定期で開催されるものも含まれている．しかし，そうした諸制度もより頻繁に，定期的に行なわれるようになる傾向がある．1992年に英国のジョン・メージャー首相は，Ｇ７は２年毎にすべきであり，1985

年から年２回または３回の頻度で会合を行なっている欧州理事会の頻度も減らすことを提案したが，実際に回数を減らすことはできなかった．このように何びとも多元共存的な首脳レベルの諸制度開催の頻度を減少させることはできていない．

第４に，有効性に関してだが，多元共存的な首脳レベルの諸制度に割かれる時間は首脳たちの限定された少ない時間の中でかつてなく大きな部分を占めるようになってきている．実際に多元共存的な首脳レベルの諸制度に最も反対している世界で最も大きな権力を持つ国の大統領さえ，ほぼ全ての重要な会合には加わっている．確かに多元共存的な首脳レベルの諸制度は時間と金の無駄であるとか，さらに厳しい表現で常に批判の的となっている．しかし，首脳たちが多元共存的な首脳レベルの諸制度への参加を優先していることが，これら諸制度の価値の高さと必要性を示しているばかりかアメリカの覇権衰退後に危機が多発して急激なグローバル化にさらされて脆弱性が高まる世界での効果的な統治のメカニズムであることを示している．

このグローバルな歴史的視点から見ると，東アジア共同体は単に通常の，自然的な発展を遂げてきたにすぎないと言える．確かにこの発展は東アジアがヨーロッパにおけるEUの25ヵ国への拡大や欧州安全保障協力会議（CSCE）から欧州安全保障協力機構（OSCE）への発展，北アメリカにおけるNAFTAやSOAなどに追いつくために，完全な地域機構の設立を目指す動きだといえる．一度この動きが始まったことで，東アジア・サミットはアジェンダの拡大と年次会議に至るまで，その発展は続くように思える．そして，とりわけサミットレベルの制度となるように，異なった方法によって価値が加えられているように見える．ASEAN，APT，APECとは異なるが，G８とASEMと同様に，東アジア・サミットは前もって指導者たちによって創設されることが約束されている．そして，指導者たちによって創設されたサミットは指導者たちの制度の構成や管理運営に関する選択を制限しようとする下位レベルのフォーラムが加わらないことを切望する．

## 2．多元共存的なサミット制度のパーフォーマンス機能

政府間制度の形態の特徴として，多元共存的な首脳レベルの諸制度は強化された6つの基本的な統治機能を遂行する．この6つの機能は，公式的なものであろうが非公式的なものであろうが，強固なものであろうが柔軟なものであろうが，二国間のものであろうが多国間のものであろうが，高度に発展したものであろうが発展の度合が低いものであろうが，全て政府間で遂行されている（Abbott et al. 2000, Kirton and Trebilcock 2004）．政府間の諸制度は，国内で徹底的に管理され，審議され，指示され，決定され，伝達されてグローバルな統治制度へと発展する．

第1の機能は国内政治の管理である．この機能は，指導者たちが各国の市民に国際社会のメンバーとして受け入れられ，その一員として行動していることを示す．そして，他国の首脳たちに評価され，結果として自国の威信を高めることにつながる（この点を最も明確に表すのが，APECの首脳会談における台湾の地位である）．さらに，首脳たちは自国の市民に自国の国益，分別ある国家としての価値，国際社会における国家の優越性を追求し，首脳レベルよりも下位の会議では生み出すことのできない明確な行動を実行していることを示すことが可能である．時間が経過するにつれ，首脳たちは各国市民間に首脳クラブによる新しい国際的・越境的な共同体の一員であるという意識を作り出すことができる．中国か日本のいずれかが，東アジア・サミットの中心であることを示すことができるのか，またはミャンマー，オーストラリア，ニュージーランドのいずれかが参加できるかが，各国首脳たちにとって各国市民との関係や国内的支持を調達する上で重要である．サミットは究極の写真撮影の時間であり場所である．サミットは単にその場にいるということ自体が大きな意味をもつのである．

第2の機能は審議である．審議によって各国首脳たちに透明性を高めさ

せ，誤認から生じる意図しない紛争を回避させる．各国首脳たちは，直接他の諸外国の首脳から将来的意図に関する詳しい情報を獲得する．それによって首脳たちは，集団的な協定や調整なしでも衝突を回避したり，単独主義を調整することができる．多元共存的な首脳レベルの諸制度はさらに，首脳たちに最もよい行動を共有，比較，認定，採用させる．そして首脳たちに，政治的アジェンダを設定することにより特殊な諸問題を国際的なアジェンダへと高め，新しい問題群を創りあげることを可能にする．直接に同僚たちの要望を変化させるためにレクチャーしたり，教育したり，説明したりする機会を提供する．この機能は，一人の指導者によって閉鎖的で永続的で不透明な政治が行なわれているような国家に対応しなければならない諸国にとってはとりわけ重要である．

第3の機能は規範的な目的設定である．これは観念的な規則を変化させ，首脳たちの能力を新しい認識，新しい優先事項，新しい規範的な協力へと向かわせる機能である．規範的な目的設定とは，首脳間で共有できる目標へと到達するための最も良い方法を教えるだけでなく，十分に共有されていない，目標を達成するための必要事項についても忠告を与えるものである．最も根本的な規範についての認識は，依然として既存の観念秩序がウェストファリア条約，国際連盟規約，国際連合憲章によって創造または批准された西欧中心の秩序のままであるという点である．上記の3つの条約によって明確になった，排他的領土主権の原則は，すでにアジアにおいては中国（PRC）と香港の関係によって矛盾をきたしており，中国と台湾との関係において領土主権は益よりもむしろ害となっている．ウェストファリア的秩序観はすでにヨーロッパでも欧州連合（EU）の出現によって廃れてきている．東アジア・サミットは規範的に見なされ正当化されることができるだろうし，アジア地域を越えて，グローバルな規模で21世紀に向けた東アジア型の規範を示すことができるかもしれない．この東アジア方式は特徴的な多元共存的な首脳レベルの諸制度として，東アジア・サミットがどのような任務を遂行できるかを示すものである．

第４の機能は政策決定である．これは全ての首脳たちが取り込まれることで，具体的な共同の選択，未来志向の取り決め，多くの共通性を有した決定を生み出すことができる．共通の承諾となるコミットメントは必然的に高度の正確さ，義務，委任を伴った完全に合法的な国際制度からもたらされる（Abbott et al. 2000）．しかし効果的な決定を行なうための事務局を持たない非合法的で緩やかな法による諸制度もまた，高度の正確さと義務をもたらすことができる（Kirton and Trebilcock 2004）．表２が示すように，Ｇ７／Ｇ８のサミットはまさにそうした制度から生じた．Ｇ７／Ｇ８は長い間，単独の閣僚レベルまたは官僚レベルで成り立っており，今日においても事務局は不在のままである．2004年にアメリカが主催したシーアイランド・サミットまでに，Ｇ７／Ｇ８は歴史上重要な253の協定を生み出している．Ｇ７／Ｇ８または APEC が示すように，日本主催の多元共存的な首脳レベルの諸制度，または中国や他のアジア諸国主催の諸制度は決定的に強固であるとは言えない．しかしグローバリゼーションの進展によって，アジア諸国の諸制度が更に重要になってきている．

第５の機能は委譲（デリバリー）である．これはまず，加盟国が次のサミットまたはコミットメントを変更されるまでの間，サミットで決定されたコミットメントに集団として従うことが要求される．履行を促進するための事務局を持たない多元共存的な首脳レベルの諸制度でさえ，集団的なコミットメントへの遵守は必要とされる．それは大規模に流通する資金によって，次のサミットを主催する権限を要求することによって助長される．サミットはまた，決定に影響を与える諸制度や他の要因を具体的に明らかにすることができる．

表２が示すように，いまだに事務局が設置されていないＧ８についてみると，加盟国の遵守義務の記録が大幅に変化していることがわかる．しかし，最近では全般的に遵守率が高まってきている．日本が主催した2000年沖縄サミットでは＋80％という歴史上重要な高い遵守率を記録したことが確認された．サミットとは関係が薄い国際公務員によって構成される，国際事務局に

## 表2　機能別G８サミットの実績（1975-2004年）

| 年度 | 場所 | ベインによる評価 | 日数 | 発表された声明の数 | 発表された声明の語数 | 履行義務の数 | 遵守スコア | 大臣レベルによって作成された声明の数 | 付託された権限の数 | 主導的な組織の数 機関 | 計 |
|---|---|---|---|---|---|---|---|---|---|---|---|
| 1975 | Ldg | A－ | 3 | 1 | 1,129 | 14 | ＋57.1 | 0 | 1 | 1 | 1 |
| 1976 | Res | D | 2 | 1 | 1,624 | 7 | ＋08.9 | 0 | 1 | 0 | 1 |
| 1977 | Cap | B－ | 2 | 6 | 2,669 | 29 | ＋08.4 | 0 | 1 | 0 | 1 |
| 1978 | Cap | A | 2 | 2 | 2,999 | 35 | ＋36.3 | 0 | 0 | 2 | 3 |
| ***1979*** | ***Cap*** | ***B＋*** | ***2*** | ***2*** | ***2,102*** | ***34*** | ***＋82.3*** | ***0*** | ***1*** | ***3*** | ***5*** |
| 1980 | Prv | C＋ | 2 | 5 | 3,996 | 55 | ＋07.6 | 0 | 1 | 0 | 3 |
| 1981 | Ldg | C | 2 | 3 | 3,165 | 40 | ＋26.6 | 1 | 1 | 2 | 4 |
| 1982 | Ldg | C | 3 | 2 | 1,796 | 23 | ＋84.0 | 0 | 1 | 3 | 3 |
| 1983 | Res | B | 3 | 2 | 2,156 | 38 | －10.9 | 0 | 1 | 0 | 2 |
| 1984 | Cap | C－ | 3 | 5 | 3,261 | 31 | ＋48.8 | 1 | 3 | 1 | 4 |
| 1985 | Cap | E | 3 | 2 | 3,127 | 24 | ＋01.0 | 0 | 1 | 2 | 5 |
| ***1986*** | ***Cap*** | ***B＋*** | ***3*** | ***4*** | ***3,582*** | ***39*** | ***＋58.3*** | ***1*** | ***1*** | ***1*** | ***3*** |
| 1987 | Prv | D | 3 | 6 | 5,064 | 53 | ＋93.3 | 0 | 1 | 0 | 2 |
| 1988 | Prv | C－ | 3 | 2 | 4,872 | 27 | －47.8 | 0 | 1 | 1 | 3 |
| 1989 | Cap | B＋ | 3 | 11 | 7,125 | 61 | ＋07.8 | 0 | 1 | 1 | 2 |
| 1990 | Prv | D | 3 | 3 | 7,601 | 78 | －14.0 | 0 | 3 | 2 | 5 |
| 1991 | Cap | B－ | 3 | 3 | 8,099 | 53 | 00.0 | 0 | 3 | 0 | 2 |
| 1992 | Prv | D | 3 | 4 | 7,528 | 41 | ＋64.0 | 1 | 2 | 1 | 2 |
| ***1993*** | ***Cap*** | ***C＋*** | ***3*** | ***2*** | ***3,398*** | ***29*** | ***＋75.0*** | ***0*** | ***5*** | ***0*** | ***2*** |
| 1994 | Prv | C | 3 | 2 | 4,123 | 53 | 100.0 | 1 | 2 | 0 | 4 |
| 1995 | Prv | B＋ | 3 | 3 | 7,250 | 78 | 100.0 | 2 | 6 | 2 | 3 |
| 1996 | Prv | B | 3 | 5 | 15,289 | 128 | ＋36.2 | 0 | 2 | 1 | 6 |
| 1997 | Prv | C－ | 3 | 4 | 12,994 | 145 | ＋12.8 | 1 | 10 | 1 | 6 |
| 1998 | Prv | B＋ | 3 | 4 | 6,092 | 73 | ＋31.8 | 0 | 3 | 1 | 4 |
| 1999 | Prv | B＋ | 3 | 4 | 10,019 | 46 | ＋38.2 | 1 | 3 | 1 | 2 |
| ***2000*** | ***Res*** | ***B*** | ***3*** | ***5*** | ***13,596*** | ***105*** | ***＋81.4*** | ***0*** | ***5*** | ***2*** | ***5*** |
| 2001 | Prv | B | 3 | 7 | 6,214 | 58 | ＋49.5 | 1 | 4 | 1 | 6 |
| 2002 | Res | B＋ | 2 | 18 | 11,959 | 187 | ＋35.0 | 1 | 6 | 3 | 8 |
| 2003 | Prv | C | 3 | 14 | 16,889 | 206 | ＋51.0 | 0 | 4 | 2 | 9 |
| 2004 | Res |  | 3 | 16 |  | 253 | ＋40.0 I |  |  |  |  |
| すべての平均 |  | C＋ |  |  | 6,197 | 26 | ＋.37 | .38 | 2.6 | 1.1 | 3.5 |
| 第１周期の平均 |  | B－ |  |  | 2,526 | 29 | ＋.32 | .14 | 1.0 | 1.1 | 2.6 |
| 第２周期の平均 |  | C－ |  |  | 3,408 | 34 | ＋.32 | .29 | 1.0 | 1.3 | 3.1 |
| 第３周期の平均 |  | C＋ |  |  | 6,446 | 56 | ＋.48 | .57 | 3.1 | 0.9 | 2.9 |
| 第４周期の平均 |  | B |  |  | 10,880 | 106 | ＋.41 | .57 | 4.7 | 1.4 | 5.3 |
| 第５周期の平均 |  | 今のところC |  |  | 16,889 | 206 | 準備中 | .00 | 4.0 | 2.0 | 9.0 |

（注）・場所：Ldg＝首都郊外の施設；Res＝遠隔の保養地；Cap＝首都の内部；Prv＝地方都市（首都ではない）．
・1990年から1995年までの遵守スコアはElla　Kokotsisが選択した履行義務の遵守の度合によって評価する．
・1996年から2002年の遵守スコアはＧ８調査グループによって選ばれた履行義務の遵守の度合によって評価する．2002年の遵守スコアは2002年の暫定的な最終遵守比率に基づいた暫定的な遵守スコアから推測して作成する．
・日本が主催国であったサミットはイタリック体とホールド体を使って表している．

決定が委任されるのとは対照的に，Ｇ８や他の実質的な事務局をもたない多元共存的な首脳レベルの諸制度は各国内の永続的性格をもつ忠実な官僚に信頼を置いている．

第６の機能はグローバル・ガバナンスの発展である．これはサミットが首脳，閣僚，官僚，多様な利害関係者それぞれのレベルにおいてさらに制度化が進んだら，外部の他の国際制度を支持または指導する意思があることを表明したりすることである．このように発展することで，より恒久的に，より深く，より詳細に，より制度化した会合を年に３回も持つような頻度の高い制度となる．国際制度は主権国家と同様，国際制度間競争がしばしば熾烈で時として致死的ともなる，アナーキーで適者生存の世界で生存しているという事実をそれは強調する（Kirton et al. 2005）．しっかりと制度化され，確立された1944－45年秩序に関して，地域大のサミットはASEAN，APT，APEC，ASEMよりも進展していくかもしれないという集団的な関心を東アジア地域がもつとしてもそれはもっともなことである．台頭しつつあるアジアの諸大国が国連安全保障理事会の５大国やブレトンウッズ体制において，平等または同等の能力を有する地位を確保することに失敗したことにより，新しい東アジア・サミットにとって最初の統一的な目標として中心的な集団的利益が役割を果すかも知れないことがわかった．表２が示すように，新たなＧ７／Ｇ８の諸制度を確立するＧ８サミットの主催国としての日本の実績は，この種の国際制度革新に日本が強い関心を示していることを示唆している．

## ３．多元共存的なサミット制度における費用と便益

現在では，たとえ特別に多元共存的な首脳レベルの諸制度に焦点が当てられていなくても，あるいはサミットをシステマティックかつ経験論的に説明していなくても，通常のサミット外交の目的，費用と便益についてはたくさ

ん存在する（Dunn 1996）．1970年代前半から多元共存的な首脳レベルの諸制度が急増拡大したことによって，サミットを何よりも優先する指導者たちは実質的に便益が費用よりも優っていると強く主張する．

第1に，各国の指導者のリーダーシップとサミットにおける行動を通じて認識される（行動の）可視性，正当性，権威，方針の幅の拡大，新たに得られる政治資源は多元共存的な首脳レベルの諸制度における便益とそれに伴うリスクを左右する．首脳たちは自分一人で自国民や外国の市民を安心させるために自らの言動をサミットの場で視覚に訴えることができる．自国民や外国の市民に優越感を見せつけるためには，最高レベルの場で会談し，斬新な手段によって新たな問題が議論されていることを示す必要がある．新しい原則を提供することによって，またさまざまな問題群で取引が行なわれ，困難な決定がなされることによって首脳たちは自分一人で正当性と権威を持つことができる．首脳たちは自分一人で権限委譲を確実にするためのさまざまな資源や権威を持つことができる．国内において首脳以上の権力，首脳と同等の権力を持つ者は存在しない．首脳たちは諸外国との交渉を円滑に進めるために，まず自国の政府で交渉を行なわなければならない．

第2に多元共存的な首脳レベルの諸制度の便益とリスクは，制度化によってそれらが繰り返され，それらの予測可能性が高まり，それらが確実になることから生じる．自由主義制度論者たちが強調し，ゲーム理論家たちが示しているように，協調は繰り返しや一回以上続けられるゲームによって影響をもたらすことができる．サミットの制度化は不透明な未来に備えて頻繁に行なわれる．共通の標準，情報，透明性，協調性からもたらされる信頼を作り出すために最適な制度を考えるべきである．

第3に，多元共存的な首脳レベルの諸制度の便益は，少ない拒否権，早期の同意，支配的な力，交渉のための機会，多元主義によって可能となる当事者間の監視から生まれるものである．より小規模な諸集団は協定を締結し，改正することができ，急速に変化する世界で迅速に行動することができる．帝国や覇権が存在せず，力が拡散した状態において多元共存的な首脳レベルの諸制度は，二国間または小規模な三国間のサミットとは異なる．グローバルシステム全体において支配的な多数の国々を通じて集団的に力を制御し，大きなインパクトを与えることができる．多元共存的な首脳レベルの諸制度は，地球上の全ての問題群や多くの大国にとっての優先事項にまたがる取引によって，より影響力の大きな交渉を行なう機会を提供する．そして，国際公務員からなる事務局や覇権主義的な１ヵ国の財源に事務局機能を委任するよりも，各国で管理しやすい加盟国同士が相互に遵守義務を監視したり，遵守しない国家に対する制裁を，サミット中心の諸制度は容易に行なうことができる．

明確なサミットという形の諸制度にかかる主な費用は，便益がもたらす効果の結合に由来する．多元共存的な首脳レベルの諸制度は予定，時間，経費において多量の財源を必要とする．多国間サミットほどの規模ではないが，異議申し立てと要求を行なうことができる．さらに，多元共存的な首脳レベルの諸制度における首脳たちは選りすぐりの人々であるので，サミットでの失敗は首脳の要求に応えられない他の指導者や国際公務員の責任とされるよりも，各国首脳相互に帰せられる傾向が強い．そういうわけで，より新しい，広い，多様な多元共存的な首脳レベルの諸制度は，あえて決定を下したり，委譲を行なったり，グローバル・ガバナンスを発展させるよりも，まずは国内問題を解決したり，協議をしたり，リーダーシップを発揮することに焦点を当てる傾向がある．

### ⑴ APEC，G 8，G 20の記録

おそらく，東アジア・サミット制度の必要性，目的，機構化を考えるための最も直感的で魅力的な方法は，ASEAN，APT といったサブリージョナルなアジアの多元共存的な首脳レベルの諸制度の潮流を詳細に見ていくことである．しかし，グローバルな文脈における東アジアの関与と拡大を考慮に入れると，東アジア・サミット制度を東アジアの（日本と中国という）大国が結果として巻き込まれているトランス・リージョナルな多元共存的な首脳レ

ベルの諸制度の文脈から考えることも大切である．ここで最近2年毎に行なわれているASEMを含めるにしても，最も古く，年に1度開催される多元共存的な首脳レベルの諸制度で，アメリカ，ロシア，カナダといった最も強力な太平洋諸国を含む，APEC，G7／G8，G20，L20に注意を向けるべきである．これはすでに存在する多元共存的な首脳レベルの諸制度における日本，中国，他のアジア諸国のパワーは，すでに東アジア・サミット内で平等かつ，有益なレベルで協力できることを示唆している．

### (2) APEC

表3が示すように，APECの首脳会談の場合では，最初の12年間で加盟国と加盟国の多様性が増加したにもかかわらず，安定した前向きの協議を行なっている．APECで最も顕著に協議が増加したのは，1998年のマレーシアによって主催された時と2001年に中国によって主催された時である．しかしながら，環太平洋国家であるメキシコとカナダによって主催された2002年と1997年の協議もまた，APECの協議の発展に大きく貢献した．協議の発展は1997年から99年のアジアに端を発し，その後グローバルに拡大した金融危機と，世界からアジアへ伝播した2001年から2004年のテロリズムの脅威のインパクトによっても示された．APECのアジェンダと下位レベルで行なわれるAPEC諸国の協力関係の潮流をより詳細に検討すると，APECの首脳たちは柔軟で幅広い視野を持つが，いまだに官僚達による下位レベルの作業により提起された課題を中心にとり上げるという姿勢を維持している(Dupont 2005)．

日本はオーストラリアと共にAPECの共同創設者であり，マレーシアと中国は域外のメキシコとカナダ同様，APECの任務に多大な貢献をしてきた．APECでの経験は，中国とマレーシアによって主導される東アジア・サミットがまず焦点を当てる危機意識，審議，何らかの方法で北アメリカの環太平洋国家を包摂しようと考える点で価値ある指摘を行なうことができる．

依然として表3と表4が示すように，第2期と最近の6年間のAPECは

**表3**　APEC 首脳会談（1993-2004年）

| 年度 | 場　所 | 参加国 | 文　書 | 語　数 | コミットメント |
|---|---|---|---|---|---|
| 1993[1)] | ブレーク島，シアトル（アメリカ） | 14 | 2 | 1,036 | n/a |
| 1994[2)] | ボゴール（インドネシア） | 18 | 1 | 1,626 | n/a |
| 1995[3)] | 大阪（日本） | 18 | 1 | 1,239 | n/a |
| 1996[4)] | スービック（フィリピン） | 18 | 1 | 1,710 | n/a |
| 1997[5)] | バンクーバー（カナダ） | 18 | 2 | 4,022 | n/a |
| 1998[6)] | クアラルンプール（マレーシア） | 21 | 4 | 7,829 | n/a |
| 1999[7)] | オークランド（ニュージーランド） | 21 | 2 | 2,973 | 25 |
| 2000[8)] | バンダール・セリ・ベガワン（ブルネイ） | 20 | 3 | 5,936 | 32 |
| 2001[9)] | 上海（中国） | 20 | 4 | 4,823 | 26 |
| 2002[10)] | ロスカボス（メキシコ） | 21 | 6 | 7,173 | 40 |
| 2003[11)] | バンコク（タイ） | 21 | 2 | 1,902 | 74 |
| 2004 | サンティアゴ（チリ） | 21 | 1 | 1,589 | 51 |

（出所）

1）1993：オーストラリア，ブルネイ，カナダ，中国，香港，インドネシア，日本，韓国，ニュージーランド，フィリピン，シンガポール，台湾，タイ，アメリカが参加：「APEC 首脳の経済展望に関する声明」（841語）；「APEC 首脳会談のイニシアティブ」（195語）

2）1994：新メンバーとして，チリ，マレーシア，メキシコ，パプアニューギニアが参加：「APEC 経済首脳の共通の決意宣言」（1,626語）

3）1995：「APEC 経済首脳の行動計画」（1,239語）

4）1996：「APEC 経済首脳のマニラ行動計画」（1,710語）

5）1997：「APEC 経済首脳の APEC 共同体の持続に関する宣言」（3,352語）；「インフラ整備の官民協力のためのバンクーバー・フレームワーク」（670語）

6）1998：新メンバーとして，ペルー，ロシア，ベトナムが参加：「APEC 経済首脳宣言：成長のための基盤強化」（4,270語）；「クアラルンプール技能開発行動計画」（480語）；「21世紀に向けた APEC 科学技術協力の指針」（2,033語）；「APEC 電子商取引に関する行動のためのブループリント」（1,046語）

7）1999：「APEC 経済首脳宣言：オークランド・チャレンジ」（2,265語）；「競争と規制改革を促進するための APEC 原則」（708語）

8）2000：パプアニューギニアが脱退：「APEC 首脳宣言：コミュニティーへの貢献のために」（2,835語）；「APEC 経済首脳からの指令」（2,165語）；「ニュー・エコノミーのための行動指針」（936語）

9）2001：台湾が脱退：「APEC 経済首脳宣言：新世紀における新たな挑戦への対応」（3,110語）；「上海アコード」（1,132語）；「e-APEC 戦略2001」（38ページの文書）；「テロ対策に関する APEC 首脳声明」（581語）

10）2002：「APEC 経済首脳宣言」（2,731語）；「APEC 透明性基準の実施のための声明」（1,229語）；「貿易とデジタル・エコノミーに関する APEC 政策実現のための声明」（1,045語）；「テロリズムとの闘い及び成長促進の関する APEC 首脳声明」（1,624語）；「APEC メンバー・エコノミーでの最近のテロリズム行為に関する APEC 首脳声明」（428語）；「北朝鮮に関する APEC 首脳声明」（116語）

11）2003：「未来に向けたパートナーシップに関するバンコク宣言」（1,485語）；「APEC 首脳の健康安全保障に関する声明」（417語）

**表4**　G 8，G20，APEC におけるコミットメント（1999-2004年）

| | G 8 | G20 | APEC |
|---|---|---|---|
| 1999 | 46 | 4 | 25 |
| 2000 | 105 | 8 | 32 |
| 2001 | 58 | 24 | 26 |
| 2002 | 187 | 2 | 40 |
| 2003 | 206 | 6 | 74 |
| 2004 | 253 | 10 | 51 |
| Total | 855 | 54 | 248 |

意思決定機関として，また首脳会談に提出される多くのコミットメントを判断する機関として，強固なものへと進化してきている．最近での高水準だったのは，2003年タイで行なわれたAPECであり，低水準であったのは2001年中国で行なわれたAPECである．意思決定機関としてのAPECは，米国同時多発テロのような遠隔の危機からは直接影響を受けないが，バリ島やそれに続いたインドネシアの爆弾テロといった近隣地域で起こる危機の影響は強く受けるということがこのことによって明らかにされたといえる．APECが意思決定機関としての性格を強めたことによって，1997年から99年のアジア金融危機のインパクトが1999年以降全般的にパーフォーマンスのレベルが上昇したことの中にも，主催者としてのタイが強い実行力を発揮したことにも示されている．

### (3)　G 8

G 8の経験は東アジア・サミットの将来を約束するものである．表2が示すように，G 8の30年の歴史において，日本は自国開催のサミットを実質的に全ての面で成功させ続けてきた唯一の国として際立った存在である（Kirton 2004 b)．2004年のシーアイランドでジョージ・ブッシュ大統領が強いリーダーシップを発揮したことによって，アメリカも近年では成功した主催者としての地位を確立している．カナダもまた，米国同時多発テロ後，初めて開催された2002年のカナナスキでのG 8サミットを巧みに運営した．協議，決定，委譲の諸分野で成功を収めたのは2003年のエビアン・サミットであった．このサミットは中国とオーストラリアの首脳を招待して，拡大して開催された．

エビアン・サミットには，非常に多くの，そして多様な参加者が加わり，同サミットは中心的な加盟国と外部から招待された国々との二層構造になっていた．しかし，この構造によってＧ８の実行力が損なわれることはなかった．表５が強調するように，加盟国の合意事項の遵守，優先的なコミットメントへの参加度は上昇している．日本による合意事項の遵守の姿勢は1996年から常に前向きで推移しており，平均＋42％である．2003年のエビアン・サミットにおいても＋42％であった．アメリカは1996年から2003年までの平均が＋47％と日本より高い数値を示し，2003年エビアン・サミットにおいては

**表５**　各国によるＧ８における遵守の評価（1996–2005年）

| | リヨン '96–97[1] | デンバー '97–98[2] | バーミンガム '98–99[3] | ケルン '99–00[4] | 沖縄 '00–01[5] | ジェノバ '01–02[6] | カナナスキ '02–03[7] | エビアン '03–04[8] | 国別平均 '96–04 | シーアイランド '04–05（暫定） |
|---|---|---|---|---|---|---|---|---|---|---|
| フランス | 0.26 | 0 | 0.25 | 0.34 | 0.92 | 0.69 | 0.62 | 0.75 | 0.48 | 0.39 |
| 米国 | 0.42 | 0.34 | 0.60 | 0.50 | 0.67 | 0.35 | 0.38 | 0.50 | 0.47 | 0.44 |
| 英国 | 0.42 | 0.50 | 0.75 | 0.50 | 1.0 | 0.69 | 0.62 | 0.50 | 0.62 | 0.50 |
| ドイツ | 0.58 | 0.17 | 0.25 | 0.17 | 1.0 | 0.59 | 0.15 | 0.50 | 0.43 | 0.50 |
| 日本 | 0.21 | 0.50 | 0.20 | 0.67 | 0.82 | 0.44 | 0.08 | 0.42 | 0.42 | 0.33 |
| イタリア | 0.16 | 0.50 | 0.67 | 0.34 | 0.89 | 0.57 | −0.09 | 0.25 | 0.41 | 0.39 |
| カナダ | 0.47 | 0.17 | 0.50 | 0.67 | 0.83 | 0.82 | 0.85 | 0.83 | 0.64 | 0.50 |
| ロシア | N/A | 0 | 0.34 | 0.17 | 0.14 | 0.11 | −0.09 | 0.33 | 0.14 | 0 |
| サミット別平均 | 0.36 | 0.27 | 0.45 | 0.39 | 0.80 | 0.53 | 0.32 | 0.51 | 45% | 0.40 |

（注）1）19の優先事項に適用され，そこには経済，トランスナショナル，政治安全保障の領域を含む．
2）６の優先事項に適用され，そこには経済，トランスナショナル，政治安全保障の領域を含む．
3）７の優先事項に適用され，そこには経済，トランスナショナル，政治安全保障の領域を含む（違法人身売買）．
4）６の優先事項に適用され，そこには経済，トランスナショナル，政治安全保障の領域を含む（テロリズム）．
5）12の優先事項に適用され，そこには経済，トランスナショナル，政治安全保障の領域を含む（紛争予防，軍備管理，テロリズム）．
6）９の優先事項に適用され，そこには経済，トランスナショナル，政治安全保障の領域を含む（テロリズム）．
7）11の優先事項に適用され，そこには経済，トランスナショナル，政治安全保障の領域を含む（紛争予防，軍備管理，テロリズム）．最終レポートからは暫定的に評価された最貧国への債務（HIPC）とODAが削除された．
8）12の優先事項に適用され，そこには経済，トランスナショナル，政治安全保障の領域を含む（大量破壊兵器，輸送の安全保障，テロリズム）．

＋50％であった．カナダは平均が64％で，エビアン・サミットでは＋83％を示した．対照的に地理的にいえばアジア・太平洋地域と言えるロシアは1997年から2003年までの平均がたった14％であったが，エビアン・サミットでは＋33％であった．東アジア・サミットについては，何らかの方法でアメリカとカナダを参加させる方法はあろうが，ロシアについては細心の注意が必要である．

表6が示すように，より重要なことは，エビアン・サミットに域外者として参加したアジアの国々が，直接的決定過程に参加したこともなく，または公的に同意したこともないのに，G8の優先コミットメントをかなりの程度遵守している点である．アジア諸国についてみるとエビアン・サミットにおける合意事項遵守度は，中国が＋67％，韓国は＋50％であった．中国，韓国の両国はG8の加盟国でないにもかかわらず，G8の共同創設者で完全なメンバーである日本の遵守度よりも高い．APECとG20のメンバーであるオーストラリアは＋42％で日本とほぼ同レベルである．

**表6**　2003年エビアン・サミットにおけるG20諸国の最終的な遵守の結果*

| | 中国 | 韓国 | オーストラリア | 南アフリカ | インド | 平均： |
|---|---|---|---|---|---|---|
| 世界経済 | 0 | 0 | 0 | ＋1 | 0 | ＋0.20 |
| ICT | 0 | 0 | 0 | ＋1 | 0 | ＋0.20 |
| 貿易 | ＋1 | ＋1 | 0 | ＋1 | 0 | ＋0.60 |
| 発展（ODA） | n/a | 0 | 0 | 0 | 0 | （0） |
| 負債（HIPC） | 0 | n/a | 0 | 0 | －1（?） | （－0.20） |
| 海洋環境 | ＋1 | ＋1 | ＋1 | ＋1 | ＋1 | ＋1.00 |
| HIV/感染症 | ＋1 | ＋1 | 0 | ＋1 | －1 | ＋0.40 |
| 犯罪（テロリストの資金調達） | ＋1 | 0 | ＋1 | ＋1 | 0 | ＋0.60 |
| テロリズム（CTAG） | ＋1 | ＋1 | ＋1 | 0 | 0 | ＋0.60 |
| 輸送の安全保障 | ＋1 | ＋1 | ＋1 | 0 | ＋1 | ＋0.80 |
| 大量破壊兵器 | ＋1 | 0 | 0 | ＋1 | ＋1 | ＋0.60 |
| エネルギー | ＋1 | ＋1 | ＋1 | ＋1 | ＋1 | ＋1.00 |
| 各国平均： | （＋0.67） | （＋0.50） | ＋0.42 | ＋0.67 | （＋0.17） | （＋0.48） |

＊　問題領域による平均結果は関数に関しての，全ての国における遵守結果の平均である。各国による平均結果は特定の国に関しての，全ての問題領域における平均である。全体の遵守平均は全ての問題における平均と全ての国における平均の平均である．（実際，この表は少数点第2以下を切り捨てている）

これらの結果は，日本，中国，韓国がすでにＧ８のコミットメントに関し高レベルの遵守国として機能していることを示す．一回限りだったが，20ヵ国が集まったエビアン・サミットにおいてＧ８の加盟国でないにもかかわらず，集団的なコミットメントを遵守できたのであれば，これらの国々から構成される東アジア・サミットにおいても高いレベルで合意事項を遵守することが期待できる．エビアン・サミットの結果はまた，アメリカ，カナダ，オーストラリアが加わることが遵守という点で東アジア・サミットの決定事項を実行する上で手助けになることを示している．

⑷　G 20／L 20

東アジア共同体を構成するであろう多くの国が参加し，互に共同体内部で競争者となる可能性がある，潜在能力の高い多元共存的な首脳レベルの諸制度には，1999年から活動しているG20と財務長官と中央銀行総裁を基礎とするL20がある．G20／L20は，Ｇ８プラス中国，韓国，インドネシア，オーストラリア，インドといったアジア太平洋の大国，そしてアメリカ大陸からAPECと同じメキシコ，ブラジル，アルゼンチン，さらに南アフリカ，サウジアラビアまでを包括している．広義の定義によると，G20のほぼ半数の国々がアジア太平洋の国々である．G20は正式なメンバーとしてEUの参加を認めているが，世界の他地域からEU以外の地域機構は参加していない．G20／L20には，完全に平等で，重要なメンバーとして日本，中国，ロシア，アメリカ，カナダ，韓国，インドネシア，オーストラリア，インドが参加している．アメリカ，カナダ，ドイツがG20／L20設立における最も重要な国だが，中国もＧ８を飛び越え，決定的な役割を果たしている（Kirton 2001b）．もしAPECが日本によって創設されたアジア太平洋地域を集約した多元共存的な首脳レベルの諸制度であるとすると，G20は中国によって創設されたアジア太平洋を集約した多元共存的なサミットレベルの諸制度であると言える．

G20が協議機能，監視，決定，グローバル・ガバナンス機能の発展といった点で，十分に実効的な機関であることを示唆する良い証拠が現実に存在する（Kirton 2001 a, 2002, 2004 a, 2004 b, 2005 a, 2005 b, 2005 c）．表7が示すように，G20／L20は，1997年から99年のアジア通貨危機，2001年から03年に至る時期のテロとの戦いで特に成果をあげた．そして，カナダとドイツが顕著であるが，G20の国々にとって主催国かつ議長国としての役割を引き受ける年は大きな責任を持つこととなる．インドもメキシコも主催国としての年に生産的な協議を行う上で役割を果たさなかった．この生産的な協議を行なうことのできない傾向は，2005年10月に中国がG20／L20を主催する時と，2006年秋にオーストラリアがG20／L20を主催するときにも表れるかもしれない．

**表7**　G20における実績（1999－2003年）

| | 総パラグラフ | コミットメント | 合計 |
|---|---|---|---|
| 1999年ベルリン | 6 | 4 | 4 |
| 2000年モントリオール | 14 | 7 | 8 |
| 2001年オタワ | 9 | 4 | 24 |
| 2002年デリー | 10 | 2 | 2 |
| 2003年メキシコ | 9 | 6 | 6 |
| 2004年ベルリン | 11 | 8 | 42 |
| 年次平均 | 9.83 | 5.16 | 14.3 |

（注）公式声明と付属文書の長さはパラグラフと中点の数によって評価されている．

**表8**　G20諸国の2003年モレリア・コミットメントへの遵守

| 国名 | 貿易 | 危機 | 規則 | 誤用 | OFCs | テロリズム | 合計 |
|---|---|---|---|---|---|---|---|
| 米国 | 0 | n | 0 | ＋1 | 0 | 0 | ＋20% |
| 日本 | ＋1 | 0 | n | ＋1 | n | 0 | ＋50% |
| カナダ | ＋1 | n | 0 | ＋1 | 0 | ＋1 | ＋60% |
| ロシア | ＋1 | n | 0 | ＋1 | n | ＋1 | ＋75% |
| *G8合計(4)* | *＋3* | *0* | *0* | *＋4* | *0* | *＋2* | *＋51%* |
| 中国 | 0 | n | n | n | ＋1 | ＋1 | ＋66% |
| 韓国 | 0 | n | n | n | n | 0 | 0% |
| インド | ＋1 | 0 | 0 | ＋1 | n | 0 | ＋40% |
| オーストラリア | ＋1 | 0 | 0 | ＋1 | －1 | 0 | ＋16% |
| 南アフリカ | ＋1 | 0 | 0 | ＋1 | 0 | ＋1 | ＋50% |
| インドネシア | 0 | n | 0 | ＋1 | ＋1 | 0 | ＋40% |
| *非G8諸国合計(6)* | *＋4* | *0* | *0* | *＋4* | *＋1* | *＋3* | *＋35.3%* |

表8が示すように，G20における加盟国による合意事項の遵守状況を2003年にモレリアで調査した予備的な証拠でも，G20は協議機能において十分な実行性を持つ制度であることが立証されている．特筆すべき点は，金融，貿易，テロリズムの分野を中心とする6つの委員会全てにおいて，アジアの主要国が高い遵守度を見せたことである．そこでは，日本は+50%，中国+66%，韓国+0%，オーストラリア+16%，インドネシア+40%，ロシア+75%，インド+40%の遵守度を示した．この事実は，日本と中国はL20の主導国レベルで行なわれるG20の会合で自分たちの決定について協議することで，その内容を東アジア・サミットまで拡大させようとする可能性を示している．このことは，特定の時期に国民の間でどんな憎しみがあろうと，日本と中国はG20／L20に関して最低限，政府レベルでは幅広い問題を共に協議できることを立証している．

ロシアとインドでさえ，東アジア共同体の価値ある加盟国となる可能性を提示している．遵守度が+60%のカナダと+20%のアメリカは同様に，他の2国間同盟やアジアの大国間における歴史的相違に打ち勝つための幅広い地域結束，共通の反感といった感覚を備えるためにも，東アジア共同体の加盟国に含まれる機会を持つ．

## おわりに

他の国際制度との比較分析では，多くの加盟国間に見られる多様性と憎しみにもかかわらず，——とりわけアジアの大国である日本と中国において顕著であるが——東アジア・サミットは生産的な国際制度となれることを示唆している．1970年代初めにアメリカの覇権が衰退し失墜した結果，増加してきたグローバルな多元共存的な首脳レベルの諸制度は，収縮したり消滅したりするのではなく，広範な多様性，対立関係，加盟国を吸収し，狭義の安全保障や経済分野に制限されていたものをそれらの要素が結び付いた十分な同盟関係へと移行させた．さらに，グローバルな多元共存的な首脳レベルの諸制度は，国内管理，協議，監視機能から決定的で，各国に交付される，発展したグローバル・ガバナンスへと移行した．

日本は2番目に有能な国である，グローバルなG8の場合，多元共存的な首脳レベルの諸制度が成熟するにつれ，また，ポスト冷戦期におけるグローバルなシステムが急速に確立するにつれ，さらには中国が参加し始めるにつれ，6つの機能における実行性は全て上昇してきている．APEC，G20／L20といったアジアの国々が多く参加し，日本と中国が同等のメンバーとして参加している多元共存的な首脳レベルの諸制度は，政治的に利用価値があるものから次第に，潜在能力を持った生産的な制度へと発展してきている．EUが25ヵ国を含む機構へと拡大し，1994年に34ヵ国をメンバーとするSOAが出現し，同様に大西洋を横断してNATOとOSCEが，太平洋を横断する形でAPECが，アジアとヨーロッパを横断する形でASEMが，地域的な結びつきを完了させている．G8の構造上で欠けている部分は，全体としてアジアの地域的な多元共存的な首脳レベルの諸制度だけである．

この分析はさらに，加盟国の結束が最小であろうが最大であろうが，恒久的な機関として東アジア共同体が設立されるべきであることを示唆している．調和された加盟国や問題意識，制度構造，機能を持って始まった他の異なった諸制度でさえ，すぐに終了することもあるし，十分に拡大，強固な制度へと発展する場合もある．

アジェンダ設定に関していえば，G8とG20の両方の経験が示すように，サミットの創設は危機に的確に焦点を当てることから始まっている．東アジア・サミットの場合，SARSや鳥インフルエンザのような疫病や感染症対策の必要性を含む，いくつかの核となるような問題群が存在している．もう一つの興味あるテーマは，アジアの大国，さらにより大きな意見としてアジアの価値を付与することで，国際制度における1944年—45年につくられた国際システムを変更することができるかもしれない点である．北アメリカやEUに対抗する競争者としての機構ではなく，共同で共通の地球問題群に焦点を当てることが東アジア共同体にとって有益であろう．どんな具体的な問題を出発点として選んだ場合であっても，経済，トランスナショナルな政治，安全保障上の諸問題を時間をかけこの国際制度が包括するように拡大すべきである．

加盟国に関して，創設当初は多くの国が含まれないとしても，時間をかけて拡大するための良い基盤が東アジア・サミットには存在する．人口統計，アイデンティティにおいて力を与える南アジアの大国であるインド，南太平洋の中級国家であるオーストラリアとニュージーランド，そして北太平洋の大国であるロシア，アメリカ，カナダといった国々が拡大の対象として存在する．Ｇ８とAPECの経験は，正式な加盟国に関して，創設当初は小規模であっても，時間をかけてゆっくりと慎重に拡大していくのが最も良いことを示している．1989年からのＧ７とＧ８の経験は層をなした参加，つまり正式な加盟国，EUのような具体的な問題に関しての恒久的なメンバー，南アフリカ，ナイジェリア，セネガル，アルジェリアのような定期的にゲストとして招かれる国々，時々ゲストとして招かれる国々といったような段階に分けて参加するのが望ましいことを示している．現在，Ｇ８の正式な加盟国だが，非協力的であるソ連（後のロシア）の例は，優越性を持ったゲストが，制度内において中心的な任務を果たすようになることで時間をかけて安定した完全な加盟国になるべきであることを示している．要するに，加盟国と参加に関して，日本と中国の両国に，彼らが望むような機会を与えることで時間をかけて柔軟な多元共存的な首脳レベルの諸制度が可能となる．Ｇ８の経験はまた，世界の多くの大国を正式な加盟国として取り込むことが価値あることであることを示している．大国は諸制度の集団的な優越性としての能力とグローバルな規模での影響力を高め，制度内の共通の調和，協定，教訓の平等を保障する．Ｇ８の経験は更に，加盟国間に具体的な基準を設定すること，特にそれらが法的な機関や国際機関と結びつくことが不利益であることも示す．

頻度に関しては，東アジア・サミットは年１回開催を基本とし，多くの場合，決まった時期に行なうことが制度確立の良い基盤となる．他の地域機構についてみると，EUは1年に1回以上の頻度で会合し，SOAとNAFTAは年1回開催を慣例とするように移行してきている．グローバルな東アジア・サミットは，アメリカ，カナダ，ロシア，インド，オーストラリアを含み，年1回開催のG8，APEC，G20と協力，または競合する制度となるだろう．1年に1回開催することを早期に決定することが，東アジア・サミット誕生のために必要な交渉を成功させ，大国が制度確立に必要な透明性と信頼を構築することを容易にさせる．G7とG8の経験が示すように，定期的な年に1度のサミットは，特別な問題を扱うサミット，通常の加盟国だけを含むサミット，通常の加盟国以外も含む拡大サミットによって効果的に補完される．

機能と任務に関して，国内政治の管理，協議，指針作りといった適当な対象から始めることが慎重な行動であると言える．国内政治の管理は2005年の春に中国，韓国，日本の国民間で蔓延した他国に対する敵意を抑える点で，これら3ヵ国の首脳たちを助けるために必要とされる．これを出発点として，首脳間の協議は将来，透明性，信頼感を共有する感覚を養うことができる．そして1944－45年に立案，構築された多国間制度の中で，より力強い地位を確立するため，各国間で観念的な東アジアの進路を構築するという任務を中心とした指針が共有されることになる．こうした動きを基礎とし，東アジア・サミットは時間をかけてより意欲的な決定，熟慮，グローバル・ガバナンスの発展へと移行できる．

形式に関して，ASEAN諸国とASEAN諸国以外の国の間での共同議長や議長職のローテーションの形式が東アジア共同体というクラブに価値を加えることを示唆する証拠は少ない．特にG8についていえるのだが，それ以外の一般的な諸制度の成功においても重要なのは，主催国となる国の特権とそれに伴う責任である．さらに，G20はG8加盟国とG8未加盟国との間に固定したローテーションを構築せずに発展してきている．たとえG8加盟国とG8未加盟国の間で，不定期なローテーションを維持するために数の上でのバランスが取られているとしても，G20はＧ８とＧ８未加盟国との間の，厳格な決まりのないローテーションによって成功を収めている．固定したローテーションは内部の意識を多様なものへと悪化させてしまう．また，内部の執行集団の硬直化によって東アジア・サミットを構築するために必要とされる柔軟で自由なプロセスから逸脱させてしまう．東アジア・サミットは短期間，いくつかの加盟国に制度上の権限を与える必要性があるだろう．１つの案としては，G20の最初の会合で使用された，１国が会合の地理的な主催国として，別の１国が会合の議長を執り行う国とするやり方がある．重要なのは，Ｇ８におけるロシア加盟の場合のように，時間をかけてすべての加盟国に主催に関して平等な機会を与えることである．

各国官僚たちによる下位レベルの制度との関係に関していえば，東アジア・サミットは時間をかけて政府レベルや官僚レベルの組織との連携を拡大し，そこから利益を獲得することができる．ところが，CHOGM，APEC，Ｇ８の事例を考えると，設立当初，明確な事務局は必要とされない．他の諸制度との関連でいえば，主要な関心は既存の地域横断的な制度であるAPEC，Ｇ８，G20／L20，そしてASEAN，APTとの調和ををとることである．また有益な対象として，９月に開催される国連総会をあげることができる．もし首脳たちが開催時期や注目度を重視するなら，秋に行われるAPEC，G20，UNGA，春の遅い時期もしくは初夏に行われるＧ８と競合しないためには東アジア・サミットが春に開催されるのが最も良いかもしれない．その上これによって，東アジア・サミットがアジェンダを形成し，多元共存的な首脳レベルの諸制度全体の歩調をグローバル・ガバナンスへと発展させるようにはずみをつけることも可能となる．

＊　ジョン・カートン（John Kirton）教授はトロント大学のＧ８調査グループのディレクターである．本稿は2005年３月18－19日に韓国のソウルにある漢陽大学で行われた国際ワークショップ「東アジア共同体構想」（中央大学政策文化研究所主催）のために用意した論文を改訂したものである．私は助手として作業を手伝ってくれたエラ・ココトゥシス（Dr. Ella　Kokotsis），アビー・シリンガー

(Abby Slinger)，ローラ・サンダーランド（Laura Sunderland)，マデリーン・コチ(Madeline Koch）に感謝する．

## 参考文献

Abbott, Kenneth W., Robert Keohane, Andrew Moravcsik, et al. (2000), "The Concept of Legalization," *International Organization* vol. 54, no. 3, pp. 401–420.

Dunn, David, ed. (1996), *Diplomacy at the Highest Level : The Evolution of International Summitry* (Palgrave : London).

Dupont, Cedric and David Huang (2005), "APEC on Track." Paper prepared for the annual meeting of the International Studies Association, Honolulu, March 1–5, 2005.

Goldstein, Eric (1996), "The Origins of Summit Diplomacy," in David Dunn, ed., *Diplomacy at the Highest Level : The Evolution of International Summitry* (Palgrave : London), pp. 23–40.

Kirton, John (2005 a), "From G 7 to G 20 : Capacity, Leadership and Normative Diffusion in Global Financial Governance." Paper prepared for a panel on "Expanding Capacity and Leadership in Global Financial Governance : From G 7 to G 20," at the annual meeting of the International Studies Association, Honolulu, March 1–5, 2005.

Kirton, John (2005 b), "Toward Multilateral Reform : The G 20's Contribution," in John English, Ramesh Thakur and Andrew F. Cooper, eds., *A Leaders 20 Summit : Why, How Who and When?,* pp. 213–258 (Tokyo : Centre for International Governance Innovation and United Nations University Press).

Kirton, John (2004 a), "Getting the L 20 Going : Reaching Out From the G 8." Paper prepared for a workshop on "G 20 to Replace the G 8 : Why Not Now?," sponsored by the Brookings Institution, Institute for International Economics and the Centre for Global Governance, Washington DC, September 22, 2004.

Kirton, John (2004 b), "Toward New Global Leadership : Japan's G 8 Summit." Paper prepared for the Center of Policy Studies and Culture, Chuo University, Tokyo, Japan, July 15, 2004.

Kirton, John (2004 c), "What the G 8's Sea Island Summit Means for the World Ahead," Paper prepared for a seminar at the Canadian Embassy, Tokyo, Japan, July 27.

Kirton, John (2002), "Guiding Global Economic Governance : The G 20, G 7 and IMF at century's Dawn," in John Kirton and George von Furstenberg, eds., *New Directions in Global Economic Governance,* pp.143–167 (Ashgate: Aldershot).

Kirton, John J. (2001 a), "The G 20 : Representativeness, Effectiveness, and Leadership in Global Governance," in John Kirton, Joseph Daniels and Andreas Freytag, eds., *Guiding Global Order : G 8 Governance in the Twenty-First*

*Century,* pp. 143–172 (Ashgate, Aldershot).

Kirton, John (2001 b), "The G 7/8 and China : Toward a Close Association," in John Kirton, Joseph Daniels and Andreas Freytag, eds., *Guiding Global Order : G 8 Governance in the Twenty First Century*, pp. 189–222 (Ashgate, Aldershot).

Kirton, John (1997), "Canada and APEC : Contributions and Challenges," *Asia-Pacific Papers* 3 (April).

Kirton, John, Michele Fratianni, Alan Rugman and Paolo Savona (2005), in John Kirton, Michele Fratianni, Alan Rugman and Paolo Savona, eds., *New perspectives on Global Governance : Why America Needs the G 8,* (Ashgate : Aldershot), pp. 231–257.

Kirton, John and Michael Trebilcock, eds. (2004), *Hard Choices, Soft Law : Voluntary Standards in Global Trade, Environment and Social Governance* (Ashgate : Aldershot).

Kirton, John, Karen Minden, Steve Parker and Isobel Studer (1997), "Canada's APEC Challenges on the Road to Vancouver : A Summary," in John Kirton, Karen Minden, Steve Parker and Isabel Studer, eds., *Canada and the Challenge of APEC : The Road to Vancouver,* pp. 13–28 (Vancouver: Asia-Pacific Foundation of Canada, 1997).

Kirton, John and Johan Saravanamuttu (1997), "Strengthening Civil Society for Development in East Asia," in John Kirton, Karen Minden, Steve Parker and Isabel Studer, eds., *Canada and the Challenge of APEC : The Road to Vancouver,* pp. 29–32 (Vancouver : Asia-Pacific Foundation of Canada).

Park, Bill (1996), "NATO Summits," in David Dunn, ed., *Diplomacy at the Highest Level : The Evolution of International Summitry* (Palgrave : London), pp. 88–106.

Redmond, John (1996), "From 'European Community Summit' to 'European Council' : The Development and Role of Summitry in the European Union," in David Dunn, ed., *Diplomacy at the Highest Level: The Evolution of International Summitry* (Palgrave : London), pp. 53–66.

第4章

# 東アジアにおけるリージョナリズム

## ——コラボレーションから法制化へ——

楊　永　明
川久保文紀 訳

## は じ め に

1990年代後半に至るまで東アジア諸国は，APECやARFといった地域機構を制度化するために実践的な態度を示してきた．しかし，そうした態度が地域機構の法制化へ向かう動きと直接的に結びつくわけではない．しかしながら，1997年に東アジア諸国を襲った金融危機以後，東アジア諸国は，地域の経済や貿易に関するある程度の共同体的枠組みを法制化することが地域全体のニーズにかなうということを認識したのであった．本稿の目的は，アジア太平洋における地域機構の制度的特徴を探ることであり，本稿は広範な経済協力や安全保障対話においては，法制化ではなくコラボレーションが依然として主要な特徴であるということを論じる．しかしながら，いくつもの自由貿易協定（FTA）が数多く締結されているように，いわゆる東アジアの新しいリージョナリズムが勃興する動きのなかで，地域各国は二国間および地域の諸制度の法制化を受け入れる方向に動き出しつつある．

2000年夏，『インターナショナル・オーガニゼーション』誌は，「法制化と世界政治」（legalization and world politics）と題する特集を組んだ．それは，法制化という概念[1)]から，アジア太平洋地域に関するその事例研究[2)]までを論じたいくつかの主要論文から構成されている．法制化という用語は，「諸制度が保持しうる（あるいは，保持しえない）一連の特徴」を指している[3)]．こうした特徴は，履行義務（obligation），正確性（precision），そして委任（delegation）という3つの構成要素から定義される．「履行義務とは，国家や他の諸々のアクターが，1つあるいは複数のルール，もしくはコミットメントによって拘束されている状態を意味する．具体的には，それらの行動が一般的ルール，手続き，国際法，多くは国内法によって規律されているという意味において，ルールやコミットメントによって法的に拘束されるということである．*正確性*という概念が意味するのは，ルールが必要とされ，それに権威を付与し，あるいはルールが禁止する行為を明確に定義するということである．委任という概念が意味することは，第三者がルールを履行・解釈・適用し，もしくは紛争を解決したり，（可能ならば）ルールをさらに作成する権限を授与されてきたということである．」[4)]例えば，西ヨーロッパや北アメリカにおいて，諸制度における法制化の度合いは増してきているのであるが，そうした諸制度は，高いレベルでの履行義務，正確性，および第三者に対する委任規則の解釈や執行に関するルールを提示している．アジア太平洋における諸制度への法制化の適用に関して，M．カーラー（Miles Kahler）は，制度建設を進める上で法制化を排除してきたことが明らかに多かったために，「アジア太平洋に定着させる必要のある法制化が失敗であることは明白である」と述べている[5)]．カーラーは，3つの地域的諸制度，すなわち，ASEAN，ARF，APECについて議論を行っている．彼は，ASEANが法制化なきコラボレーションによって特徴づけられ，ARFはASEANの安全保障に関する議論をリードする協議体であり，APECは制度設計の上での法制化を拒否していると論じている[6)]．

多くの政治指導者や研究者たちは，東アジアがヨーロッパや北アメリカにひけをとらないような経済的・政治的インフラストラクチャーを構築すべきであると提案した．リージョナリズムの発展を促した直接の誘因は，1997年のアジア金融危機であった．東アジア諸国が認識したことは，お互いの経済がまさに密接に結びつき，少なくとも何らかの制度化されたリージョナリズムやその法制化が必要とされていたということであった．それ以降，東アジアは，そうしたインフラストラクチャーを創出しようと急速に動き出したのであった．中国のWTOへの加盟とともに，東アジアはリージョナリズムや法制化へ向けたより具体的な歩みを踏み出している．

本稿では，東アジアの統合プロセスが，アジア太平洋におけるコラボレーション，東アジアにおけるコラボレーション，そして東アジアのリージョナリズムという3つの段階に分けられると論じる．最初の2つの段階は，地域の経済的コラボレーションの地理的範囲がどのように変動しているのかということを示している．最後の段階は，東アジアにおける地域の共同体的枠組みの制度化と法制化がどの程度進展しているのかを示している．東アジアは，かなり最近に至るまで，主にリージョナリゼーションのプロセスによって特徴づけられてきたが，それは，統合を促進する際に，外部の経済的諸力が主要な役割を果たしてきたプロセスでもある．東アジアの伝統的な統合モデルは，「リージョナリズムなきリージョナリゼーション」として描かれるが，最近の自由貿易地域（FTA）の確立は，東アジアにおける新しいリージョナリズムの発展に新しい息吹を吹き込んだのであった．こうした「新しいリージョナリズム」の流れは，地域における相互依存性の深化や，東アジア共同体構想への意識の高まりを反映しているといえる．しかしながら，こうした二国間・多国間の自由貿易協定は，WTOが一貫して保持するリージョナリズムへ向けた路線であり，それによってリージョナリズムはWTOの多国間主義に対する補完的役割を果たしているといえる．本稿ではまず第1に，東アジアにおける3つの主要機構について簡単に論じた後に，APECとARFについて，その制度的特徴に焦点を当てながら見ていくことにする．第2に，経済協力に焦点をあわせながら，比較的最近になって姿を現したASEAN＋3といった東アジアにおける共同体的枠組みについて検証する．第3に，東アジアにおける自由貿易協定や，その制度設計の上での法制化に向けた東アジア諸国の努力について論じることにしたい.

## 1. アジア太平洋におけるコラボレーション

アジア太平洋におけるリージョナリズムの特徴として際立つのは，制度化と法制化のレベルが相対的に低いということである．しかしながら，こうした「インフォーマルな」統合のスタイルは，東南アジアや北東アジアの諸国が，地域協力の進展によって経済的利益の恩恵にあずかれるということを認識するにつれて，より明確な政治的帰結への合理的根拠を与えてきたのである．ASEAN は東南アジアにおける地域機構としての長い歴史を有し，APEC や ARF のプロセスに積極的に関与してきたが，アジア太平洋におけるコラボレーションのなかで影響力をもつ単一のアクターとみなされうる.

### (1) APEC

アジア太平洋経済協力会議 (APEC) の誕生とその強化によって，リージョナリズムにおけるいくつかの重要な発展と挑戦が明示された．加盟国のなかに先進国と発展途上国双方を加えることによって，APEC は，経済大国（アメリカや日本）と経済小国（パプアニューギニア）を同時に内包したのであった．そして，APEC のなかでは，新興経済地域 (NIEs) が移行経済国（ロシア，ベトナム）や成熟した経済国家（カナダ，ニュージーランド）と同じグループになり，さらには，民主主義イデオロギー，共産主義イデオロギー，および「柔らかい権威主義」イデオロギーが混在することになった．APEC は，経済的リージョナリゼーションに対する新しいアプローチを採ることにも着手した．すなわち，それらは制度的最小主義，多国間主義的貿易秩序を分断するのではなくそれを強化しようとする「開かれたリージョナリズム」，駆動力としての経済ダイナミズムの採用，「ユニラテラルではあるが協調性も有する」自由主義化の新しい（新古典派的）ロジックである[7].

APEC は，アジア太平洋における経済と貿易に関する自由主義化を促進するために1989年に設立された．APEC は，拘束力をもたないコミットメント，開かれた対話，すべての加盟国の意見の尊重という原則に基づいて機能している．WTO，あるいは他の多国間の貿易協議体とは違って，APEC には，加盟国が負うべき条約や協定に関する履行義務はない．APEC でなされた決定はコンセンサスに基づいて行われ，コミットメントは自発的になされる．APEC 加盟国は，市場を開放し貿易の自由化を推進するために，ユニラテラルな個別的行為をとることもあれば，集合的行為をとることもある．APEC がどのような政策を形成していくのかに関して，さまざまなレベルでの会議が毎年開催される．それらには，経済関係閣僚級会合（Economic Leader's Meeting），閣僚会議（Ministerial Meeting），分野別大臣会合（Sectoral Ministerial Meetings）が含まれる．

早期自主的部門別自由化（Early Voluntary Sectoral Liberalization ; EVSL）という概念は発展をみたと主張されているが，それは APEC の中心的ルール，手続き，原理原則を変更する試みが例示してきているのである．APEC のルールや原理原則を変更する大半の試みは，みずからの利益にかなうような方法で権力を拡大し，他の行動に影響を与えようとする国家によってなされている．しかしながら，EVSL をめぐって（加盟国の間で）意見の不一致が長く続くことによって，官僚たちは APEC の政治指導者たちが表明したにもかかわらず，交渉の細部において妥協点の見出せなかったイニシアティヴにどのように対処すればよいのか悩んでいた．

### (2)　ＡＲＦ

ASEAN 地域フォーラム（ARF）は，アジア太平洋地域における安全保障問題に関してインフォーマルかつ多国間の対話を行なう場である．ARF は，1994年に設立された．それは，ASEAN 10ヵ国（ブルネイ，ビルマ，カンボジア，インドネシア，ラオス，マレーシア，フィリピン，シンガポール，タイ，ベトナム）から構成されている．対話のパートナーとして他の10ヵ国

（オーストラリア，カナダ，中国，EU，インド，日本，ニュージーランド，韓国，ロシア，アメリカ）が存在している．パプアニューギニアがASEANのオブザーバーとして唯一参加している．北朝鮮やモンゴルに引き続き，パキスタンは，2004年にARFへの参加が認められた．

ARFは，コンセンサスによる政策決定や最小限の制度主義によって特徴づけられる．ASEAN内部の会議のために作られた規程によれば，常設の事務局はなく，議長もアルファベット順でASEAN各国の首都をめぐる形で毎年交代する．議長は，その年を通じて，ロジスティック上も有益で，アドバイスにもなるあらゆるサポートを与える．5月の高級事務レベル協議に引き続いて，年一回，閣僚会議が開かれる．高級事務レベル協議ではアジェンダを設定し，外務大臣会合のために障害となる外交懸案が除去される．それゆえに，ARFの政策手段は，「西欧的手法の導入や，新しい構造の創出というよりもむしろ，拡大する地域構造の進化的発展」[8)]として特徴づけられてきた．

1995年に出されたARFの年次安保概観ペーパーにおいて，ARFの進展に対する3段階の漸進的アプローチが提示された．信頼醸成措置，予防外交，長期的展望に立った紛争解決という，3段階アプローチである．ARFは，軍事同盟を生み出すのではなく，地域に平和と安定をもたらすために，さまざまなアイデアについて議論し，信頼を醸成していこうとする要請に応える形で始まった．近年になって，ARFは地域におけるテロリズムに立ち向かうということに貢献したのであるが，最初の10年間におけるARFの役割は，戦略的共同体という意識を（地域内に）まず作りあげるということであった．しかし，予防外交や紛争管理に関するツールを発展させていく努力は，いまだに初期段階にある．

最初のアジア太平洋における地域機構が安全保障問題に貢献したように，ARFは定期的な対話やコラボレーションを通じて，アジア太平洋諸国間で協調的な安全保障を維持する重要な発展を遂げてきた．しかし，制度的枠組みが緩やかであることに加えて，加盟国が多様であり，カバーする地理的範囲も広いことから，ARF はアジア太平洋諸国にとって（対話重視の）協力のためのフォーラム（collaborative forum）として機能しているにすぎない．とはいえ，アジア太平洋地域の安全保障に関する政府間対話を定期的かつ継続的に行なっている ARF の機能が，重要であることに変わりはない．

ARF の大半の加盟国は，ARF がもつ緩い制度化という欠点をとくに好むわけではないが，ARF が法制化されるという方向に向かうことを望んではいない．なぜならば，そうした方向は，さまざまな問題をより複雑にするからである．それゆえに，ARF は，非公式な二国間協議や，新しいアイデアについて議論し，それを発展させる対話を重視する方向へと向かっているのである[9)]．

## 2．東アジアにおけるコラボレーション ――ASEAN と ASEAN＋3（APT）

東アジアの共同体的枠組みを形成するという考え方がはじめて明示的に示されたのは，1990年のことである．その年に，マレーシアのマハティール首相が，東アジア経済共同体（EAEG）構想を提唱したのであった．2004年11月4日と5日の両日にわたって開かれた第8回の ASEAN サミット，および第6回の ASEAN＋3サミット（ASEAN および日本，中国，韓国の首脳会議）において，東アジアにおける自由貿易協定構想が承認された．2001年11月，東アジア・ビジョン・グループ（EAVG）によって推進されてきた研究を委託された東アジア・スタディ・グループはレポートを完成させ，指導者たちは，各国の経済担当大臣が東アジアにおける FTA に関する研究に着手することを承認した．P．ドリズデール（P. Drysdale）は，東アジアにおける新しいリージョナリズムが協調のための地域的枠組みを提供し，それは東アジア諸国間での経済的・政治的相互作用の進展に応じて展開していると論じている[10)]．

### (1) ASEAN

東南アジア諸国連合（ASEAN）は，1967年8月8日に設立された．ASEANの現在の加盟国は，インドネシア，マレーシア，フィリピン，シンガポール，タイ，ベトナム，ラオス，ミャンマー，そしてカンボジアである．ASEANの最高意思決定機関は，ASEAN首脳会議である．ASEANサミットは毎年開かれるが，ASEAN外相会議も同様に毎年開催される．他の分野の関係閣僚会議も開催されている．

ASEANにおける意思決定は，あらゆる懸案事項を最終的に解決するまで相互承認に基づいて議論・討論するという「コンセンサス」に重きをおく方法をとっている．ASEANでは，こうした投票に基づかないシステムが長く採用されてきた．これは柔軟な方法としてみなされ，これによってASEANを紛争と対立から救ってきたと考えられている．ASEANにおけるこうした意思決定は，ASEANの不干渉原則に根ざしている．お互いが抱えている諸問題に対して干渉しないという原則は第一義的に尊重され，ASEAN設立当初からの取り決めである．設立当時に発表された1967年のバンコク宣言は，平等とパートナーシップの精神に基づいて地域協力を推進し，国連憲章原則の尊重を通じて地域における平和と安定を達成しようとする意志の表明であった．1971年に出された平和・自由・中立地帯（ZOPFAN）構想は，外部からの干渉が東南アジア諸国の自由，独立，領土保全に悪影響を与えることから，大小を問わずあらゆる国家の権利を認めたものである．このことは，東南アジア諸国が，それぞれ抱える内政問題に外部から干渉されないというその本来のあり方へと通じている．この構想は，東南アジアの中立化こそが達成されるべき目標であると宣言したのである[11)]．

実際のところ，コンセンサスに重きを置く意思決定，慎重な外交（quiet diplomacy），信頼醸成措置，そして，不干渉原則に厳格なまでに忠実であることによって，ASEANのサクセス・ストーリー，あるいは，M. レイファー（Michael Leifer）が外交共同体（diplomatic community）と呼んだものへと結実したのであった[12)]．ASEANは一般的に組織化の進んだ機構ではあるが，東南アジアの加盟10ヵ国間における地域協力の強化を公にしたコミットメントをみれば，東アジア全体の利益を代表しているわけでは決してない．ASEAN自体が，一連の政治的・経済的・社会的な諸問題をめぐる内部分裂に悩んでいる．ASEAN諸国は，シンガポールを除けば，基本的には，相互に補完しているというよりもむしろ，競合しているのである．

### (2)　ASEAN＋3（APT）

1990年代後半，東アジアに共同体的枠組みを作ろうとする考えが，ASEAN＋3フォーラムを通じて再びよみがえった．APTは，ASEANと北東アジア3ヵ国の間で，増大する地域の諸問題について協議・協力する制度的フォーラムへとすぐに進化した．これは，二国間の取り決めに基づく地域的メカニズムであるが，こうした動きは，東アジア諸国が緊密な地域協力に向けて相互に連携する決意を反映している．APTを東アジアにおけるFTAへと変容させる要請が現れたのは，地域における協議・協力が増大しているこうしたプロセスのなかからである．

ASEAN＋3は，マレーシアで開催された第2回ASEANインフォーマル・サミットと並行して開かれ，ASEAN諸国の指導者が，東アジア，すなわち中国，日本，韓国の指導者を招待する形で，1997年12月に開催された．APTのプロセスは1999年に制度化されたが，マニラで開催された第3回ASEAN＋3サミットの場において，東アジアの地域協力に関する共同声明が出された．

ASEAN＋3は，高級事務レベル，閣僚レベル，首脳レベルで行われる．APTは，その主要な活動として会合を定期化しているが，事務局といった組織体を置かない緩やかな枠組みとして捉えられている．現在のところ，APTのプロセスのもとで48のメカニズムが存在しているが，APTが協力を行うのは16の領域にわたる．それには，経済，通貨・金融，政治・安全保障，観光，農業，環境およびエネルギーが含まれる．APTは，APTにおける協力を調整・監視する共同議長を助けるために，2003年12月，ASEANに事務局を創設した．

R．スタブズ（Richard Stubbs）は，地域のアイデンティティや統合のための潜在的基礎をASEAN＋３に提供する多くの共通性，すなわち，戦争の経験，アジア的価値，特色ある資本主義，経済統合の深化が存在していると論じている[13)]．ASEAN＋３は，ASEAN諸国と，日本，中国，韓国の協調的枠組みであり，ASEANと北東アジア３ヵ国の協議と協力のためのフォーラムを提供している．それは，高級事務レベル，閣僚レベル，首脳レベルで行われる．APTは，その主要な活動として会合を定期化しているが，事務局といった組織体をおかない緩やかな枠組みとして捉えられている．ASEAN＋３のようなイニシアティヴの出現は，東アジアが国際システムにおいてより独立した地域指向の場になることを示しているように思われる．これまでのところAPTは地域の貿易に関する取り決めではなく，加盟国はこうした枠組みを地域における正式な機構として法制化する意図を有していない．

## ３．東アジアにおけるリージョナリズム<br>——FTAをめぐる最近の動向

FTAをめぐる取り決めは，密接な地域統合を達成するために最初に達成されるべきものとして東アジアの大半の指導者たちによって，位置づけられるようになってきている．それゆえに，東アジアにおける制度化された地域経済協力が主要なテーマとされてきたのは，ここ最近のことであり，とりわけ1997年から98年にかけて起こったアジア金融危機以後のことである．東南アジア諸国の視点からみた２つの主要な発展が，密接な経済的枠組みを形成するためになされたが，それは地域内と世界からの関心を惹きつけることになった．第１の発展は，ASEAN＋３の枠組みに基づいて自由貿易地域を東アジアに創設しようとする提案である．第２のものは，ASEANが中国，日本，韓国と個別にFTAを締結しようとする提案である．

多くの政治的・経済的要素が，新しいリージョナリズムの背後に渦巻いている．新しいリージョナリズムに関する政策的スタンスの変化は，1997年の金融危機をめぐるさまざまな出来事によって引き起こされた．東アジアにおける制度化された枠組みが弱体化しつつあるのは，ヨーロッパ連合（EU）と北米自由貿易協定（NAFTA）の拡大と深化から生じた複合的な結果として広く捉えられている．さらには，東アジア経済の増大する経済的結びつき，ワシントンが危機に対して示した消極的な役割と反応，APECが危機に無力であったこと，シアトルにおいて新しいWTO交渉を開始することに失敗したことが挙げられる．決定的な変化は，1990年代初めに生じた．ASEANは，変化を呼び起こす際に主導的役割を果たしてきた．新しい国際環境に対応するために，1992年1月にシンガポールで開催されたASEANサミットは，1993年1月1日から15年以内にAFTAを創設しようとするタイでの提案を支持した．現在，ASEANと中国，ASEANと日本における2国間の貿易協定は締結され，ASEANと韓国との間では，それをめぐる動きが進行中である．もし可能であれば，こうした協定は，将来における東アジア自由貿易地域（EAFTA）の創設を可能にする礎石として機能するかもしれない．

実際のところ，東アジア諸国はいずれの国も比較的自由貿易主義的な政策を採用し，グローバル・エコノミーにも適度にうまく統合されている．しかしながらその背後には，多くの相違が隠されている．香港とシンガポールは自由港である．韓国と台湾は，近年，実質的に自由貿易化政策を採用した．マレーシアは，かなりの分野で自由貿易政策を採用しているが，サービス分野に関しては保護主義的な政策をとっている．タイは，依然として保護主義の壁が高いままである．インドネシアとフィリピンは，アジア金融危機以後に広がった政治的・経済的不安定からいまだに脱していない．ミャンマーやインドシナといったとくに貧困にあえぐ国々は，かなり高いレベルの保護主義政策をとっている．地域全体を通じていくつかの国が，二国間で行われる多くのFTAやRTA（地域自由貿易協定）交渉に関わっている．シンガポールは2000年以降，中国，日本，韓国の3ヵ国とFTAを締結した．タイは，

**表1**　東アジアにおける貿易協定（2005年1月4日現在）

| 協　　定 | 効力発生期日 | 協定のタイプ |
|---|---|---|
| バンコク協定 | 1976年1月17日 | 特恵協定 |
| ラオス―タイ | 1991年6月20日 | 特恵協定 |
| AFTA | 1992年1月28日 | 特恵協定 |
| シンガポール―ニュージーランド | 2001年1月1日 | FTA＋サービス協定 |
| バンコク協定，中国加盟 | 2002年1月1日 | 特恵協定 |
| 日本―シンガポール | 2002年11月30日 | FTA＋サービス協定 |
| ASEAN―中国 | 2003年7月1日 | 特恵協定 |
| シンガポール―オーストラリア | 2003年7月28日 | FTA＋サービス協定 |
| 台湾―パナマ | 2004年1月1日 | FTA＋サービス協定 |
| 中国―マカオ | 2004年1月1日 | FTA＋サービス協定 |
| 中国―香港 | 2004年1月1日 | FTA＋サービス協定 |
| アメリカ―シンガポール | 2004年1月1日 | FTA＋サービス協定 |
| 韓国―チリ | 2004年4月1日 | FTA＋サービス協定 |
| タイ―オーストラリア | 2005年1月1日 | FTA＋サービス協定 |

（出所）WTO. http : //www.wto.org/english/tratop_e/region_e/eif_e

日本とFTAを締結するための研究を前進させている．台湾もまた，アメリカ，日本，シンガポール，そしてニュージーランドと交渉することに関心を示してきた．表1は，現在までに調印されたすべての東アジアにおける貿易協定を，表2は，これまでに提案され，あるいは交渉段階にあるFTAを示したものである．

### (1)　中国―ASEAN間のFTA

中国は，FTAを地域における戦略的リーダーシップを行使する手段として捉えている．ASEANと中国との間にFTAを締結しようとする考えは，1999年にマニラで開かれた第3回ASEAN＋中国サミットの際に提起され，その時期は，ASEANがアジア金融危機から立ち直りかけていた時期であった．それに応じる形で中国の朱鎔基首相は，中国とASEAN諸国との間

**表2**　東アジアにおいて進行中の自由貿易協定（FTA）

| 協　　定 | 現在の状態 | 予想される開始時期 |
|---|---|---|
| 東アジアFTA（ASEAN＋3） | 実行可能性調査 | |
| ASEAN—中国 | 2004年後半に調印された貿易産品に関する協定 | 2010 |
| ASEAN—日本 | 2005年4月に正式な交渉を開始 | 2012 |
| ASEAN—韓国 | 正式な交渉開始 | 2009 |
| ASEAN—オーストラリア，ニュージーランド | 正式な交渉開始 | 2017 |
| 日本—フィリピン | 最終段階 | 2005 |
| 日本—マレーシア | 正式交渉 | |
| 日本—韓国 | 正式交渉 | |
| 日本—タイ | 正式交渉 | |
| 日本—メキシコ | 最終段階 | 2005 |
| 日本—オーストラリア | 提案段階 | |
| 中国—オーストラリア | 実行可能性研究 | |
| 中国—ニュージーランド | 実行可能性研究 | |
| 中国—チリ | 正式交渉 | |
| 韓国—シンガポール | 批准予定（今年） | 2005 |
| 台湾—グアテマラ | 正式交渉 | |
| 台湾—ニカラグア | 正式交渉 | |
| シンガポール—ヨルダン | 正式交渉 | |
| シンガポール—パナマ | 正式交渉 | |
| シンガポール—ペルー | 正式交渉 | |
| シンガポール—カタール | 正式交渉 | |
| タイ—ニュージーランド | 最終段階 | 2005 |
| マレーシア—オーストラリア | 実行可能性研究 | |

にFTAを締結することを提案した．中国とASEANは，2001年11月のASEANサミットの際に，10年以内に中国とASEANにFTAを締結することに同意したのである．

2002年11月，ASEAN諸国と中国の指導者たちは，包括的経済協力枠組み協定に調印し，それはASEAN-中国自由貿易地域（ACFTA）の土台となるものである．2010年までにブルネイ-ダルサラーム国，中国，インドネシア，マレーシア，フィリピン，シンガポール，タイが，そして2015年までにはカンボジア，ラオス，ミャンマー，ベトナムといった新しいASEAN加盟国がACFTAに加わる予定である．関税障壁の削減や撤廃のための様式に関する交渉が予定され，商品貿易や紛争解決メカニズムに関する協定は2004年10月に北京で締結された．ASEANと中国は，2004年11月にラオスのビエンチャンで開かれたASEAN―中国サミットの場で，商品貿易協定や紛争解決メカニズム協定に調印したのである．中国は，過去3年の間に，政治・安全保障協力という分野において数多くの協定をASEANと結んだ．このなかには，2002年にカンボジアのプノンペンで開かれたASEAN―中国サミットで締結された，これまでにはなかった安全保障分野の協力に関するASEANと中国の共同宣言，および南シナ海における当事者間の行動（DOC）に関する宣言が含まれている．中国は，2003年10月にインドネシアのバリ島で開かれたASEAN―中国サミットの場において，東南アジア友好協力条約（TAC）に加盟する第1の対話パートナーであった．中国はASEANと協力し，東南アジア非核地帯条約（SEANWF）の付属議定書に早期に署名する意向を表明した．

日程の上では2004年に開始され，ASEANと中国との間にFTAを確立するには6年を要する予定である．言い換えれば，2009年の終わりまでにASEAN―中国FTAが確立されることになっている．協定によれば，その期間内に，関税はすべての商品について0％から5％まで実質的に引き下げられる予定であり，あらゆる非関税障壁が撤廃されることになっている．それと同時に，サービス貿易と投資が自由化される予定であり，貿易と投資を促進する手段がFTAの枠内で創出された．その「誠意と前向きな姿勢」を示すために，中国は，ASEANの何ヵ国かがそれらの市場を中国に開放する5年前に，中国市場をそれらに対して単独で開放しようと申し出たのであった．関税と非関税障壁の除去，および貿易と投資の促進に加えて，ASEAN—中国間のFTAは，ASEANと中国との間の全体的な経済協力の枠組みとして機能する役目を負っている．全体的な考え方としては，FTAに関連するASEANと中国との包括的かつ密接な関係，および金融，地域発展，技術援助，マクロ経済協調，共通の関心事項になっている他の諸問題において協力をいかに確立していくかということである．

中国—ASEAN FTAは，世界最大の自由貿易地域になることが予定されている．それは17億を抱える人口，総計2兆ドル以上のGDP，1兆2,300億ドルにものぼる総貿易量を有する経済共同体的な枠組みを創出することになる．ASEAN事務局が発行した研究レポートによれば，FTAはASEANと中国の双方にとって利益となることが予想されている．すなわちそれによって，ASEANから中国向けの輸出を48%増加させ，ASEANのGDPを0.9%（米ドル換算で54億ドル相当）引き上げ，それに対して中国からASEAN向けの輸出は55.1%まで増加し，中国のGDPを0.3%（米ドル換算で9億ドル相当）引き上げるのである．FTAの結果，ASEANと中国との経済的結びつきはより緊密になるであろう．中国—ASEAN FTAは，東アジアの政治経済におけるかなりの進展である．それは，一般的には東アジアの政治経済，具体的には，東アジアの地域共同体を形成するプロセスに大きな影響を及ぼすものである[14)]．

### (2) 日本とFTA

日本に関して言えば，日本は東アジアの地域統合に対する明確な長期プランを持ち合わせていないと批判されてきた．日本の指導者は，日本が世界の経済大国であり，東アジアにおける地域共同体に参加することによって，長期的には日本の地球規模での国益が損なわれる可能性をもっているとみている．しかしながら，中国との競合や中国—ASEANとの間に見られるFTAの進展に直面することによって，日本は，東アジア諸国との密接な経済的結びつきを確立するために，二国間アプローチを採用することにしたのである．

日本がこれまでに交渉し調印した最初の二国間FTAは，2002年1月13日に日本とシンガポールとの間で結ばれたJSEPAであった．JSEPAは，さまざまな分野にまたがる二国間協力であり，知的財産，金融サービス，情報技術・コミュニケーション，コンピューター化された貿易や競合，メディア・放送，観光を含んでいた．しかしながら，ほぼ2000品目にわたる農業や繊維産品が協定から除外され，このことはJSEPAとWTO規程との一貫性や，FTAを東アジア諸国との間で結ぶ日本側の誠意に疑問を投げかける結果となった．

2004年11月4日と5日の両日にわたって，日本とASEANは，日本・ASEAN包括的経済連携（Japan–ASEAN Comprehensive Economic Partnership）のビジョンに関する進展をみた．小泉純一郎首相とASEAN加盟国の指導者たちによって発表された共同宣言によれば，日本とASEANの目標は，10年以内にできる限り早く（FTAを含む）連携のなかで示された諸施策が完了されることである．そして高官レベルで構成されている委員会は，来年のサミットまでにそうした諸施策の土台となる枠組みを準備・提出する予定である．さらには，日本はフィリピンとの間で基本協定に合意した．タイ，マレーシア，韓国との間では，協議が現在進行中である．

## おわりに——法制化へ向けて？

最近に至るまで東アジア諸国は，APECの「開かれた地域主義」やWTOの規程の下で，ユニラテラルな政策や手段によって貿易の自由化を追求してきた．現在，二国間および地域の自由貿易イニシアティヴは，燎原の火のように広がっている．こうした戦略によれば，他のアジア諸国との自由貿易協定（FTA）は，地域共同体の設立のために必要な政治的・外交的環境を創出することに用いられるであろう．FTAが域内に広がるにつれて，東アジアは他の地域と比較した場合，経済統合や相互依存の面で際立った特徴を有する地域に急速になりつつある．アジア太平洋におけるコラボレーションから始まって，東アジアにおけるコラボレーション，そして東アジアのリージョナリズムに至る動きのなかで，各国は，経済・貿易関係を統合する二国間・多国間の協力を制度化し，法制化する必要があると認識している．

本稿の目的は，アジア太平洋における地域機構の制度的特徴を探ることであり，本稿は，広範な経済協力や安全保障対話においては法制化ではなくコラボレーションが依然として主要な特徴であるということを強調している．しかしながらいくつもの自由貿易協定（FTA）が数多く確立されているように，いわゆる東アジアの新しいリージョナリズムが勃興するなかで，地域各国は二国間および地域の諸制度の法制化を受け入れる方向で動き出すことにしたのである．主要な難点としては単に，「諸国家が個々の財政・通貨政策が近隣諸国の関心事であるということ，そして，諸政策が地域共通の審査事項になり，経済的安定をもたらすためには（財政的）規律が唯一の方法であるかもしれないということを認識」[15]していないということである．

本稿では，東アジアの統合プロセスが，アジア太平洋におけるコラボレーション，東アジアにおけるコラボレーション，そして東アジアのリージョナリズムという3つの段階に分けられると主張してきた．最初の2つの段階は，地域の経済的コラボレーションの地理的範囲がどのように変動しているのかということを示している．最後の段階は，東アジアにおける地域の共同体的枠組みの制度化と法制化がどの程度進展しているのかを示している．東アジアは，かなり最近に至るまで主にリージョナリゼーションのプロセスによって特徴づけられてきたが，それは統合を促進する際に，外部の経済的諸力が主要な役割を果たしてきたプロセスでもある．東アジアの伝統的な統合モデルは，「リージョナリズムなきリージョナリゼーション」として描かれるが，最近の自由貿易地域（FTA）の確立は，東アジアにおける新しいリージョナリズムの発展に新しい息吹を吹き込んだのであった．こうした「新しいリージョナリズム」の流れは，地域における相互依存性の深化や，東アジア共同体構想への意識の高まりを反映している．しかしながらこうした二国間・多国間の自由貿易協定は，WTO が一貫して保持するリージョナリズムへ向けた路線であり，それによってリージョナリズムは WTO の多国間主義に対する補完的役割を果たしているのである．

1） Kenneth W. Abbott, Robert O. Keohance, Andrew Moravcsik, Anne–Marie Sloaughter, and Duncan Snidel, "The Concept of Legalization," *International Organization* 54, 3, Summer 2000, pp. 401–419.

2） Miles Kahler, "Legalization as Strategy : The Asia–Pacific Case," *International Organization* 54, 3, Summer 2000, pp. 549–571.

3） Kenneth W. Abbott, Robert O. Keohance, Andrew Moravcsik, Anne–Marie Sloaughter, and Duncan Snidel, "The Concept of Legalization," p. 401.

4） *Ibid.*

5） Miles Kahler, "Legalization as Strategy : The Asia–Pacific Case," p. 550.

6） *Ibid.*

7） Michael Wesley, "APEC's mid–life crisis? The rise and fall of early voluntary sectoral liberalization," *Pacific Affairs*, Summer 2001, Vol.74, Issue 2, pp. 185–207.

8） Desmond Ball, "A Critical Review of Multilateral Security Cooperation in the Asia–Pacific Region," paper presented at the inaugural conference of the Asia–Pacific Security Forum on the Impetus of Change in the Asia–Pacific Security Environment, September 1–3, 1997, Taipei, Taiwan.

9） Miles Kahler, "Legalization as Strategy : The Asia–Pacific Case," *International Organization* 54, 3, Summer 2000, pp. 555–556.

10） Peter Drysdale, "Japan and the New Regionalism in East Asia," paper presented to the Japan Economic Seminar, Washington, 22 November 2002.

11） Robin Ramcharan, "ASEAN and non–interference : A principle maintained," *Contemporary Southeast Asia*, Apr. 2000, Vol.22, Issue 1, pp. 60–89.

12） Michael Leifer, "ASEAN as a Model of a Security Community?" *ASEAN in a Changed Regional and Political Economy,* edited by H. Soesastro (Jakarta : CSIS, 1994), pp. 129–42.

13） Richard Stubbs, "ASEAN Plus Three : Emerging East Asian Regionalism?" *Asian Survey* 42, no.3 (2002), pp. 440–455.

14） Kevin G. Gai, "The ASEAN–China Free Trade Agreement and East Asian Regional

Grouping," *Contemporary Southeast Asia*, Dec. 2003. Vol.25, Issue 3, p. 387.

15) Tom Holland, "Latin Lesson," *Far Eastern Economic Review* (December 28, 2000).

第5章

# アジア太平洋における多国間協調の促進

韓　庸　燮
竹中奈津子 訳

## はじめに

概して，アジア太平洋諸国は，共通の目的を目指すグローバルな流れに追いつこうと，安定と協調に向かっている．そのような驚くべき変化は，同地域における大国と小国との関係においてよりも大国同士において顕著である．しかしながら，いくつかの例外は残る．北朝鮮，カンボジア，ミャンマー，インドネシアがそれである．1997年の経済危機は，アジア全体を打ちのめし，経済・軍事双方に長期的な衝撃を与えて同地域の安定性を脅かしたが，東アジア諸国は多国間経済提携を強化することで乗り越えた．このことは翻って，経済のみならず広い意味における安全保障の分野においても，多国間協調を促進させた．

アジア人は皆21世紀が協調と共栄の世紀になることを期待していたけれども，今世紀の幕開けは全く正反対なものであったように思われる．特に，北東アジア諸国は，長期的なパワーの推移とその結果が各々の国益を害することを懸念するようになった．北東アジアにおける経済・軍事力の発展に伴った国家的自信の増大が，さらなる安全保障上の均衡を支えている．同様に増大しているのは，領土問題と歴史認識についての国際紛争である．後者は，北東アジアとアジア太平洋全体をより安全で平和にするために北東アジア諸国が地域的・国家的安全保障についてとってきた伝統的アプローチとは異なるアプローチを必要としている．

複合的問題分野における地域的協調は，まず東南アジアから始まった．東南アジアにおいて，多国間協調は包括的安全保障の概念を基盤として政治的・経済的・社会的分野から始まり，現在では安全保障の分野にまで拡大している．そのような進歩は，北東アジアの諸国に影響を与え，ASEAN地域フォーラム（ARF）形成への参加を加速させた．北東アジアにおいては二国間安全保障同盟がいまだ支配的であるとはいえ，多国間安全保障協調を進めようとする地域的努力が，カリフォルニア大学グローバル紛争・協調研究所の組織したトラック２安全保障会議をイニシアチブとして始まった．共催者は，日本総合研究開発機構（NIRA），ロシア科学アカデミー東洋研究所である．東北アジア協調対話は，トラック２とトラック１の連携となるなどゆっくりと進展しているが，トラック１レベルの組織に発展するにはまだ数年を待たなければならない．現在のところ，ARFは安全保障対話メカニズムであるが，厳密な意味での安全保障協調メカニズムではない．北東アジアにおいては，６ヵ国協議が北朝鮮の核問題を取り扱うために始まったが，なんら目に見えた進展がないままに行き詰まり，議題も限定的なままである．アジア太平洋における多国間安全保障協力を促進させたり逆に妨げる推進力の強度はほぼ同等であり，地域的安全保障協調メカニズムを最大限に推し進める十分な力はない．しかし，アジア太平洋諸国は一人前の経済的協調に貢献するというだけでなく，将来的にトラック１レベルの安全保障協調メカニズムを形成するためにも地域的安全保障協調を育む時期を迎えている．

## １．協調の推進要因

冷戦終結時，世界は相互和解と協調の雰囲気に満ちていた．時を同じくして，アジア太平洋諸国は半世紀にわたる憎しみと対立から脱却するために，和解と協調を追い求めた．しかしながら協調へのこのような流れは，ヨーロッパやアメリカよりも遅れて始まった．

冷戦の終結により，アメリカ，ロシア，中国，日本などのこの地域における大国は，二国間ベースで協調を促進し始めた．最近まで，アジアにおける大国はお互いに，他国が協調に向かおうとする意思があるのかどうかを探り合っていた．この探り合いは，1996年の台湾問題をめぐるアメリカ・中国の対立において最高潮に達した．この間接的な衝突の後，両国は対立するよりもむしろ協調に励むようになった．

現在，変化する世界の中で米中関係は相互の融和へと進展している．この二国は国際テロリズムへの対処のための協調を見せている．北東アジアにおいて，アメリカと中国は平和的かつ建設的な共存への道を見出したように思われる．安全保障並びに経済分野における相互理解を進めるため，サミットとハイレベルの外交が精力的に展開されている．その結果，政治的・経済的指導者の意図はより透明性を増し，両国のエネルギーと資源を持続的な経済発展と繁栄の達成のために集中的に使うことが可能となった．しかしながら，成長を続ける中国が長期的にはどの方向へと向かうのかという懸念のために，そのような戦略的パートナーシップがどれほど長く，そして深く続くのかは定かでない．

協調的脅威低減措置（CTR）に見られるように，アメリカとロシアが緊張と軍事力を削減するために手を組み，協調して努力を行っていることは確かである．ブッシュ Jr. 政権は，ロシアとの間で実質的な核軍縮が進展していると考えている．一方で，ロシア，中国，カザフスタン，キルギスタン，タジキスタン，さらに後からウズベキスタンも加わって，信頼醸成および国境における緊張緩和のために，1996年4月の「国境地域における軍事的信頼醸成に関する合意」および1997年4月の「国境地域における軍隊の削減に関する合意」に署名した．アメリカ，ロシア，中国は，核問題に関する信頼と安全の構築のために，国連の非核国とは対照的により強化された核確証によって，相互に核弾頭の照準解除に合意した．このように諸国間関係，特に大国間は対立から協調へと変化しているのである．

他方，アメリカと東アジア地域諸国との間の二国間同盟は，アメリカ政府が2003年以降の世界情勢に沿って北東アジアにおける駐留米軍再編計画を発表するまでは，北東アジアの安全保障へのアメリカの強いコミットメントによって強化されてきた．それは，流動的な同地域の安全保障状況と9・11後の世界におけるグローバルなテロリズムを考慮に入れた，アメリカの安全保障戦略の変化によるものである．アメリカの伝統的な前方展開プレゼンスと軍事的ネットワーク機能とを再編成し，バランスを再構築しようとする新たな政策によって，同国との二国間同盟は影響を受けるであろう．

北朝鮮の軍事的脅威は決して弱まっていない．通常兵器による脅威に加え，北朝鮮は核兵器の保有を宣言し，さらに保有数を増加させていく意思を強調した．ピョンヤンの経済的困難にもかかわらず増大する軍事的脅威は，人々に対内的・対外的破綻の懸念を抱かせた．最も深刻なのは，北朝鮮からテロリストグループへの大量破壊兵器の輸出・譲渡である．このことは，アメリカに韓国や日本との同盟を強化させる理由の一つである．日本もまた，国益の範囲と日米防衛ガイドラインの適用範囲を「地域的」ではなく「状況的」(「周辺事態」) として拡大し，安全保障上の国益を再定義する大胆なアプローチをとった．朝鮮半島の安定化への貢献における日本の役割は，有事の際にはアメリカに代わって増大することが期待されている．強化された日米同盟は北東アジアの平和と安定に貢献したが，この地域の安全保障に関し日本の役割が増大してきたことは中国や韓国の懸念を引き起こした．日米同盟のグローバル化と，結果として激化した日本の近隣諸国に対する領域的主張がさらなる懸念を強めた．

複合的二国間関係は，活発な二国間サミット外交と二国間安全保障対話——例えば，米中，日中，中ロ，および現在進行形の米ロ協調関係——の結果，向上してきている．これらの安全保障対話は，諸大国と韓国との間 (中韓，韓ロ) の安全保障対話によって補完されている．

北東アジアにおいて，1993年に発足した北東アジア協調対話（NEACD）が6ヵ国——北朝鮮は1993年，2003年，2004年に断続的にしか参加していない——の安全保障対話への唯一の道である．その一定の成果にもかかわらず，北朝鮮が参加せず，核開発への野望を諦めなかったことを主な原因として，NEACDはあらゆる安全保障問題を討議する公的な安全保障レジームにはならなかった．この一定の成果には，国家間関係を統制する諸原理の採択が挙げられる．①相互の主権の尊重，政治的・経済的・社会的・文化的システムの相違の受容，②武力による威嚇または武力の行使を相互に慎む誓約と，紛争を予防するために協議，交渉その他の平和的手段を利用する旨の誓約，③人権の擁護と促進のためのコミットメント，④安全保障問題における対話，情報交換，透明性の促進，⑤国際法に基づいた航行の自由の尊重，⑥経済的協調と貿易の促進，⑦組織的犯罪，麻薬密輸，テロリズム，違法移民問題についての協調，⑧食糧支援，災害救助などの人道援助における協調，⑨軍事情報の共有[1)]である．つまるところ，これら諸原理は1975年ヘルシンキの最終文書を踏襲するものである．1997年9月から，NEACDは，北東アジア5ヵ国間での軍事的信頼醸成の素地をつくるため，軍事情報共有についての会議を開催している．北朝鮮が10年ぶりに参加した前回2004年4月の第15回会議では，北朝鮮の核兵器の放棄といった地域的安定性のための課題について討議が行われた．

東南アジアにおいては，1994年以来定期的に開催され成功しているASEAN地域フォーラム（ARF）での継続的進歩が見られた．ARFは，各国防衛大学・安全保障研究機構のトップとARFとの会議で，災害救助，信頼醸成，予防外交について取り組んだ．これらの会議を通じてアジア諸国は，協調と対話を根付かせる努力を10年間にわたって続けてきた．ARFはその加盟国間に信頼醸成の方策を確かに植え付けた．ARF加盟国は，大量破壊兵器に関する国際条約に参加すること，防衛白書を発行すること，信頼醸成措置（CBMs）の促進のための努力をさらに重ねることが期待された．2004年には，ARF加盟国はパキスタンを迎え24ヵ国となった．

## 2．協調の阻害要因

アジア太平洋における協調への努力と動きにもかかわらず，何の変化の兆しも見せていない潜在的な対立要因が存在する。台湾海峡，中国と周辺諸国との領土紛争，韓国と日本（独島＝竹島）との領土紛争，北朝鮮の核問題，増大する防衛費への懸念，エネルギー問題，歴史認識をめぐる対立などである．アジアにおける信頼醸成と透明性のための措置は進歩しているが，それは認識レベルにおいても現実レベルにおいても，軍事的脅威の軽減には直接つながっていない．

軍事技術と他国に比べて高度化した兵器を維持するために防衛費が増大しているということについては，中国は例外的な国家ではない．何よりも恐ろしいのは，インドとパキスタンにおける核実験や北朝鮮が引き続き行っている核兵器開発に代表される大量破壊兵器の拡散である．ピョンヤンの不確実な先行きもまた，同地域の平和と安定性を崩壊させるであろう．

同地域内の国家間における歴史的対立は，二国間／多国間の協調を阻害している．最もやっかいな問題は，同地域の諸国は歴史の捏造合戦を行っているということである．例えば日本は韓国の歴史を捏造し，中国は古代韓国史を中国の歴史と統合しようとしている．

冷戦の爪跡も残っている．朝鮮半島においては，近年和解と協調の努力がなされてはいるが，二つのコリアが相争い対立している．台湾海峡における軍事的紛争の危険性は現在でも依然として高いのである．北朝鮮は冷戦時代の精神性にとらわれて先軍政治をやめようとしない．もっともピョンヤンは，冷戦時代の敵対心にとらわれているのはワシントンだと主張している．

北東アジアにおいては，特に米韓，日米の二国間同盟が安全保障協調の中心となっている．二国間同盟は仮想敵国を念頭に形成されたので，その敵対的関係を解消させない限り，多国間安全保障協調を促進するのは非常に困難である．北朝鮮と中国の二国間同盟はいまだ存在しており，北朝鮮とロシアの同盟は集団的防衛システムを欠いた完全に政治的なものに変化したが，米韓同盟は些細な点については明白な不和があるにせよ，確固たるものであり続けている．北東アジアにおけるこのように非対称的な同盟関係は，いかなる多国間安全保障協調をも阻害するものである．

1997年財政危機の後アジア諸国は，民主主義と経済発展の西側モデルは本当にアジアの国家にも適切なものなのかどうかという，アイデンティティ・クライシスを経験した．最初の問題は，アジア諸国は危機を乗り越えるためにアメリカ式方法論に従うべきかどうかというものだった[2)]．アジア人の中には，アメリカ式アプローチとは異なる「アジア式」方法によって自身で危機を乗り越えることが可能だと考える人々もいた．

アジア人がその全盛期に急速な経済発展モデルを誇ったとき，アジアの発展モデルは新千年紀に「アジアの世紀」を開くものだと彼らは考えた．経済危機の後，その原因は，腐敗，縁故主義，仲間びいき，政府の管理ミス，政治と経済の強力な結託，法の支配の不在，経済への行き過ぎた国家の介入，未成熟なグローバリゼーションにあるとの診断が主流であった．これらの現象のほとんどは，市場経済のアジア的症状から派生したものである．

アメリカ的価値に基づいたアメリカ的自由民主主義が，アジアの経済危機から立ち直るのに最も適した唯一の道なのかどうかという難しい問題は別として，重要なのはアジアは危機から脱しなければならず，その危機が地域的・国内的紛争に発展することを防がなければならないということである．幸運にも経済危機は，アジア諸国を問題を集団的かつ協調的に取り扱うように一致団結させ，それがASEAN＋３対話を発足させた．アジア諸国は，アメリカ，IMF，その他先進諸国の助けを借りて，経済危機から抜け出したのである．

## 3．協調的な世界へ向けた実績

多国間安全保障協調を阻害する諸要因が存在するにもかかわらず，アジア諸国は安全保障および経済分野で協調を促進しようと努めてきた．東アジアには，ASEAN，ASEAN＋3（中国，日本，韓国），APEC，ASEM（アジア－ヨーロッパ首脳会議），ARF などの地域的協調のための複合的フォーラム・機構が存在する．ほとんど全ての東アジア諸国は1つ以上の組織に参加している．

それらの中で特筆に値するのは，ASEAN 諸国に加えてヨーロッパの代表までもが参加している ARF である．ARF は対話を継続してゆくという習慣の育成に貢献した．地域的調和と安定性という ASEAN の目標の下で，ARF は2つの主要な目標を定めた．①政治的および安全保障問題についての建設的な対話と協議を促進すること，②信頼醸成措置と予防外交をヨーロッパの信頼醸成措置（CBMs）の成功から学び，アジア太平洋地域に適用すること，の2つである．

ARF および ARF–SOM（上級委員会 Senior Officials Meeting）参加諸国は，以下の内容を合意した．①各国の防衛政策の定期的・自発的な提出，②軍事研究・教育・訓練機構のハイレベル交流の増大，③国連通常兵器登録制度への参加国増大への努力，④防衛・軍事担当高官の相互作用およびさらなるネットワークの構築，⑤包括的な安全保障問題へのアプローチの維持，⑥北東アジア非核地帯条約の重要性の強調を含む，非核地帯の設定に向けた努力への協力，⑦アジア経済を再活性化する，財政的安定性と信頼性を回復するための多様な個々の，また二国間・地域的・多国間措置への協力[3)]，である．

2000年7月の第7回 ARF において，北朝鮮の参加が認められた．北朝鮮は初めて，多国間フォーラムに参加した[4)]．2000年以降，地域的安全保障問題とグローバリゼーションの影響，さらなる経済的相互依存の進展，そして越境犯罪やテロリズムなどの安全保障上の脅威について議論がなされている．ARFとの関連で，第9回ASEANサミットが2003年10月にバリで開催された．そこでは，ASEAN安全保障共同体へ向けた強い意思を示すASEANビジョン2020を再確認するバリ合意Ⅱが採択された．

最も重要なのは，ARFはNPT，CTBT，化学兵器禁止条約，生物兵器禁止条約，非核地帯，通常兵器禁止条約などの，アジア諸国による国際軍縮レジームとの協調に努めているということである．

アジア太平洋安全保障協調会議（CSCAP）は，多国間安全保障の議論を通じて，ARFの信頼醸成や安全保障の分野を拡大するトラック2を構成している．民間人専門家が，信頼醸成と安全保障の構築，海洋問題における協調，包括的安全保障，越境犯罪，北大西洋問題などのための方策について議論している．

多国間安全保障への進展がいかに目覚ましいものであろうとも，単一の安全保障の枠組みに拘束される参加国がない限りそれは萌芽状態に留まるものである．今やARF諸国は，安定性と実効性を保証し，政治的また法的に拘束力をもち，軍事的に有意義な合意の締結へと歩を進める段階にきている．そのような合意は，アジアにとって，ヨーロッパにおける1986年ストックホルム合意のようなものとなるだろう．

## 4．展　　望

協調への流れとそれを阻む流れを比較してみると，四国家間の関係は四国家と同地域の他諸国との関係よりも協調的になっていると言える．全体としてアジア諸国は，多国間フォーラムにおいて信頼醸成と安全保障の構築を継続して進めている．しかしながら朝鮮半島や台湾海峡においては，不安定性要因はいまだに大きい．従って，アジア諸国が手を組んで問題を解決するためには，主要な安全保障問題を注意深く検討することが重要である．

最も重要な問題である安全保障は，アジア経済危機の再発の防止に関わるものである．経済危機は複合的問題の引き金となり得る．①アジアとアメリカ，アジアとヨーロッパ間の緊張，②中国・日本と他のアジアとの間の緊張，③東南アジアと朝鮮半島諸国における社会不安，などが懸念される．

このような理由から，ヨーロッパ諸国が過去20年間で築いてきたような安全保障と経済との強いリンケージがいまだアジアに構築されていないということは，非常に深刻な問題となる．ASEAN 諸国が政治と経済のリンケージの重要性を認識し，包括的安全保障を提唱したにもかかわらず，冷戦終結後のままに安全保障の分野を取り込むまでには到っていない．

このことは，なぜアジア諸国は集団的アプローチによって安全保障問題を解決するよりも個別的アプローチをとりがちなのか，という原因の一端を説明するものである．安全保障分野においては諸国は小規模な修正を加えながらも，いまだに既存の政策を維持している．ヨーロッパと北米は安全保障・経済問題について既に地域的・多国間的アプローチを採用しているというのに，また安全保障分野においてはゆるやかな発展が見られるというのに，アジア諸国は経済的問題に対処するための地域的アプローチをいまだ採用していない．いまやアジア諸国は，安全保障と経済，また各々の国家間の経済双方の間の強いリンケージを構築するために，ボトムアップ・アプローチをとるべきである．ここでのボトムアップ・アプローチとは，全ての国家が提起する必要があると国民が考える全ての問題を提起するということを意味する．このようにして，アジア経済共同体形成に向けた複合的自由貿易協定への署名の動きは，正しい方向性をたどることになる．

朝鮮半島については，北朝鮮の人的・物的軍事力における数量的優位と核兵器プログラムの継続が，韓国に対してのみならずアジア全体の不安定化要因になっている．アジア諸国は，2003年に始まった6ヵ国協議において北朝鮮の核兵器プログラムや関連施設を完全に放棄させるのみならず，韓国との安全保障問題を解決するための協議を求める努力をさらに重ねていかなければならない．ARF 諸国は，個々にまた集団的に，北朝鮮に核兵器プログラムを断念させるための措置を講じるべきである．

アジア諸国は，架橋的・包括的な安全保障の枠組みを欠いているとの批判論者の言説を徐々に克服しつつある．10年前には，西側のみならずアジアの人々のほとんども，アジアの安全保障概念や，固有の安全保障枠組みの構築という考えに対して懐疑的であった．彼らの議論のポイントは，地政学的な分散は言うに及ばず，アジアには共通の脅威も，利益も，文化も，政治的・経済的イデオロギーもシステムもない，という点にあった．いまやアジア人たちは，誤った自己満足的な見通しに凝り固まることはできないし，そうすべきでもないということを自覚している．全てのアジア諸国は一つの舟に乗って漕ぎ出したのだ．それは貧困から脱却する高度成長する経済という舟であり，国家安全保障という観点からも確保されねばならない国家的繁栄という舟である．私たちが，国家の豊かさの成長につれて安全保障上の利益が増すと考えるとき，安全保障の概念はより具体性を増すことになる．

アジアは，ある一家の経済状況が隣家に直接影響するような小さな村となっている．いまやアジア人たちは一つの舟へと戻ったが，今回は，荒れ狂う波の中での舵取りと，新しい安全保障概念――全てのアジア人に妥当し，ARF の成果に基づいた，安全保障と経済成長の集団的探求を現実のものとする――の創造を，アジア人の手によって行わなければならないのである．

大量破壊兵器の拡散は，深刻な安全保障問題になっている．この問題について，東南アジアは根本的な問題を提起した．どのようにその問題にアプローチするかは，私たちの創造的対応にかかっている．（インドとパキスタンを中心とした）南アジアにおける拡散が世界に影響を与えないようにするために，ARF はどのような方策をとっていくべきか？　彼らの核兵器問題に影響を与えることがなければ，ARF がインドとパキスタンを参加国として認めることにどのような意義があるだろうか？

# おわりに――アジア太平洋地域における協調的安全保障を強化するための政策提言

上述のような分析を踏まえ，アジア太平洋地域における安全保障協調を強化するための５つの政策提言は以下のようなものとなる．⑴アジアにおける安全保障・協調会議（CSCA）の創設，⑵北朝鮮を含む北東アジア安全保障対話の創設，⑶防衛大学・機構のARF会議における休業期間中の戦略セミナーの開催とそれらのセミナーの成果の出版，⑷軍事レベルでの信頼安全醸成措置（CSBMs）の採択，⑸集団的経済発展と危機管理のための組織，である．

## ⑴　アジアにおける安全保障・協調会議（CSCA）の創設

ARF，CSCAP，およびNEACDの経験と業績に基づき，アジア諸国は国家安全保障，政治，経済，トランスナショナルな安全保障など全ての分野における協調に力点を置いた，汎アジア安全保障会議を創設する必要がある．より具体的な段階は，ヨーロッパの安全保障・協調会議と類似のものをアジアにおいても創設することである．全てのアジアの主権国家がCSCAの参加国となるだろう．確かに，CSCAは加盟国に二国間条約を含む既存の国際条約や合意を放棄させるよう強いることはないだろう．構想を具体化するには数年を要するだろうが，包括的かつ架橋的な安全保障枠組み無しでは，アジア人たちは既存の多国間フォーラムに留まってしまい，全てのアジア諸国の普遍的な参加は望めない．アジア諸国はARFを越え，彼らの間の脅威を削減していくことで，CSCAを信頼醸成および，法的拘束力があり軍事的に有意味な安全保障の構築のための忌憚のない議論の場にしていかなければならない．

これに関連して，21世紀におけるASEM（アジア－ヨーロッパ首脳会議）

をどう考え，発展させていくかという問題がある．経済および安全保障の上で統合したヨーロッパは，ASEMにおいてアジア諸国を支える用意があるが，アジア諸国はヨーロッパとの安全保障協調の準備なしに，主に経済分野について調整のための努力を個々に進めている[5)]．アジア諸国がどのような安全保障上の課題を追求するのかは，疑わしいままである．いかに，またどの程度，ヨーロッパの信頼醸成措置（CBMs），信頼安全醸成措置（CSBMs），そして通常兵器削減の分野における実績から，アジア人が教訓を得，アジアにおける文脈に置き直すことができるかは，私たちがASEMへどのように対応していけるかということと関連している．

### (2)　北朝鮮を含む北東アジア安全保障対話の創設

私たちは，多国間安全保障対話を，二国間安全保障同盟を補完するものと理解している．北東アジア諸国は東南アジア諸国に比べて，より差し迫った安全保障問題を抱えている．このことは，なぜ韓国政府が，失敗に終わった北東アジア安全保障対話を1993年に提言したのかということに表れている．

北東アジア諸国は，既存の二国間安全保障同盟を補完する安全保障対話の構築を迫られている．今日の安全保障問題は，過去のそれとは全く異なっている．北朝鮮の崩壊の危険をいかに克服し，また北朝鮮の強固な核政策をいかに解決するかということは，今日北東アジア諸国が直面している安全保障問題の鍵となっている．これらについての集団的努力は，既存の抑止メカニズムに加え，安全保障と平和を促進させるだろう．

### (3)　防衛大学・機構のARF会議における休業期間中の戦略セミナーの開催とそれらのセミナーの成果の出版

各国国防大学レベルにおいては，年に１度もしくは２度の戦略セミナーの開催が必要となろう．互いの安全保障や防衛戦略についての議論は，必ずやARF諸国の軍事的相互理解を促進するだろう．安全保障・軍事戦略における共通点を最大化し，相違点を最小化することは，政府や軍が彼らの防衛政策および軍事演習・訓練を，アジア諸国全ての利益を最大化するように働きかける．同様に重要なのは，毎年セミナーの成果を出版することである．そのことは，国防大学・機構における教育に資する．そのためには，セミナーを組織し国防大学間の交流と協調を促進するための小規模な事務局がARFに必要となるだろう．

### (4) 軍事レベルでの信頼安全醸成措置（CSBMs）の採択

ARF諸国は，1986年のストックホルム合意のような，より軍事的に有意義で，相互に拘束的な信頼醸成および安全保障構築の方策を採択する必要がある．例えばARF諸国は，一定規模以上の軍事訓練や演習を行う際にそれを関係国に告知し，監査チームを毎年3ヵ国から受け入れるよう義務付けるべきである．これらの方策は，必ずや現在までのARFの実績レベルをより進展させるであろう．非拘束的で各国の道徳的判断に訴えるような発言は，分裂し今も対立的な地域においては安全保障を促進するものとはならない．

### (5) 集団的経済発展と危機管理のための組織

アジア諸国には，経済危機を予防し，アジアの利益を最大化するような経済発展を育むための集団的努力が重要である．今日アジアが直面する経済問題を集団的に解決しなければ，地域的協調レジームの構築は失敗に終わるだろう．各国は経済発展を達成し，低開発性・社会問題に伴う問題を解決することに個々に取り組んできたからである．個別的アプローチは，グローバル化された世界においては必ずや失敗するであろう．

従って，アジア諸国はより組織化された形で経済危機を予防し解決する必要がある．何よりもアジア諸国にとって不可欠なのは，より一般的で強固なアジアの安全保障という概念を構築するために，一致して危機を乗り越えるという共通の経験に拠って立つことである．もっとも最近の協調の例は，壊滅的な津波の被害に見舞われた東南アジア諸国への災害救助および援助の提供である．このアドホックな援助は，多国間危機管理および災害援助という形態で制度化されるべきである．新しいアジアの安全保障概念は，アジア太平洋地域における架橋的および包括的安全保障の形成にとって，必ずや大きな足跡となるだろう．

1）“Institute on Global Conflict and Cooperation of the University of California Newsletter”, vol.19, no.1 (Spring 2003).

2）Donald K. Emmerson, “Americanizing Asia?” Foreign Affairs, vol.77, no.3 (May/June 1998), pp. 22–40.

3）Owen Greene, ‘Transparency, Confidence-Building and Security in East Asia,’ in Bjorn Moller, ed., *Security, Arms Control and Defense Restructuring in East Asia* (Aldershot, UK : Ashgate, 1998), pp. 37–55.

4）第5回ARF議長の発言（マニラ：1998年7月27日）．

5）Dong-Ik Shin and Gerald Segal, “Getting Serious About Asia-Europe Security Cooperation,” *Survival*, vol.39, No.1 (Spring 1997), pp. 138–55.

第6章

# 東アジア経済共同体
## ――モデルの探求――

イワン・ツェリッシェフ
野村　幸平訳

## はじめに

東アジアにおける地域経済統合への動きが勢いを増している．ASEAN 諸国と中国，日本，韓国の各国の間でFTA（自由貿易協定=Free Trade Agreement）の締結に向けた進展が，その主な兆候である．日本，中国，韓国，三国間でのFTA締結の妥当性は，各国のシンクタンクによって議論されている．とりわけ，APT（ASEAN＋３）加盟国が形成する単独の東アジア自由貿易協定についてもまだ検討段階にある．

貿易自由化問題だけでなく，貿易促進・投資原則・知的所有権・ヒトの移動をも含む域内貿易協定を締結するための活動の急増は，より大胆な構想である「東アジア共同体の創造」を議論する土台を整えた．明らかにこの構想は地域の自由貿易協定だけにとどまらず，実行可能な国際公共機関と正真正銘の政策調整機能をもつ組織の設立を意味している．2004年11月にビエンチャンで開かれたASEANサミットとその後開催されたAPTサミットは，2005年末にクアラルンプールでの正式な東アジア・サミットへの道を開き，同地域における共同体構築に勢いを与えたものといわれる．地域統合の強度と速度において，ヨーロッパ，北米やその他の地域に比べ東アジアが大きく遅れをとっているという深刻な懸念が，この種の進展を強く駆り立てている．2004年12月に，メルコスール（MERCOSUR）と結びついた南米国家共同体（South American Community of Nations）が誕生したことも想起すべき事柄である．事実，東アジアにはEUやNAFTAのような機関は存在していないのだ．

しかしながら，EUとNAFTAは地域統合において全く違うモデルを象徴しているといわなければならない．ヨーロッパにおける地域経済統合は真の共同体となるためのものであったが，北米は共同体を構築せずに大規模FTAを中心に地域統合を実現したのである．つまり，共同体構築は不可避なものではなく，あくまで地域統合の過程における一つのシナリオにすぎないのである．

東アジア共同体の構想が徐々に関心を集めるにつれて，次のような根本的な疑問が呈されるようになった．それは，東アジアは本当に共同体を構築することが可能なのか．もしそうならば，どのような種類の，どのような共同体のモデルが同地域において必要で実現可能なのか．政治家・実業家・研究者などは，再三にわたってヨーロッパとの経済的，政治的，歴史的そして文化的な違いを理由に，域内統合が欧州のパターンのような模造品にはなれないし，そうすべきでもないと主張している．他方で，EUが加盟国を増やしながらその内容も拡大させている真に機能した地域共同体モデルであるため，ある考えをもつグループの人々は東アジアでもヨーロッパの挑戦に応じる形で同じような枠組みを創造する必要性があると強調している．そのような意思は，ASEAN諸国の大部分によって表明されている．

まず，ASEAN諸国は2020年までに統合欧州の路線に沿う形でASEAN共同体を設立するという目標をはっきりと掲げている．第2に，それへの期待もまた高く，例えばG.アロヨ・フィリピン大統領がビエンチャンでのサミット開催前に述べたとおり，「拡大東アジア・ブロックはASEANの途上国や後進国の未来だけでなく，中国，日本，韓国の未来も保障するもの」である．大統領がさらに続けて言ったように，インドを加えれば，このブロックは「欧州，北米に並び立つ素晴らしい地域グループ」が作られるのだ[1)].

我々の見方では，ヨーロッパ型経済共同体の設立はASEANにとって現実的な目標とはなりえるが――この問題は本稿の主題を大きく超えるものである――，より広範囲な東アジア諸国，つまりAPT加盟国にとってはそうではない．本論では，欧州と東アジアにおける共同体構築の条件，そしてこの地域の主要な主体が保持する国益があまりにも異なることを明らかにする．東アジアにおける共同体構築は，独自の共同体モデルを見つけない限りは成功しないであろう．以下，我々は東アジアにおける共同体の成立過程における論理と条件を分析する．そして，この地域におけるより妥当で適切なモデルの特徴を，現在の域内状況や傾向を勘案しながら明らかにする．その分析は，共同体の経済的側面に焦点を絞ったものになるだろう．

## 1．基本的条件と経済共同体の成立

本質的に経済共同体とは，経済政策の調整を通じた地域経済統合の促進という目的のために設立された制度である．ヨーロッパにおいて，経済共同体は1958年に発効し統合に向けた道筋を記したローマ条約への署名により設立された．それから徐々に，より高次の統合，制度構築，政策調整へと進展していった．それらの段階は，以下の措置を含む．

① 分野別特恵制度の取り決め（ECSC＝欧州石炭鉄鋼共同体やEuratom＝欧州原子力共同体と同様の制度）

② 自由貿易地域の制定

③ 関税同盟または関税率の調和と非加盟国のための貿易規制を加えた自由貿易協定

④ 共同市場または商品やサービスだけでなく資本や労働も含めた自由な移動

⑤ 単一市場または法律と規制の調和を含んだ共同市場

⑥ 強力な超国家的機構の創設，経済政策の緊密な調整，加盟国の国家主権の相当部分の放棄を意味する経済的同盟

⑦ 単一通貨と単一の中央銀行による金融連合

ヨーロッパ型経済共同体が唯一の実現可能なモデルとして運命付けられているわけではない．共同体は，経済政策調整の範囲と内容を地域ごとに，また経済情勢や政治状況，歴史的文化的背景に左右されることになるだろう．しかし，ヨーロッパの経験は，共同体を新たに創設しようとする経済グループが直面するいくつかの基本的条件を明らかにするのに役立つ．

第1に，進行中の統合調整は地域的自由貿易協定（もしくは実際の共同市場）を越えなければならず，他の重要な地域を含んでいなければならない．既に述べたように，FTAは共同体を構築することなく締結されるものである．FTAが共同体の創設に貢献するにもかかわらず，共同体はFTAよりも強度で広範囲の統合を目指すものである．共同体のための定則とは，「FTAプラス」と定義することもできるのである．

第2に，（最低でも重要地域内にある）加盟国間における協力調整は，非加盟国との間のものよりもより強固なものでなければならない．第3に，共同体は少なくともいくつかの重要地域において共同歩調をとるためにそのスタンスを他の世界各国，特に重要な相手について「示すために」，また必要なときには守らなくてはならず，それに足るほどの緊密な政策調整ができるようでなくてはならない．第4に，当然ながら，共同体は共通の政策を表現し実施するに十分強力な機関を有していなくてはならない．

## 2．経済的相互依存と共同体構築への含意

明らかなことは，共同体とは強固に成長する域内の経済的相互依存なしには成立することがないということである．東アジアでは，経済的相互依存が増加している証拠が確かにある．しかし，精緻な注意を払うに値するいくつ

かの「しかし」が存在する．

経済の相互依存を示す主要な指標の一つは，東アジア諸国の貿易総量における域内貿易のシェアである．概算によると，東アジアにおける域内貿易のシェア（日本，NIES 4ヵ国，ASEAN 4の国々及び中国を含む）は，1996年の48.8%，2000年の46.7%に比べ2003年には49.4%に達している．

**表1**　東アジア*における輸出構成

| 輸出先 | 1980年 | 1997年 | 1999年 | 2003年 |
|---|---|---|---|---|
| 東アジア | 22.1 | 38.7 | 35.4 | 40.1 |
| 日本 | 19.8 | 11.7 | 11.3 | 10.6 |
| 米国 | 20.3 | 19.9 | 22.7 | 18.6 |
| EU（15ヵ国） | 15.8 | 13.8 | 15.2 | 14.1 |
| 合計 | 100.0 | 100.0 | 100.0 | 100.0 |

（注）東アジアにはNIES 4ヵ国，ASEAN 4ヵ国，中国を含む．
（出所）I. Tselichtechv : "Japan–East Asia Economic Relationship : Evolving Pattern" Management International Review, Special Issue, 1 / 2002, Gabler Verlag, 2002. 日本貿易振興会『世界貿易投資白書』2004年，393頁．

表1は，日本以外の東アジア諸国域内での輸出シェアがアジア金融危機の影響を受けた90年代後半を除いて，着実に増加していることを示している．この10年間で40%のレベルにまで近づいている．域内の輸入シェアにおいては，減少することなしに増加し続けており，2003年には45%を超えている（表2参照）．

しかし，NIES 4ヵ国，ASEAN全加盟国，モンゴルを含めた別の統計デー

**表2**　東アジア*における輸入構成

| 輸入先 | 1980年 | 1997年 | 1999年 | 2003年 |
|---|---|---|---|---|
| 東アジア | 22.2 | 40.2 | 43.6 | 45.9 |
| 日本 | 23.3 | 18.5 | 18.9 | 16.7 |
| 米国 | 16.8 | 13.4 | 13.3 | 9.8 |
| EU（15ヵ国） | 12.2 | 13.3 | 11.8 | 10.7 |
| 合計 | 100.0 | 100.0 | 100.0 | 100.0 |

（注）東アジアは（表1）に同じ．
（出所）（表1）に同じ．

タを基本にした概算では，域内輸入が目に見えて増加している一方で，表3の通り1995年と2001年の間で域内の輸出シェアは減少している．

**表3**　東アジア諸国の全輸出における特定国家及び地域のシェア

| | 東アジア | 日本 | EU（15カ国） | NAFTA |
|---|---|---|---|---|
| 1985年 | 23.7 | 19.0 | 12.0 | 33.0 |
| 1995年 | 37.5 | 14.1 | 14.8 | 23.4 |
| 2001年 | 35.0 | 12.1 | 15.3 | 25.4 |

（出所）Source：F. Ng, A. Yeats："Major Trends in East Asia".『世界銀行政策調査報告書』3084．2003年6月，7頁．

2002年に，東アジアの域内貿易（同じ諸国の構成において）は世界貿易の6.5%，NAFTA 域内の取引は10.1%，EU 域内では20.2%で構成される[2)]．表1，2及び3は日本のシェアが東アジアの輸出入両方で落ちていることをはっきりと表している．米国だけでなくEU も，東アジア地域における地域経済大国である日本よりも多く同地域から輸入している．

**表4**　日本の輸出構成

| 輸出先 | 1980年 | 1997年 | 1999年 | 2003年 |
|---|---|---|---|---|
| 東アジア | 25.2 | 40.9 | 35.8 | 45.3 |
| 米国 | 24.5 | 28.1 | 30.7 | 24.1 |
| EU（15カ国） | 15.2 | 15.6 | 17.8 | 15.2 v |
| 合計 | 100.0 | 100.0 | 100.0 | 100.0 |

（出所）I. Tselichtchev："Japan-East Asia Economic Relationship：Evolving Pattern", p.63. 日本貿易振興会：『世界貿易投資白書』，2004年度版，393頁．

**表5**　日本の輸入構成

| 輸入先 | 1980年 | 1997年 | 1999年 | 2003年 |
|---|---|---|---|---|
| 東アジア | 22.6 | 37.3 | 37.6 | 44.0 |
| 米国 | 16.8 | 21.6 | 21.6 | 24.1 |
| EU（15カ国） | 5.9 | 13.3 | 13.8 | 12.9 |
| 合計 | 100.0 | 100.0 | 100.0 | 100.0 |

（出所）表4に同じ．

また中国の税関統計によると，2004年に日本が対中最大輸出相手国（と同様に，中国は現在でも対日最大輸出国）であったが，二国間貿易の総量からみるとこの12年間で日本は1位の米国，2位のEUに次いで第3位に後退した[3)]．一方で東アジア諸国の対日総輸出入量は目に見えて着実に伸びつづけている（表4及び5参照）．

結論的にいえば，東アジアにおける域内貿易は著しく成長しており，地域経済間の相互依存が強まっていることを統計データは全体として証明している．相互依存の深化は，域内におけるFTA間の連結を創造する推進力となった．

しかし，地域経済の統合を正しく分析するためには次の事実を見落とさないことが大切である．まず第1に，東アジア諸国の貿易の世界他地域への依存度が非常に高くなってきていることである．第2に，貿易量において，東アジア地域の域内貿易はまだNAFTAやEUには及ばないということである．第3に，地域経済の重要な主体である日本の東アジアにおける輸出入貿易に占めるシェアが減少しており，それは輸入許容量に限界があるため地域統合のリーダーの役割を果たせない日本を象徴している[4)]．この事実は，当然，東アジア地域の新興市場において先進工業国である米国とEUの役割を強めているのである．第4に，東アジア諸国に対する海外直接投資（FDI）の主要で増大している部分は，域外からもたらされている（表6参照）．表7はこの10年間の初期段階において，米国とEUからのFDIが重要であることを示している．特に，東アジア経済における欧米資本の存在は，アジア金

**表6**　東アジアにおける域内向け海外直接投資の国・地域別構成

| | 1990年 | 1999年 |
|---|---|---|
| 域内海外直接投資総額（米ドル）［単位：10億ドル］ | 36.1 | 102.5 |
| 米国 | 14% | 18% |
| EU（15ヵ国） | 10% | 18% |
| 日本 | 26% | 8％ |
| NIES諸国 | 33% | 25% |
| 他地域及び国 | 17% | 31% |

（出所）『通商白書2001年度版』，23頁．

**表7**　日米欧の東アジア向け海外直接投資の年平均値*

（単位：10億米ドル）

| | 日本（2000－03年） | 米国（2000－03年） | EU（2000－2002年） |
|---|---|---|---|
| 中国 | 2,414 | 1,548 | 2,408 |
| 韓国 | 626 | 1,563 | 1,298 |
| 台湾 | 232 | 889 | 1,060 |
| 香港 | 132 | 3,280 | −359 |
| シンガポール | 221 | 4,839 | 2,635 |
| ASEAN－4 | 1,885 | 2,096 | 1,245 |

（注）＊は Balance of Payments Statistics を示す.
（出所）『世界貿易投資白書2004年度版』，52頁.

融危機とその後に起きた経済自由化において大きな意味を持ち始めた．とりわけ，欧米系多国籍企業による東アジア資本と金融機関の買収量・件数の増加は，重要な流れとなった[5]．

おそらく前述した経済状況下で，もし東アジア経済共同体が誕生したと宣言された時には，加盟国にとって世界他地域に市場をより緩やかに開放することは避けられないであろう．例えば，関税同盟や経済連合が合理的な選択肢ではなくなり，ヨーロッパ型の強力な共同体が生まれることはないであろうことを意味している．東アジア域外の国々が加盟できるように，その扉を開けたままにしておくのが道理にかなっていると言えるのかもしれない．

## 3．自由貿易協定と地域共同体

1990年代後半から，東アジアの国々は複数の自由貿易協定を締結するための努力を劇的に強めていった．東アジアでは，しばらくの間 FTA のネットワークを構築することが地域経済共同体形成の主な形態であった．

この点において，東アジアは欧州やアメリカとは異なる．ヨーロッパにおいては，主要な先進工業国によるリーダーシップの下に構築された経済共同体が，優位でもっとも効率的な統合協定であることを証明している．次々と新加盟国を「吸収」すると同時に，統合のさらに進んだ形態を生み出していった．最終的にそれは，経済および金融連合として結実した．北米のNAFTAは米国のリーダーシップの下に創設され，現在ではその自由貿易圏を南北アメリカ大陸にまで拡大しようと模索している．欧米両地域においては単一の巨大な地域統合協定が存在し，主要な先進工業国がその設立と拡大の両方において重要な役割を果たしている．

対照的に，東アジアにおいて日本は主要な役割を果たしておらず，中国も韓国も同様である．これが，単一の地域統合協定の形成に向けた目に見える進展が見られない主要な理由の一つである．三国間の暗黙の同意によって，結局主要な役割はASEANが担うこととなり，統合プロセスはASEANと日中韓三ヵ国との間でのFTAの締結と同様に，二者間でのFTAに中心が置かれることになった．明らかに，ASEAN—中国，ASEAN—日本，ASEAN—韓国各々が地域的経済統合の構造における主要な基礎単位となりそうだ．

FTAの連結と地域経済共同体の創設との関係とは何なのであろうか．筆者の見方では，全ての主要な主体を含めた地域全体にわたるFTAの締結は，共同体構築のための前提条件か，創設が宣言される万一の場合に備えた共同のための当然のゴールであると見なされなければならない．

東アジア諸国は地域統合プロセスの推進と共同体精神の発揚に貢献したが，世界貿易機関（WTO）単独ではその任務を十分効果的に成し遂げることができない時代にあっては，域内諸国間での全てのFTAは，越境的経済活動や貿易の自由化を速めるためにFTAを創設するというグローバルなマクロ・トレンドであると見るべきである．域内の国とFTAを締結するのか域外の国とFTAを締結するのかという差異は，この点においては重要ではないのである．特に，東アジア諸国は現に域内の国々とよりも域外の国々とFTAを締結している事例の方が多いのである．

2004年時点で，東アジア諸国は45もの現実のもしくは潜在的な自由貿易協定か緊密な経済協力協定に加盟しているが，そのうちの28は域外の国々との間で交わされたものである[6)]．潜在的協定とは，交渉中，検討中，公式に表明されただけのFTAを意味する．例えば，シンガポールの現実のもしくは潜在的FTAには，日本，韓国，香港という東アジア諸国とのAFTAのみならず，オーストラリア，カナダ，チリ，メキシコ，ニュージーランド，アメリカそしてEFTAが含まれる．韓国は，域内における日本，中国，ASEAN諸国，シンガポール，タイのほかに，オーストラリア，チリ，メキシコ，ニュージーランド，そしてアメリカとの協定を締結している．域外との協定の中でも特に重要なのが，EUとASEANの間で自由貿易圏の建設を目的としたEU–ASEAN地域間貿易イニシアチヴ（TREATI＝Trans Regional EU-ASEAN Trade Initiative）が提案されたことである．米国も同様にASEANとの自由貿易圏創設のためのイニシアチブを発表した．もっとも最近では，韓国と米国の間で二国間FTAに関する公式協議の開始が公表された[7)]．日米自由貿易協定の構想も検討中である．

欧米両方に世界的規模でのFTAネットワークを早期に創設するためのはっきりとした政策が存在し，双方は東アジア諸国を相手としたFTAの締結に非常に熱心である．欧米諸国が，近い将来，東アジア諸国とASEANが次々と創設するFTAだけではなく，世界の主要な域外国とのFTAによって結びついていくと考えるのは極めて現実的である．このような展開は，地域的ではなくグローバルな自由貿易圏の本質を明らかにするものである．言い換えれば，東アジア諸国間での複数のFTA締結はグローバルな傾向の一部分であって，地域における経済共同体の建設には直接つながらないものである．繰り返しになるが，域内の全てもしくはほとんどの国を巻き込んだFTAのみが，地域共同体を創設しえるのである．

しかしながら，APTを基礎とした全域型FTAの選択が示されてきたにもかかわらず，その結論に向けた見通しは極めて不透明である．そのようなFTAを締結するための二つのシナリオが見えてくる．まず，ASEANが中国，韓国，日本とそれぞれFTAを締結し，その後に三国間でFTAが結ばれれば，全てのFTAの合併が地域的なものになるのが自然な流れであろう．第2に，日中韓三国間で各々の取極めがなかったとしても，ASEAN＋3が全域型FTAを締結できる．両方の場合において，非APT加盟国にも東アジア以外の国々——例えば，インド，オーストラリア，ニュージーランド，もしくは事実上東アジアの国でもあるロシア——にも加盟のための門戸は開放されたものになるかもしれない．

しかしながら，両方の場合において決定的な要因は日本と韓国が中国との関係をどう見るかであろう．ASEANと日中韓間でのFTAと同様に日韓のFTAも公式協議の段階に入り近い将来における締結が極めて高い一方で，日韓と中国とのFTAは未だに漠然としている．2000年に日中韓によるFTAの研究が始まったにも関わらず，中国側は上向き基調で——三国間FTAのイニシアチヴは中国から出された——あるが，韓国と，特に日本は警戒しているように感じられるが，最新のデータによると，韓国政府はより率先した態度を示し始めたようだ．

日本側は，中国とのFTAは長期的に見て妥当であるが，短期間で達成できる課題ではないと考えている．公式な場でこのことが表明された理由は，第1に中国がWTOの貿易ルールに，そして第2に知的所有権の保護に関するルールに従う意思があるかどうかを見極める必要があるからだ．

おそらく，全体像を描くためにはさらにいくつかの問題群が加えられなければならない．どんな国家にとっても，中国のFTA締結はそのサイズゆえに特別な事業であり，FTAの経験が少ない日本と韓国にとっては非常に重大な挑戦になるだろう．急増する中国製品の輸入の流れが多くの地場企業に

**表8**　日中韓間での貿易強度比率
(1998年から2000年までの平均値)*

| | 日　本 | 中　国 | 韓　国 | |
|---|---|---|---|---|
| 日　本 | — | 1.82<br>3.3 | 2.48<br>1.81 | |
| 中　国 | 2.85<br>2.47 | — | 1.74<br>3.80 | |
| 韓　国 | 1.91<br>2.65 | 3.23<br>1.84 | — | |

(注) ＊上段は輸出，下段は輸入の数値を示す．
(出所) 蛯名　保彦　『日中韓自由貿易協定構想』明石書店，2004年195頁．

致命的な問題を与えるという不安が存在し，一方では現在のセーフガードに頼ることが困難になっている．ヒトの移動の自由化が大きな頭痛の種にもなろう．また，日本の場合には地理的なライバル関係であることも含めて，一般的な日本人が持つ中国のイメージと共に政治的障害にも配慮する必要がある．中国人が持つ日本のイメージはそれほど明るいものではない．2005年時点では，二国間に存在する論争――日本の首相による靖国神社の参拝，日本の歴史教科書問題，東シナ海での資源採掘権，尖閣諸島および沖ノ鳥島をめぐる領土問題――などあらゆる点を通じて緊張が高まっている．このような状況下では，FTA について協議することさえも問題である．

しかし，経済的相互依存においては，日中韓三国間での自由貿易圏の創設に向けた基本条件が整っている．例えば表8に見られるように，三国間貿易[8)]の1998年から2000年までの平均貿易強度比率は，1をかなり超えている．韓国の対中輸出と中国の対韓輸入は，日本の対中輸入と同様に係数が特に高い（3を超えている）．しかし，FDI における相互依存は低く，三国間の2000年における貿易総量は20％を占めている一方で，内的外観と域内への FDI は5％を若干上回る程度である[9)]．

経済界において，三国間の自由貿易協定は高い評価を受けているように思われる．例えば，日本経済新聞が実施した日中韓三国の経営者300人を対象とした調査では，日本人の69.8％，中国人の64％，韓国人の75％がそのような自由貿易協定が必要であると考えている[10)]．日本人経営者を対象にした調査では，特に日中間の FTA に期待を寄せていることを明示している．ジェトロ（JETRO）が876社を対象として実施した調査では，回答者の13.5％が ASEAN との FTA をもっとも優先的なものとして考えている――全域型 FTA と近似値である――一方で，43.8％が中国との FTA にもっとも期待を寄せているのである[11)]．しかし，日本経済研究センターが2002年に実施した調査では（709社から有効回答），60％が APT＋3との FTA がもっとも望ましいと回答した[12)]．

ところで，これら調査によると，少なくとも日本の主要な上位ランクの大企業経営者は，これらのFTAに中国を含むことを希望している．基本的に，政治問題や世論が地域経済の統合を抑制するというわけではない．それどころか，経済統合が複雑な政治問題の解決に貢献することもありうる．この点において，ヨーロッパの事例は明白な証拠を示してくれる．このように，政治的意思と政治的リーダーシップの有無，思考方法を変えることと政治的およびイメージに関係する問題の解決方法を見つける能力，そして二国間関係において新しい雰囲気を作り出すことなどは，日本と中国が含まれた形でのFTAの成否を決する重要な要因になるであろう．

## 4．「できることから始める」経済共同体？

繰り返すが，アジアにおける経済共同体のための前提条件，もしくは最低でもかつて創立を宣言した目標が全域型FTAの締結であり，「FTAプラス」という共同体の形態である．この点において，共同体構築は二通りのプロセスとして見られる．自由貿易圏の創設と他地域との政策調整を強化することの2つである．第1の方法における発展が第2の進展を強固にし，その逆もまた然りである．前節において，われわれは地域FTAの問題点を挙げた．本節における重要な設問は，プラスアルファの中身であり，経済領域における政策調整の可能な範囲である．

ヨーロッパ型の共同体構築――分野別の調整と自由貿易から発生した経済・金融連合――は，経済的，政治的，文化的，歴史的均質性を基本としている．また，ヨーロッパ統合は強力できわめて独特な政治的影響と経済分野での動機付けにより推進された．政治的影響とは一方では共産主義の脅威を意味し，もう一方ではドイツを国際社会に順応させることを意味している，また同様に米国，ソ連そしてその後の日本と競争強力な大国としての欧州域内の中小先進諸国にとって米国が欠かすことのできなくなるにつれて，その経済的動機から生まれたきわめて強力な後押しの必要性が生じたのである．

東アジアでは状況が全く異なる．経済的，政治的，文化的，歴史的な同質性はなく，冷戦期における共産主義の脅威と比較して，共通の外的脅威も存在しない．APT 加盟国間では，現在までのところ20世紀最初の数十年間にヨーロッパ大陸でみられた対立のような深刻な事象も現在までのところは存在しない．もちろん，北朝鮮と台湾の問題は深刻ではある．しかし，少なくともしばらくの間これらの問題は地域共同体の建設とは関係がない．米国は結局のところ共同体構想を支持しないだろうし，さらには懸念さえしている．経済的に，東アジア共同体という概念は同地域の国々，特に大国にとっては域外国との関係や貿易における高度の独立性，経済規模と強さの巨大な違いなどにより，さほど重要なものではない．域外国との関係は，時には域内でのつながりよりもさらに重要なものもある．このように，強力な域外国からの挑戦を受けることになる共同体を１ブロックとして創造するという概念は，少なくとも域内のかなりの国々にとっては説得力のあるものではないだろう．各々の潜在的なメンバーにとって，東アジア経済共同体とは共通の家や運命共同体という考えを基本とした連合ではなく，協力的約束の一つであるようだ．つまり，ヨーロッパ共同体よりも各加盟国に戦略的に政策を転換させる余地を残しながら，より緩くて融通の利く共同体であることを運命づけられている．

この点において，東アジア諸国が野心的な将来像を示すことはなく，政策調整が緊急の問題を解決するためにすぐにでも必要な領域や真に協力することができる領域において多角的な協力体制を構築し始めるのは至極当然である．この点において，我々は東アジアが「できることをする」共同体を創設するものであると言えるかもしれない．この手法は「できるところから，特に緊急の問題に立ち向かうときに，方針を調整する」と定義することもできる．

東アジアにおける目に見える多国間協力というのは，1997年から98年の危機への対応として金融の分野で生じた．現在までは，この多国間協力は共同監視・監督機能の強化と通貨スワップ協定を中心に行なわれてきた．1999年に設立されジャカルタのASEAN事務局内に拠点を置くAPT監視プロセスは，短期の資本流入，早期警報システムの発達，地域の金融部門における脆弱性と危機の予防を査定することを中心としている．これらの問題群は，金融・財務担当大臣の会合で議題とされるものである．

2000年5月のチェンマイ・イニシアチヴは既存のASEANスワップ協定を拡大し，APT加盟国間で12の相互通貨スワップと買戻し準備のネットワークを確立した．その狙いは，流動性の不足に直面した国々に短期通貨を提供することにある．しかし，本協定の規模は大きいものではない．1997年から98年の金融危機で生じた流動性不足を予防するに足るだけのものでもない[13)]．チェンマイ・イニシアチヴは多国間のスキームであるが，二国間協定を連結したものでもある．引き出し最大額などは，二国間レベルで交渉される．東アジアにおける米ドルとは別の「通貨安定」は審議中であるが，現時点ではこの役割を果すにはどの地域通貨も安定的なものではない．審議中であるシナリオのうちの一つは，既存の枠組みを外貨準備高を伴う公的な多国間スキームに移行させることである．東アジア債権市場の発展など，金融部門におけるいくつかの重要な進展が見られた．一般的には，東アジアにおける金融部門の協力とは通貨安定性を堅持すること，つまりは新たな通貨危機を予防することにある．金融政策の調整も含めたより広範囲での協力は，予見できる未来においては実現可能とは到底考えられない．

他のどの分野における政策調整が東アジア経済共同体のブロック形成になるのであろうか．ソフトウェア開発，IT分野，シンクタンクのネットワーク，環境，インフラなどが候補となるだろう．2004年12月に，APT加盟国は社会福祉と開発のための第1回大臣級会合を開催した．しかし，妥当性と緊急性という二つの要素が政策調整の内容に影響を与える主要な要因であるならば，エネルギー分野と開発援助のような分野が優先するものとして適切だろう．金融分野の状況は域内の国々に多少は「同じボートに乗っている」気分にさせているので，この分野の問題は緊急性が高いという事実に関しては合意が高まってきている．

エネルギーに関しては，信頼できるルートからの安定的で増加する供給が，東アジア経済を維持するには欠かせない．東アジアの主要国はエネルギー資源の輸入国である．特に，中国による輸入の急激な増加は，地球規模の需給バランスに影響を与えている．2003年には，前年比30％以上，１億トン以上もの原油と石油を輸入した．2004年には原油輸入量だけで１億トンを超過した．2000年から2030年までの間における主要なエネルギー需要の平均年間成長率は，地球全体で1.7％であるのに対して中国では2.7％と予測されている．石油だけに限れば中国の需要の伸び率は，地球全体での平均需要伸び率の約２倍に当たる年３％にのぼると見られる．世界の石油需要に占める，中国のシェアは6.5％から10％に増大する見込みである[14]．

東アジアは中東地域からの石油の輸入に大きく依存しており，構造的な弱みとなっている．不安定な供給やその不安定性に対する不安でさえも地域経済にとっては深刻な結果をもたらしかねない．たとえば，イラク戦争を原因とする不安が中国企業を世界の石油市場での「パニック買い」へと導き，同地域の不安定性と脆弱性の認識を全般的に悪化させた．言うまでもなく，現時点での域内経済の相互依存のレベル，一国内におけるエネルギー関連の問題，供給不安定や価格の急上昇，もしくはそれらに関連する心理的不安でさえも，他の地域経済に深刻な影響をもたらすことになる．最後に，東アジア諸国間での石油や他資源へのアクセスをめぐる競争激化の兆候が確かにみられる．

このような状況下だからこそ，政策調整は理にかなった選択肢であると言えよう．2004年７月にはフィリピンにおいてAPTエネルギー大臣会議が開催された．この会議ではエネルギーの安全保障と協力，特に水力発電とバイオ燃料などの代替エネルギーについて議論された．多国間地域的枠組みは，代替燃料としてDME（ジルチルメチル＝$CH_3OCH_3$：実質的にLPGに近く，日本ではヘアスプレーなどに利用される）を生産するために誕生した．これは将来の「人工石油」となりうる．それは，同時発生燃料として大規模発電所において，自動車やバスのための燃料や水素発生用の燃料と同様に，利用可能である．

DME プロジェクトでは，日本の技術と，インドネシア，オーストラリア，中国の天然資源――DME の原料は石炭と天然ガスで，「未使用の」天然資源としてたとえば小規模のガス田で利用が可能である――，そして日本と中国の市場を結合させようと模索している．日本の経済産業省による安全性テストの指導の下，装備の確認，インフラ関連の事業，基準設定など最終段階に入ったと言われている．三菱ガスが主導する4社のグループは西オーストラリアにおいてDME を生産するためのプロジェクトのために企業化調査を開始した．NKK に率いられた別のグループは，インドネシアにおける大規模DME 生産のプロジェクトに参加するとともに中国においては東洋エンジニアリングのプロジェクトにも参加している[15]．

しかし，これらはまだ初期段階に過ぎない．真のエネルギー分野での協力の枠組みが地域共同体の構築の焦点の一つになりうる．この点において留意すべきは，域内の主要エネルギー生産国であり，供給国にもなりえるロシアの参加のための適切な枠組みを見出すことが重要であることだ．次の節において，我々はこの点をさらに詳細に述べる．

東アジアの発展途上国への支援が共通の地域課題として認識されるにつれて，開発援助政策の調整がますます重要になってきた．実際，域内の全ての国々は相互に利害関係をもっている．まず第1に，域内におけ発展の差異が狭まることは全ての主体の関心事であり，新規事業の機会を開き，成長を速めるだろう．第2に，主要援助国である日本は，より進んだ責任分担体制と強固な新興市場経済国がより積極的に参加してくれることに関心がある．最近の注目すべき展開は公式に表明された希望として，中国が「卒業生」としてだけでなく，発展途上国への援助を増大することである．第3に，ASEAN 経済を牽引する NIES 諸国と中国が政治的・経済的影響力を増大させ，域内の経済環境の改善を速めるために開発援助国の役割を拡大させることに積極的であることだ．明らかに，発展途上国への支援は，政策調整をますます必要とする多国間での事業となり，そのような調整は全ての参加者から好意的な返答を得ているようだ．

## 5．「域外」からの潜在的参加者――ロシアの事例

東アジア共同体と地域統合のプロセス全体において，東アジア地域外からの参加のためにいくつかの選択が存在する．基本的に，外部者の参加に対する利益とは，特に域外国と経済的結合が生まれるという東アジア側の強い依存性に関連している．こうした利益とは，開かれた地域主義という，この分野では世界でも評判の良い徴候であると考えられる．参加候補国の中でも，インド，オーストラリア，ニュージーランドが積極的な姿勢を見せている．東アジア地域において潜在的に重要なもう一つのプレーヤーはロシアである．現時点で，ロシアの領土のうち75％が東アジアに属しているにもかかわらず，地域経済におけるプレーヤーとして考慮に入れられたことはほとんどなかった．しかし，まずその地域への重要なエネルギー供給者――潜在的にはもっとも重要な供給国の一つ――としての役割ははっきりと増大している．地域統合のプロセスにおけるロシアの参加のためにも，適切な枠組みをうまく機能させることが極めて重大である．

この点において，ロシア極東地域はすでに強い経済関係を北東アジア諸国との間で進展させてきた．2001年には極東ロシアからの輸出のうち韓国，中国，日本の三国で68.3％を占めており，輸入は54.3％である[16)]．極東ロシアは，海産物および材木製品，非鉄金属など東アジア経済の発展には極めて重大ないくつかの原材料の供給者としての役割を果たしている．それは，供給する資源の利用範囲を広げる重要な潜在性を保持している．たとえば，約70種もの鉱物資源が埋蔵しており，それらの多くはいまだに開発されることがないままである．ここ数年で極東ロシアは，エネルギー資源供給の多様化が急速に求められる東アジアに対する石油と天然ガスの主要な供給者の一つになりうるだろう．2003年８月にロシア政府が採択した『エネルギー戦略

2020』は，アジア太平洋地域の新市場，特に北東アジアへ参入する必要性を強調している．この文書によると，ロシアはアジア太平洋地域における石油の輸出シェアを3％から30％に増加する計画である[17]．

東アジアへの方向転換は，米国，日本そしてインド資本の参加を得たサハリンプロジェクト1と2―オホーツク海棚からの石油と天然ガスの採掘―の実施と大きく関連している．石油に関しては，サハリン2が既に実施段階に入っており，天然ガスの採掘とLNGの運搬は2007年に開始される予定である．サハリン1に関しては，天然ガスは運搬用のパイプラインがまだ建設されていない中で買い手を見つける努力をしている一方で，石油の生産は2005年中に開始される予定である．サハリン1と2を合わせた石油採掘量は最大で，年間8,000万トンになると予想され，うち半分は輸出される見込みである．天然ガスの生産量は7,300億立方メートルになり，うち輸出分が1,100億立方メートルになる[18]．

もう一つの計画された重要な事業は，プリモルスキー州の太平洋側沿岸と東西シベリアの石油資源を結ぶタイシェト～ペレボズナヤ間の石油パイプライン建設である．中国の大慶へのルートを建設することも計画された．本プロジェクトの実施がシベリア地域から東アジア地域への大規模輸送の道を開くことになるだろう．もう一つの選択は，現在検討段階にあるシベリア南東部のコヴィクタ・プロジェクトであり，その目的はパイプラインにより中国と韓国へ天然ガスを供給することである．

有識者により議論されている別の実現可能なシナリオは，北東アジアにおいて極東ロシアからの安価な電気を越境して供給する方法に道を開くことになる電力ネットワークを連結させることである．この場合，極東ロシアの豊富な水力発電資源の利用も実行に移されるだろう．大規模エネルギー事業の実施は，機材や設備，材料，予備部品，技術支援に対する新たな需要を生み出し，東アジア企業にとって新しい機会を開くことになる．現在，東アジアにおいてロシアが主要な活動主体となるだろう重要な領域がエネルギー分野である．長期的に見て，他の天然資源の開発は，ロシアの市場と研究開発の可能性と同様に東アジアにおける経済発展に大きく貢献することにもなりうるのだ.

我々ははっきりと，ロシア，特にシベリアと極東ロシアを一層東アジア地域へ関与させていく新たな発展を目撃している．近い将来，この関与は東アジアにとって戦略的に重要になるだろう．現在に至るまで，アジアにおける多国間協力へのロシアの参加可能性は，主に北東アジアか環日本海経済圏の枠組みの中で認識されていた．この枠組み内での協力は活力に欠けるが，我々の考えでは，この協力は相変らず重要なものである.

その一方で，東アジアにおける統合と多国間協力体制にロシアが参加するための様々な研究の機は熟した．たとえば，最初のステップは，東アジアのエネルギー協力スキームにおける中心的プレーヤーとして，APT が始めたエネルギー問題に関する会合へロシアが参加することになるだろう.

WTO 加盟後など長期的な視点でみると，東アジアの重要な国であるロシアが，地域統合のプロセスにおける正式な参加国になるだろうという見方も，非現実的な見方ではないのかもしれない.

## おわりに

経済共同体のヨーロッパ型モデルは，統一の概念を前面に打ち出したものだった．共同体構築のプロセスが初期段階から明確に描かれていた共同戦略と青写真のとおり，分野別の調整から経済・金融連合へと発展する論理が一貫していた．欧州の経済共同体構築には，経済的，政治的，歴史的，文化的同質性を背景に，強い政治的指導力により推進されてきた.

東アジアでは経済統合は進んでいるにもかかわらず，域外国とのつながりは非常に高いレベルのままである．同質性というものは存在しない．政治的障害物が多いのに，政治的指導力は弱い.

このような状況の下では，統一概念というのは重要というには程遠く，共同体創設の内容も段階もヨーロッパ型とは全く異なるものであろう．地域にとっては，関税同盟も経済・金融連合も，予見可能な未来においては成長能力のあるものではない．共同体の機構は，ヨーロッパのそれに比べて強力ではなく，国家主権の放棄もありえない．

東アジアにおける経済共同体の創設は，全域向け自由貿易協定と，国益にかない真に協力可能な特定の分野に限っての政策調整を中心にしたものになるだろう．財政部門での協力スキームは，まだ緒についたばかりで他の分野がこれに続いているようだ．その制度は協力形態によって形作られるだろう．東アジア諸国にとって地域共同体とは，運命共同体という強い意識が伴なうものよりも，むしろグローバルに競争力があり，緊急の問題を解決するのを助ける協力的ネットワークである．この種の共同体にとっては，域外国やAPT加盟国以外の国に対して門戸を開放しておくには便利かもしれない．

地域統合の速さと強度という点において後塵を拝したという思いが東アジアの新地域主義の推進力であったにもかかわらず，欧米と競争できるブロックとしての地域共同体を創設しようという意思は，東アジア諸国を統一させる原動力とはなり得ないだろう．この考えは，いくつかのASEAN諸国の指導者によって進められているものではあるが，日本，中国，韓国と共有できる徴候が全くみられない．真に実行可能なものにするためには，東アジア共同体とは加盟国を経済的に強く成長させる綱領のように緩くて柔軟でなければならないのだ．

1）*The Japan Times*，2004年11月30日．

2）F. Ng, A. Yeats. "Major Trends in East Asia". *World Bank Policy Research Working Paper* 3084. June 2003, p.3. http：//worldbank.org/files/29878_wps 3084. pdf#search='East%20 Asian%20 Trade

3）『日本経済新聞』，2005年2月11日．

4）日本の国民一人あたり輸入量は2001年時点で，アメリカの4140米ドル，イギリスの5371米ドル，ドイツの5905米ドル，フランスの4943米ドル，イタリアの4021米ドル，カナダの7128米ドルに対してわずか2747ドルであった．詳細はIvan Tselichtchev：『日本を豊かにする3つの方法』小学館，2004年，40頁を参照.

5) I.Tselichtchev : “East Asian Economies : Westernization, Liberalization and New Regionalism” in : J. Kidd, F-J. Richter, ed : “Trust and Antitrust in Asian Business Alliances”. Palgrave Macmillan, 2004.

6) K. Krumm, H. Kharas, ed. : “East Asia Integrates”. World Bank, Oxford University Press,2004, pp. 42-43.

7) 『日本経済新聞』, 2005年1月28日.

8) i国からj国まで輸出のために貿易強度の比率を計算する公式は, (Eij : Ej) : (Ewj : Ew) である. Eijは, i国からj国への輸出量である. Eiは, I国からの輸出の合計である. Ewjは, j国に対する世界からの輸出総量である. Ewは, 世界輸出の合計である. 比率が, 1をより大きく超えれば超えるほど貿易強度がより高まり, その逆も同じである.

9) 蛯名　保彦 『日中韓自由貿易協定構想』明石書店, 2004年. 195頁.

10) 『日本経済新聞』2004年3月24日.

11) 『朝日新聞』2004年3月24日.

12) 浦田秀次郎 : 『FTAを弾みに日本の改革・解放推進を』日本経済研究センター会報, 2003年4月, 23頁.

13) “East Asia Integrates”*op. cit.,* p.45.

14) V. Ivanov, Sh.Ito : “China, Japan and Russia : Towards a New Energy Security Nexus”. *ERINA Report* No 62, March, 2005, p.2.

15) 渋谷　祐 : 『アジアに新エネルギー協力の芽』日本経済研究センター会報 2003年4月, 46−47頁.

16) 社団法人ロシア東欧貿易会『調査月報, 2002−2004年』.

17) V.Ivanov, Sh.Ito : ‘China,Japan and Russia : Towards a New Energy Security Nexus’.『環日本海経済圏研究所　報告書』No 62, 2005年3月, 5頁.

18) 環日本海経済研究所『北東アジア経済白書』, 2003年, 150頁.

第７章

# 東アジアとの共存と日本の対内直接投資

高橋　由明

## はじめに

東アジア地域の域内貿易額の増大は著しい．それは，特に日本，中国，NIES，ASEAN 諸国間での直接投資の増大が進展していることを意味する．たとえば，中国の輸出・輸入の約50％は，外国企業による輸出・輸入であることをみれば，いかに東アジア諸国間で企業の海外進出が相互に進行しているかが分かるのである．

特に，日本企業の中国，ASEAN 諸国への進出は著しいが，日本への外国企業の進出となると，その規模は著しく小さく進展しているとはいえない．本稿は，日本の対内直接投資の現状と問題点について，検討している．第１章で，世界の対内直接投資の現状との比較で，日本の対内直接投資が少ないことを示し，外資系企業の日本への進出の数少ない成功例を紹介し，さらに中国，韓国，台湾の対日投資について紹介している．

第２章では，日本の政府も対日投資を増大させための政策を進めており，かなり改善されてきている結果を，東アジアの８ヵ国・地域のビジネス環境に対する外資系企業の意識調査から，提示している．第３章では，日本における外国人労働者の受け入れの現状と問題点を検討している．日本の外国人労働者の受け入れを，先進国と比較すると著しく遅れており，対内直接投資を増大させるためにも，大幅に改善していかねばならない．

## 1．日本の対内直接投資の現状

### (1) 世界の対内直接投資の現状と国際比較

商品，サービスの輸出ではなく，外国市場へ進出し企業活動を直接に運営する直接投資活動は，世界的に拡大している．この直接投資は，貿易摩擦の解決策や，市場が閉鎖的であった国における規制緩和，ソ連，中国など社会主義諸国の市場経済化の進展，さらにIT技術革新の進展により，大きく拡大している．直接投資には，資本を投下し，工場を新設し現地従業員を雇用し企業活動を開始するいわゆるグリーン・フイールド投資（直接投資）と，現地の既存企業と資本提携するとか合併・買収を行うクロス・ボーダーM&A（国境を越える合併・買収）がある．世界および日本の直接投資の現状はどうなっているか？　以下，経済産業省の『通商白書』と日本貿易振興会（ジェトロ）の『貿易投資白書』を中心に，その概況を見ることにする．

図1にあるように，世界の新規対内直接投資とM&Aは，1996年以降しだに増大し2000年にピークに達し，それぞれ約1兆4,000億ドルと1兆1,000億ドルを記録している．しかし，日本の場合についてみれば，1999年と2001年の資料で，世界の対内直接投資に占める対日直接投資の割合が1.5%と0.8%であり，対米国への31.8%と16.9%，対EU 15ヵ国への35.2%と43.9%と比べて異常に低い（図2）．さらに，1999年と2001年の世界のM&A総額に占める対日M&Aの割合も2.2%と2.6%で，対米国の32.4%と31.1%，対EU 15ヵ国の47.8%と35.9%に比べ，やはり異常に低いことが分かる（図3，『通商白書』2001年，27頁）．

このことは，1988年の資料に基づき，外資系企業による，日本における生産・販売額の割合をみても，生産が0.5%，販売が3.9%と低いことにも示さ

図1　世界の対内直接投資及びM&Aの推移

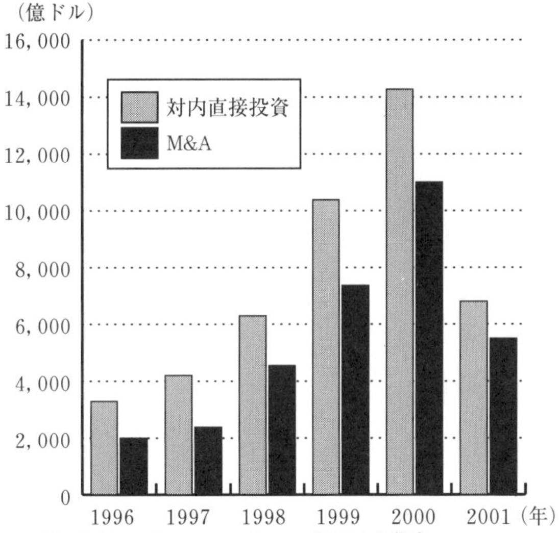


UNCTAD *World Investment Report 2002*から作成.
(出所) 経済産業省『通商白書』2003年，111頁.

図2　世界の対内直接投資に占める対日直接投資の割合（2001年）

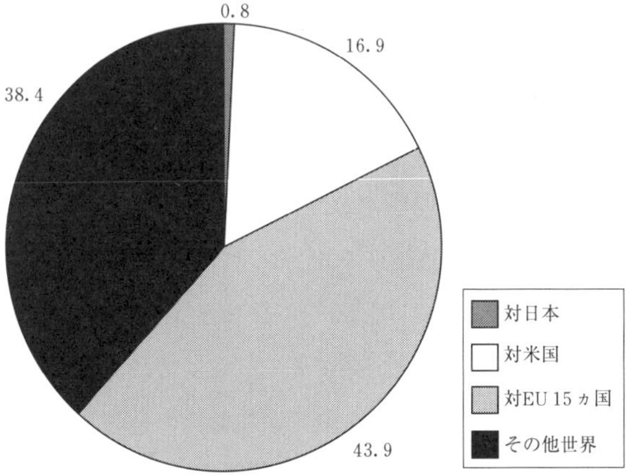


(注) 数値はフローベース，単位は%.
UNCTAD *World Investment Report 2002*から作成.
(出所) 図1に同じ.

れ，アメリカの場合，外資系企業の生産が4.8%，販売が18.1%，イギリスの場合は，生産が6%，販売が34.1%であるのと，対照的である．外資系企

図3　世界のM&A総額に占める対日M&Aの割合（2001年）

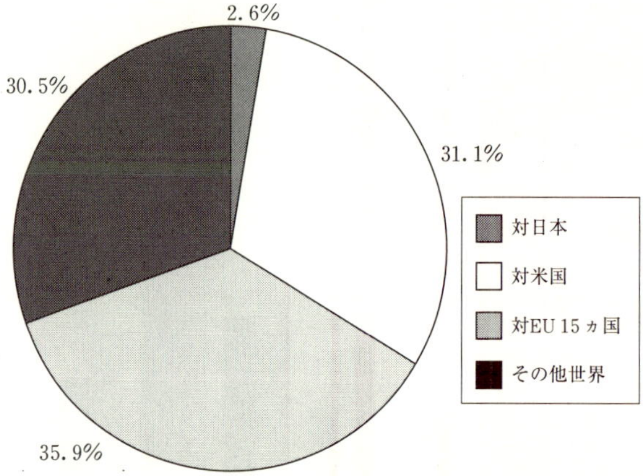


UNCTAD *World Investment Report 2002*から作成.
（出所）図1に同じ，112頁.

業による雇用の割合にも同じ傾向が示され，日本1.8%，米国15.1%，イギリスが18%である（『通商白書』2003年，112頁）.

### (2)　日本の対内直接投資とM&Aの状況

日本への対内直接投資額と，そのうちの製造業および非製造業別内訳は，図4に示されている．やはり，世界の対内直接投資額と同様に，2000年にピークを記録しており，総額が3兆5,000億円（約350億ドル，1ドル＝100円）で，製造業が約8,000億円（80億ドル），非製造業が2兆7,000億円（270億ドル）である．製造業では圧倒的に機械産業企業が多く約80%以上を占め，ついで薬品など化学産業企業が多く，最近では石油産業企業の割合が多くなっている．非製造業では，金融・保険業種の企業が多く約45%を占め，次に不動産業種が約30%を占めている（『通商白書』2003年，113頁）.

M&Aによる対内投資は，1992年から96年頃までは30件台と少なかったが，1997年頃から増大しはじめ，1999年に101件，2000年に136件のピークを記録し，2001年に114件，2002年に111件を記録するに至っている（図5，同，113頁参照）．対日M&Aの形態には，「資本参加（50%以下の株式取

図4　対内直接投資額の推移

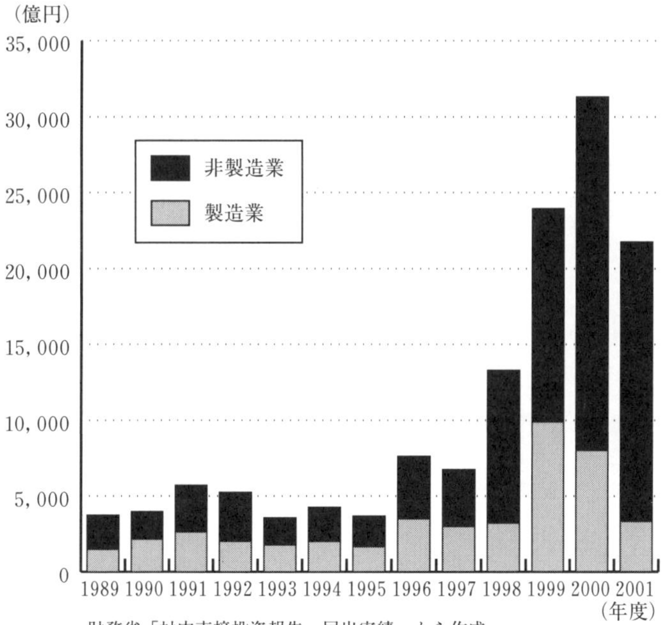


財務省「対内直接投資報告・届出実績」から作成.
(出所) 図1に同じ, 112頁.

得)」,「資産買収(事業や固定資産の取得で, 営業譲渡会社の分割, 吸収合併, 新設合併)」があるが, 2000年で,「株式買収」の形態が約50%,「資本参加」が約25%,「資産買収」が約20%である(『通商白書』, 114頁).

対日 M&A を地域別にみると, 2001年の件数について2000年と比較してみれば, 北米が48件で34.2%減少したのに対して, 欧州企業が46件で, 17.9%増加している.

ジェトロの調査により1999年から2003年までの対日 M&A の主要例を紹介すると, 表1に示されるとおり, 通信, 保険, 消費者金融, 銀行・金融, 小売部門に多く, 製造業では, 自動車, 医薬部門において, 多くみられた.

### (3)　外資系企業の日本進出の成功例

2003年度版の『通商白書』は, これまでの外資企業の日本進出の成功例と

## 表1　最近の対日 M&A 主要案件（99～2003年）

| 業種 | 完了年 | 被買収企業 | 買収企業（国籍） | 金額（100万ドル） |
|---|---|---|---|---|
| 通信 | 99 | 国際デジタル通信（IDC） | ケーブル＆ワイヤレス（英） | 699 |
| 通信 | 99 | 日本テレコム | 投資グループ(米 AT&T，英ブリティッシュ・テレコム) | 1,834 |
| 通信 | 2001 | 日本テレコム | ボーダフォン（英）(注③) | 11,731 |
| 通信 | 2003 | 日本テレコム | リップルウッド（米） | 2,219 |
| 通信 | 99, 2001 | J フォン（注④） | ボーダフォン（英）(注③) | 1,342 |
| 通信 | 2001 | J フォン（注④） | ブリティッシュ・テレコム(英) | 548 |
| 通信 | 99 | デジタル・フォン | ボーダフォン（英） | 411 |
| 保険 | 99 | 第百生命 | マニュライフ（加） | 698 |
| 保険 | 99 | あおば生命 | アルテミス（仏） | 238 |
| 保険 | 2000 | ニコス生命 | ウインタートゥル（スイス）（クレディ・スイス系） | 164 |
| 保険 | 2000 | 東邦生命 | GE キャピタル（米） | 2,324 |
| 保険 | 2000 | 日本団体生命 | アクサ（仏） | 1,954 |
| 保険 | 2001 | オリコ生命 | プルデンシヤル（英） | 196 |
| 保険 | 2001 | 協栄生命 | プルデンシャル（米） | 1,270 |
| 保険 | 2001 | 千代田生命 | AIG（アメリカン・インターナショナル・グループ）（米） | 517 |
| 保険 | 2002 | 富士火災海上 | AIG（米） | 122 |
| 保険 | 2003 | GE エジソン生命 | AIG（米） | 2,150 |
| 消費者金融 | 2000, 01 | ユニマット・ライフ | アソシエイツ・ファースト・キャピタル（米） | 836 |
| 消費者金融 | 2000 | ニッセン（消費者金融部門） | GE キャピタル（米） | 269 |
| 消費者金融 | 2002 | タイヘイ（消費者金融部門） | シティグループ（米） | 796 |
| 消費者金融 | 2002 | マルフク | シティグループ（米） | 469 |
| 銀行・その他金融 | 99 | 日本リース | GE キャピタル（米） | 6,566 |
| 銀行・その他金融 | 2000 | 日本長期信用銀行 | 投資グループ（米リップルウッドなど） | 1,150 |
| 銀行・その他金融 | 2001 | 幸福銀行 | 投資グループ（米 WL Ross&Co など） | 272 |
| 銀行・その他金融 | 2001 | 東京相和銀行 | ローンスター・ファンド（米） | 342 |
| 銀行・その他金融 | 2003 | 三井住友フィナンシャルグループ | ゴールドマン・サックス（米） | 1,273 |
| 銀行・その他金融 | 2003 | あおぞら銀行 | サーベラス（米） | 861 |
| 自動車 | 99 | 日産ディーゼル | ルノー（仏） | 162 |
| 自動車 | 99, 2002 | 日産自動車 | ルノー（仏） | 6,680 |
| 自動車 | 99 | いすゞ自動車 | ゼネラル・モーターズ（米） | 452 |
| 自動車 | 99 | 三菱自動車工業 | ボルボ（スウェーデン） | 270 |
| 自動車 | 2000, 01 | 三菱自動車工業 | ダイムラー・クライスラー（独） | 2,069 |
| 自動車 | 2000 | 富士重工 | ゼネラル・モーターズ（米） | 1,241 |
| 自動車 | 2000 | 池田物産 | ジョンソン・コントロール（米） | 176 |
| 自動車 | 2001 | スズキ | ゼネラル・モーターズ（米） | 521 |
| 自動車 | 2003 | 三菱自動車工業（バス・トラック部門） | ダイムラー・クライスラー（独） | 732 |
| 医薬 | 2000 | エスエス製薬 | ベーリンガー・インゲルハイム(独) | 207 |
| 医薬 | 2001, 02 | 北陸製薬 | アボット・ラボラトリーズ（米）(注⑤) | 743 |
| 医薬 | 2002 | 中外製薬 | ロシュ（スイス） | 977 |
| 医薬 | 2003 | 万有製薬 | メルク（米）(注⑤) | 1,501 |
| 小売り | 2002 | 西友 | ウォルマート（米） | 480 |
| 小売り | 2003 | シートゥーネットワーク | テスコ（英） | 264 |

（注）①対日 M&A が顕著な各業種について，取引金額1億ドル以上の M&A を取り上げた．②被買収企業と買収企業（グループ）がそれぞれ同じで，買収が数回にわたった場合，両案件を足し上げてある．③2001年6月にボーダフォンがブリティッシュ・テレコムより，日本テレコムとJフォンの株式を取得した案件（約55億ドル）は，個別の買収金額が不明のため日本テレコムの案件として計上してある．④J フォンには，J フォン関西，東海，東京，J フォン東日本，西日本などを含む．⑤アボット・ラボラトリーズおよびメルクの実際の買収者は，両企業の子会社．

トムソン・ファイナンシャル社データなどから作成．

（出所）日本貿易振興会『ジェトロ貿易投資白書2004年』　88頁．

図５　外資系企業による日本企業への M&A の推移

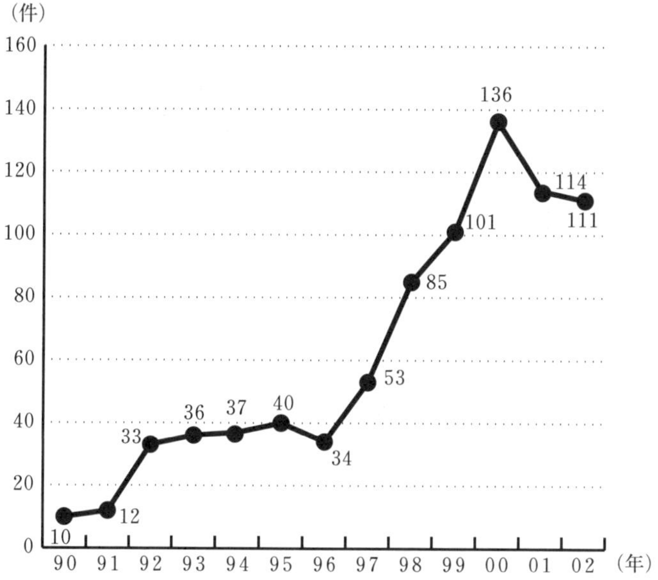


野村証券金融研究所「2002年の日本企業に関連するM&Aの動向」から作成.
（出所）図１に同じ，113頁.

して，次の６例をあげている.

① 1999年３月にフランスのルノー社と提携し，カルロス・ゴーン氏を社長に迎えた「日産・ルノー」.

② 1978年に日本に進出し，世界の総売上の３分の１をあげている「ルイ・ヴィトンジャパン」（その成功の秘訣は，商社や代理店を通さず，製造・輸入から販売・アフターサービスまで，すべて自社の手で行う直接方式の採用という，独自に確立した営業・マーケティング戦略にある）.

③ 1995年に第１号店をオープンして以来，2003年１月現在435点を開業した「スターバックスコーヒー」は，従業員だけでも1,619人，パートを含まれば，約１万人の雇用を日本の労働市場で生み出している.

④ 米国のアウトレット（メーカーの過剰在庫商品を仕入れるディスカ

ウント大型小売店）開発会社チェルシープロパティーグループと，日商岩井㈱および三菱地所㈱の間で，1997年７月に設立された「チェルシー・ジャパン」が，「プレアミアム・アウトレット」を静岡県御殿場市（2000年７月），大阪府泉佐野市（2000年11月），栃木県佐野市（2003年３月）に出店（将来的に日本で８～10ヵ所出店の予定）し，新市場を開拓し地域経済の活性化をもたらしている．

⑤ 世界最大の化粧品会社のロレアル社（フランス）と小林コーセー（現コーセー）との合弁会社「日本ロレアル」が，百貨店を中心に高級ブランド化粧品の販売に成功している秘訣は，輸入商品にのみ依存するのではなく，日本に1983年に開発拠点，1984年に生産拠点を開設し，徹底したマーケティング調査により日本の女性の感性に訴える商品開発に努力してきたこと．さらに，日本で開発し日本の女性に受け入れられた化粧品は世界の市場でも受け入れられ，東京が，パリ，ニューヨークに並ぶ３大製造拠点となった．

⑥ 2002年10月に，スイスを拠点とするロシュが中外製薬の株を50.1％取得することで合併の形式で生まれ，中外製薬がロシュグループの一員になることで，経営基盤の強化が図られた．中外製薬は海外販売面で補強され，ロシュは研究開発の側面で補強され，中外製薬は，国内５位の売り上げを，ロシュは，世界ランク10位の売り上げをあげる企業の地位を獲得したのである（『通商白書』2003年，115－118頁）．

### ⑷ 中国，韓国，台湾の対日投資

それでは，中国，台湾，韓国からの日本向け直接投資額は，どのような状況か？

ジェトロの『貿易投資白書』（2004年度版）によると，2002年の中国の国・地域別対外投資は，以下のとおりである（『同白書』，171頁）．

| | | | |
|---|---|---|---|
| 中国の直接総件数 | 350 | 総額９億8,268万ドル | 構成比（100％） |
| 香　港 | 40件 | ３億5,560万ドル | 36.2％ |

| | | | |
|---|---|---|---|
| アメリカ | 41件 | 1億5,153万ドル | 15.4% |
| 韓　　国 | 7件 | 8,344万ドル | 8.5% |
| 日　　本 | 11件 | 1,816万ドル | 1.8% |

同じ資料により，2003年の台湾からの対日直接投資額をみると，以下のとおりである（『同白書』，181頁）．

| 台湾の投資の直接投資総額 | 39億6,860億ドル | 構成比（100%） |
|---|---|---|
| 英領中米地域 | 19億9,720万ドル | 50.3% |
| 香　　港 | 6億4,130万ドル | 16.2% |
| アメリカ | 4億4,130万ドル | 11.8% |
| ベトナム | 1億5,740万ドル | 4.0% |
| 日　　本 | 1億40万ドル | 2.5% |
| 韓　　国 | 1,070万ドル | 2.0% |
| 中　　国 | （45億9,500万ドル） | – |

韓国の2003年の対日直接投資額は以下のとおりである（『同白書』，189頁）．

| 韓国の直接投資件数 | 2,729件 | 総額35億5,402万ドル | 構成比（100%） |
|---|---|---|---|
| アメリカ | 521件 | 10億　971万ドル | 28.4% |
| 中　　国 | 1,633件 | 13億4,388万ドル | 37.8% |
| シンガポール | 12件 | 2億3,434万ドル | 6.6% |
| ベトナム | 93件 | 1億3,651万ドル | 3.8% |
| 日　　本 | 62件 | 7,852万ドル | 1.4% |

以上見たように，中国，台湾，韓国からの日本向け対日直接投資は，中国の総額の1.8%，台湾の日本向けは，台湾の総額の2.5%，韓国の総額の2.5%である．日本からの対中国，台湾，韓国への直接投資額は，それぞれ，2003年の中国の総受け入れ総額の9.5%，2003年の同じく台湾の総額の20.3%，2003年の韓国の総額の8.4%であるのと比較すると，これらの3ヵ

国からの日本向け直接投資が少ないことに，注目しなければならない．

中国，台湾企業の，日本企業の買収，提携の例をあげると，中国・上海の大手繊維メーカーである「嘉楽グループ」による，兼松繊維のアパレル製造・販売会社「チャレンジ・ジャパン」（新潟県加茂市）の買収（2001年8月），中国の大手総合電機メーカーである「上海電気集団」による「アキヤマ印刷機製造」（東京都葛飾区）の買収（2001年12月），上海の洗剤メーカーである「上海白猫」による業務用冷蔵庫製造の「上海常陸双鹿冷櫃」の買収（2002年1月）（以上『通商白書』2003年，114頁），中央政府直轄国有企業の「三九企業集団」による「東亜製薬」（富山県）の買収（2003年10月），オンラインゲーム会社「盛大ネットワーク」がゲームソフト会社「ボーステック」に3,000万円の資本参加を発表している（2003年5月）（ジェトロ『貿易投資白書』2004年，169頁）．

2004年のジェトロ『投資白書』は，2003年の台湾企業による対日投資ケースとして，TFT-LCD大手の「友達光電（AUO）」による「富士通ディスプレイテクノロジーズ」の株式20%の取得，「中国鋼鉄」が，「住友商事」との合弁により，「東アジア連合鋼鉄」の設立（「住友金属和歌山製鉄所」の買収），さらに，世界的な半導体パッケージングテスト大手の「日月光（ASE）」が，「NEC山形の高畠工場」の買収により「ASEジャパン」の設立を，それぞれ報告している（『同白書』，184頁）．

以上を概観すると，東アジア諸国からの日本への直接投資額が非常に少ないといえるが，その理由として日本の物価水準，労賃などが高いことにも原因があるといえようが，そのほかに原因がないのか，詳細に分析されなければならないであろう．

# ２．対日直接投資促進の改善策

### (1) なぜ日本への対内直接投資は異常に少ないのか？

日本への対内直接投資が少ないのは，各種の規制が残存しており，外資系企業が事業を開始しにくいことが，あげられる．外国企業が対日直接投資を行う際の障害の例として，①各種インフラ・コストの高さ，②株式の持ち合い構造，③メインバンク制の影響，④外国企業に対して自社を売却することに対する心理的抵抗感，⑤言語の問題，⑥M&A 関連法制や実務に明るい弁護士・専門家の不足などが指摘されてきた．

しかし，2002年にジェトロよって行われた「第７回対日直接投資に関する外資系企業の意識調査」によれば，外資系企業の視点からも，日本のビジネス環境も，かなり改善されてきているということである．調査企業の56.6％が，「通信料金，電気料金などインフラ関連コスト」が改善されていると認識し，「地価，オフィス賃料（48.9％）」，「労働市場の流動性（有能な人材の確保）（39.3％）」などが，指摘されている．しかし，図にある，「物流コスト（29.7％）」，「税制（29.3％）」，「株式持合いの解消（29.1％）」，「系列・商習慣（27.1％）」，「外国人の居住環境（22.9％）」，「資金調達の多様化（21.7％）」，「法令運用．手続きに関わる透明性（20.7％）」の数字を見ると，未だ問題を抱えていることになる．

### (2) 政府の「対日投資促進のための７つの提言」（1999年）と2003年の報告書

1994年７月に，内閣総理大臣を議長とする「対日投資会議」を設置して以来，３度の声明を発表し，特に1999年４月の声明を発表するにあたり，つぎのように，「対日投資促進のための７つの提言」への取り組みについて表明した．

① 企業経営に関わる諸制度の整備の一層の促進

② 規制緩和等の一層の促進

③ インターナショナルスクールの設立・運営の円滑化

④ 医療に関する外国人向けの情報の充実

⑤ 地域別対日投資促進協議会による国と地方公共団体との連携の促進

⑥ 対日投資に関する総合的な情報提供体制の確立

⑦ 苦情・要望に対する迅速な対応

このうち，改善・達成された項目をあげれば，つぎのとおりである．

① 企業経営に関わる諸制度の整備の一層の促進

1）連結財務諸表の強制的適用（1999年4月），2）連結納税制度の施行（2002年8月），3）自社株保有の解禁（2001年6月），4）株式交換・移転制度の創設（1999年12月），5）会社分割制度の創設（2000年5月），6）ストックオプション等株式制度の見直し（2001年11月），7）企業統治関連（委員会設置会社の導入など），8）民事再生法の施行（2000年4月），9）労働者派遣事業の派遣対象業務の原則自由化（1999年12月），10）確定拠出年金法の施行（2001年10月）．

② 規制緩和等の一層の促進

1）規制緩和推進3ヵ年計画（2001年4月），2）今後の経済財政運営と経済社会の構造改革に関する基本方針（2001年6月），3）構造改革に関する具体的プラン（2001年9月），4）経済財政運営と構造改革に関する基本方針2002（2002年6月），5）構造改革特区推進プログラム（2002年10月）等．

③ インターナショナルスクールの設立・運営の円滑化

1） 廃校となった公立学校施設のインターナショナルスクールへの転用の容易化（1999年9月），2）日本政策投資銀行によるインターナショナルスクールへの低利融資，大学入学試験検定の受験資格の緩和（1999年）．

④ 医療に関する外国人向けの情報の充実

外国語で診療可能な医療機関の（言語に関する）広告自由化（2001年1

月）および大学病院医療情報ネットワークのホーム・ページにおける国立大学病院の医療機関の情報提供等

⑤　地域別対日投資促進協議会による国と地方公共団体との連携の促進

各地域ブロックの経済産業局を中心に「地域別対日投資促進協議会」を組織し，地域に対する投資関連情報の提供等を実施.

⑥　対日投資に関する総合的な情報提供体制の確立

対日投資に関して，情報センター（Investment in Japan），JETRO（Invest Japan），地方自治体，日本政策投資銀行，地域振興整備公団等のホーム・ページにおける投資情報関連サイトの創設および相互リンクによって総合的な情報を提供.

⑦　苦情・要望に対する迅速な対応

地域別対日投資促進協議会，地方自治体，ジェトロ等において対応（『通商白書』2003年，118頁）.

2002年６月，経済財政諮問会議は，経済活性化戦略のひとつとして，対日投資の促進を位置づけ，「経済財政運営と経済改革の基本方針」を発表し，同年10月に，対日投資会議（内閣総理大臣議長）の下部機関に「対日投資会議専門部会」を再開し，2003年３月に報告書「対日投資促進プログラム」をとりまとめた. その内容の骨子は，①内外の情報発信，②企業の事業環境整備，③行政手続の見直し，④雇用・生活環境の整備，⑤地方と国の体制・制度の整備からなっていた.

①としては，外国の官・民・報道機関への対日投資を歓迎するアクションの提示（2003年から実施）など，②としては，１）「外国会社を含む親会社株式や現金を対価として合併，吸収分割または株式交換を行うことを可能とする「合併対価の柔軟化」についての検討（2004年に法案提出）」，２）「IT投資や研究開発に重点化した投資促進税制の創設（2003年中に検討）」，３）「信託業法に基づく信託会社の外国企業への解禁など（2003年中に検討）」. ③としては，「会社設立，合併買収，工場店舗設立等に関わる各種投資手続き等の情報の英文化を進め，それらの情報を一元的に得られる窓口をジェト

ロ（日本貿易振興会）に整備等」. ④としては，1）「優秀な技術者や重要な投資を行う経営者に係わる入国資格条件緩和の検討（2003年中に検討)」，2）「企業内転勤および研修のための査証発給等入国に係わる手続きの効率化（2003年中に実施)」，3）「現行の外国人医師の受け入れの拡充」等，⑤として，「誘致インセンティブの付与，行政手続の簡素化等の誘致活動を積極的に展開する地方自治体に対し，事業環境のPR等の支援（2003年から実施)」，が提言されている（『通商白書』2003年，120頁).

### (3) 東アジアの国・地域のビジネス環境の比較

いま，ここで，ジェトロが2003年3月に行った「第8回対日直接投資に関する外資系企業の意識調査」(回答企業数449社，回答率16.4%，外資比率33%以上）をみると，在日外資系企業は，日本の投資環境について，東アジア8ヵ国・地域と比較して必ずしも劣っていなとみていることが，明らかとなった.

表2にあるように，「①部品・サービスの販売市場としての重要性」から，「⑮外国人の生活環境（住居，教育，医療等)」までの15項目のうち，8カ国・地域のうち，日本がトップの回答を受けた項目は，以下のとおりである．日本が，最も「⑨専門的・有能な人材確保の容易さ」を持っている（40.5%)，「④ITを活用できる環境の整備」(37.0%)，「⑩大学・研究施設の充実と技術提携への支援」(33.6%)，「③電力，ガス，通信等の産業インフラ整備」(29.0%)，「⑪資金調達の容易さ」(22.9%)，「⑫補助金，助成金等の公的支援」(17.1%）の6項目である（『ジェトロ貿易投資白書』(2003年，72頁).

東アジアの8ヵ国・地域に対して，449社が回答した数について平均をすると，日本が362点，中国が348点，シンガポールが268点，香港が145点，韓国が138点，タイが105点，マレーシアが101点，台湾が99点であった．したがって，間違いなく，外資系企業からみた日本のビジネス環境イメージは，改善されているといえよう．しかし，表から，日本が2位，3位以内に入らなかった項目を挙げると，⑤の「物流拠点としての優位性」，⑥の「用地価格，賃借料等の事業コストの安さ」，⑬の「法人税，所得税等税負担の低さ」，⑧の「低廉・良質な人材確保の容易さ」である．この場合，⑥や⑧の内容を，調査対象国の８ヵ国・地域で日本に要求するのは無理とも言えるので，大方，外資系企業にとっての，最近の日本のビジネス環境は，改善してきているといえよう（『ジェトロ貿易投資白書』2003年，72頁）．

## ３．日本における外国人労働者の移入の現状と問題点

### (1)　日本の外国人労働者の移入状況

図６は，先進諸国における1990年と1999年を比較した外国人労働者の割合を示している．1999年のデータで，その国の総労者のうち外国人が８％以上を占めている国は，スイス（約18%），アメリカ（約12%弱），オーストラリア（10%），ドイツ（約９％）であり，フランスは６％，スウェーデンは約5.3%，イギリスは４％弱である．日本は，0.5%以下で韓国より低く，先進国では，異常に低いと言わざるをえない．スイス，フランス，スウェーデンを除き，1990年に比べ1999年には，外国人労働者の割合は増大している（『通商白書』2003年，124頁）．

当然のことであるが，各国とも外国人労働者の受け入れを自由に認めているわけではなく，各種の規制を設けているが，この規制の種類により，その国の外国人労働者の割合が違うのである．『通商白書』によると，各国の外国人受け入れ政策は，その国の労働市場の状況，歴史的背景，地理的要因など様々な影響により，それを考慮し各国独自の政策を展開している．しかし，概して，就労を許可する方式として，次の６つの形態に分けられるということである．

①　資格要件適合性（ポジティブ・リスト）

１）実施国：日本，アメリカ・イギリス・ドイツ・フランス（企業役員

**表2**　東アジアの国・地域のビジネス環境イメージ比較（上位国）

| (N＝449) | 第1位 | 回答社数 | 回答率(%) | 第2位 | 回答社数 | 回答率(%) | 第3位 | 回答社数 | 回答率(%) |
|---|---|---|---|---|---|---|---|---|---|
| ①製品・サービスの販売市場としての重要性 | 中国 | 278 | 61.9 | 日本 | 238 | 53.0 | 韓国 | 88 | 19.6 |
| ②空港，港湾，鉄道等の交通インフラ整備 | 中国 | 121 | 26.9 | シンガポール | 114 | 25.4 | 日本 | 106 | 23.6 |
| ③電力，ガス，通信等の産業インフラ整備 | 日本 | 130 | 29.0 | 中国 | 129 | 28.7 | シンガポール | 58 | 12.9 |
| ④ITを活用できる環境の整備 | 日本 | 166 | 37.0 | 韓国 | 130 | 29.0 | シンガポール | 126 | 28.1 |
| ⑤物流拠点としての優位性 | シンガポール | 152 | 33.9 | 香港 | 123 | 27.4 | 中国 | 76 | 16.9 |
| ⑥用地価格，賃借料等の事業コストの安さ | 中国 | 244 | 54.3 | タイ | 104 | 23.2 | マレーシア | 98 | 21.8 |
| ⑦下請，部品供給等の関連事業者の集積 | 中国 | 151 | 33.6 | 日本 | 96 | 21.4 | 台湾 | 82 | 18.3 |
| ⑧低廉・良質な人材確保の容易さ | 中国 | 222 | 49.4 | タイ | 86 | 19.2 | マレーシア | 57 | 12.7 |
| ⑨専門的・有能な人材確保の容易さ | 日本 | 182 | 40.5 | シンガポール | 115 | 25.6 | 中国 | 82 | 18.3 |
| ⑩大学・研究施設の充実と技術提携への支援 | 日本 | 151 | 33.6 | シンガポール | 71 | 15.8 | 中国 | 44 | 9.8 |
| ⑪資金調達の容易さ | 日本 | 103 | 22.9 | 香港 | 96 | 21.4 | シンガポール | 92 | 20.5 |
| ⑫補助金，助成金等の公的支援 | 日本 | 77 | 17.1 | シンガポール | 37 | 8.2 | 中国 | 30 | 6.7 |
| ⑪法人税，所得税など税負担の低さ | シンガポール | 90 | 20.0 | 香港 | 70 | 15.6 | 中国 | 36 | 8.0 |
| ⑭法令の運用および手続きの透明性 | シンガポール | 116 | 25.8 | 日本 | 75 | 16.7 | 香港 | 32 | 7.1 |
| ⑮外国人の生活環境（住居，教育，医療等） | シンガポール | 196 | 43.7 | 日本 | 113 | 25.2 | 香港 | 101 | 22.5 |

対日投資促進展開フォーラム「対日直接投資拡大で日本経済の活性化を」
（出所）ジェトロ『ジェトロ貿易投資白書2003年』，72頁.

図６　各国の外国人労働者割合

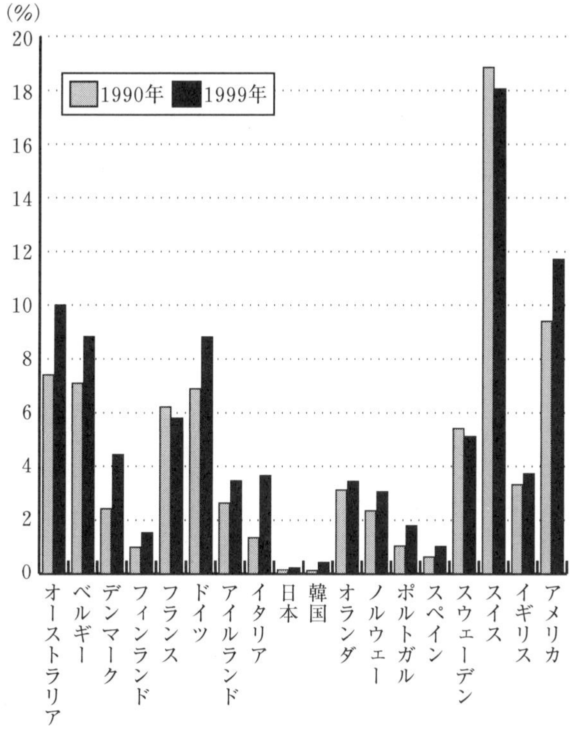


OECD *Trends in intemational migration 2001*から作成.
（資料）図１に同じ，124頁.

等）

２）概要：一定の資格要件を満たす場合に労働者を受け入れる方法.

３）長所・短所：透明性が高く，行政コストも低いが，短期的な国内労働市場の需給状況は反映されない.

②労働市場テスト（レーバー・テスト）

１）実施国：アメリカ・イギリス・ドイツ・フランス　（企業役員等を除く）

２）概要：国内の労働において労働者が調達不可能なことを審査・証明した場合にのみ受け入れる制度.

３）長所・短所：短期的な労働力を反映できるが，著しい行政コストとなる.

③数量割り（クオーター・システム）

1）実施国：アメリカ，スイス，イタリア（総数），ドイツ（国別）

2）概要：受け入れ人数を予め定めておき，これに達したときは受け入れない制度.

3）長所・短所：管理が容易であるが，数量の設定等が政治的に設定され，現実の労働需給を反映しない場合もある.

④職種別の勤労禁止（ネガティブ・リスト）

1）実施国：タイ，インドネシア等

2）概要：予め一定職種については，外国人を受け入れないことを定めておく制度.

3）長所・短所：透明性が高く，行政コストも低いが，短期的な国内労働市場の需給状況は反映されない.

⑤雇用税および雇用率

1）実施国：シンガポール（非熟練労働者）

2）概要：雇用税は外国人を雇用するごとに一定額の税金や手数料を雇用主から徴収する制度. 雇用率は各企業において外国人労働者が全労働者に占める割合に上限を設定する制度.

3）長所・短所：雇用税では市場原理を利用した調整が可能となるが，厳格な数量調整は難しい. 雇用率では目標管理が容易であるが，各企業の雇用数を把握するのに行政コストがかかる.

⑥ポイント制

1）実施国：イギリス（高度技能労働者），カナダ（技能労働者）

2）概要：受け入れを行う上での要素をポイント化し，そのポイントが一定以上である場合に入国・在留を認める制度.

3）長所・短所：各国のスタンスによって重視する要素は変わってくるが，すべての要素をポイント化することは難しい.（以

上，『通商白書』2003年，124頁，井口泰『国際的な人の移動と労働市場』日本労働機構，1997年，厚生労働省「外国人雇用問題研究会報告書」2002年，参照）.

上記の6つの形態と日本①形態を比較すると，日本の規制は，外国人労働者の移入に関しては，厳しすぎる，ということができるであろう.

### (2)　日本の外国人労働者に対する施策の特徴

日本の外国人労働者の受け入れについて，つぎの4点の特徴があるが，全般的には，他の先進国に比べ，規制が厳しいといえる.

1）専門的技能者の受け入れ

すでにみたように「専門的・技術的分野の外国人労働者」の受け入れのみを認める傾向があり，多くの場合の在留期間が1年から3年に延長されている．特にIT技術者に係わる上陸許可基準の見直し，構造改革特別区域法の特例を受ける外国人研究者について活動範囲を拡大する等の措置がとられてきているということである.

しかし，アメリカに比べると外国人の移入には厳しいといえる．アメリカでは，H1ビザにH1A：「看護師」H1B：「専門的な職業に携わる外国人」，H2ビザにはH2A：「短期の季節農業労働者」，H2B：「それ以外の短期労働者」，H3ビザ：「一般的な職業訓練受講者，特殊教育者になるための交換プログラムで入国する外国人」，H4ビザ：「上記のビザ取得者の家族」に分かれている．このうち，H1Bの「専門的な職業に携わる外国人」は，2000年の資料で13万6,787人を受け入れ，アジアからはインドの約6万人，中国の1万2,000人を含めて，計約9万8,500人を受け入れている．これに対して，2000年の日本の在留資格別外国人労働者の総計は約15万4,000人，このうち「興行」での在留が5万3,000人，「技術・技能」での在留が約5万人であるので，日本での専門・技術分野での外国人の受け入れは，アメリカと比較すると，かなり少ないといえよう.

2）資格の相互認証による外国人医師の移入の拡大の必要性

技術者，医師，会計士等の種々の専門分野における資格は，各国が独自に認定を行っている．そのため，この相互認証がないと，医師や会計士等は外国でその資格を認められず，外国ではその仕事ができないのである．

アメリカは，比較的経済水準の高い英語圏の国々と，学位や資格の相互認証を行っており，特に，会計，建築，エンジニアリング等，アメリカが国際協力を持っている分野で積極的に相互認証を行っている．日本で相互認証が行われているのは，IT 技術試験によるもののみである．2000年10月に，ASEAN＋日・中・韓経済閣僚会議で，日本の提案により IT スキル標準化イニシアティブが採択され，アジア各国の試験実施機関と試験のスキル標準ベースでの相互認証を行ってきており，この相互認証に伴い入国管理制度の緩和も実施されている．特に，最初の IT 技術者試験の相互認証国であるインドからの受け入れは，2001年でインドからの「技術」資格での外国人登録者数が1,286人（前年比53％増）で，同国からの受け入れが進んでいることを示している（『通商白書』2003年，136－137頁）．

医療分野に関しては，諸外国でも，外国人医師や看護師の医療行為は原則として認められていないが，アメリカでは特例措置により一定要件を満たす外国人医師，フランスでは EU や二国間協定締結の医師，イギリスでは一定の国の医師，ドイツでは期限付きであるが海外の医師の医療行為が，それぞれ認められている．日本では，外国人医師や看護師の医療行為は原則として認められていないが，臨床修練の許可を受けた外国人医師や，イギリス等との間の医師の相互受け入れの取り決めに基づく特例的な試験を受けた外国人医師等の医療行為が認められている．しかし，その数は著しく少なく，2001年現在でわずか95名である．外国人が十分な医療サービスを受け入れられる環境を整備することは，日本が対内直接投資を促進し，専門的・技術的分野の外国人労働者を受け入れるためにも，また外国人観光客の増加を促進していく意味でも，きわめて重要である．特に，外国人医師の医療行為の拡充，外国人看護師の導入が必要である（『通商白書』2003年，138頁）．

3）遅れている社会保障協定

公的年金制度は，ほとんどの国で「当該国で就労している者」を対象としているため，外国から日本に派遣された外国人は，日本での公的年金制度に加入すると同時に，母国の年金の受給権を確保するために，母国での年金も支払い続けるという二重負担を強制されることになる．しかも，派遣国での就労期間は短いため，受給権が発生せず，多くの場合掛け捨てとなっている．このことが，外国人労働者に負担を強制し，国際間の円滑な労働力移動の障害となる．

この問題を解決するために，主要先進国は，社会保障協定を締結し，保険料の重複徴収を避け，労働者の海外転勤に伴う年金の通算が可能となるようにしている．アメリカは，2002年現在，19ヵ国と年金協定を締結しており，日本，オーストラリアとも現在交渉中である．ドイツは，EU加盟諸国のほかに，欧州12ヵ国，日本（年金のみ），アメリカ（年金のみ）等非欧州7ヵ国と社会保障に関する二国間協定を締結している．この協定では，①この協定によってカバーされている人はすべて，社会保障権に関しては同一の地位を享受する．②EU加盟国または協定締結国に居住する者は，他方のEU加盟国または協定締結国に居住する者と同等の地位が与えられる．

これに比べ，日本の社会保障協定は大きく遅れており，2000年に初めて締結したドイツと，2001年に締結したイギリスのわずか2ヵ国にすぎない（『通商白書』2003年，138－139頁）．

4）外国人労働者にとって魅力のある労働環境の実現

その国の労働市場および労働環境に魅力がなければ，高度な人材の流入は生じない．それゆえ，大学や公的研究機関の研究環境を整備することによって，各国の研究者を惹きつけることや，職場における公正かつ透明性のある人事制度の整備，職場環境の国際化等によって，外国人労働者も能力を発揮できるような環境にすることが重要である．また，生活面では，インターナショナルスクール等の外国人子弟の教育環境の整備，住宅環境の整備，外国人向け医療施設の整備等が望まれる．これに関しては，国だけでなく，地方自治体が果たすべき役割も大きい（『通商白書』2003年，139頁）．

5）国内の労働力不足への対応策の必要性

少子・高齢化が進行し，高齢人口は2006年にわが国の人口のピークを迎えそれ以降減少するといわれている．この人口の減少は，特定産業での労働力不足を招く恐れもあるといわれている．たとえば，労働力不足が指摘されている就業看護職員数については，2001年当初の約115万1,000人から，2005年末には130万1,000人（14万9,000人増，13.0％増）となっているのに対して，需要数は，2001年の121万7,000人から，2005年に130万6,000人とされており，依然として看護師不足が続くと予測されている．この分野や，労働力不足が解消しない分野においては，新たな外国人労働者を受け入れるという方策を採用しなければならないが，日本政府は慎重である．『通商白書』（2003年）は，「欧米諸国は，国内労働市場の需給状況とリンクしている労働市場テストを課したり，数量割り当て制や送り出し国との連携を通じた二国間協定での受け入れを行っている．今後の人口構成を考えれば，わが国も長期的にはこうした形での労働力の受け入れを考えていく必要がある」(『通商白書』2003年，140頁）と述べている．

## おわりに

これまで，第1節で，日本の対内直接投資の受け入れ額とM&Aが次第に増大してきているが，世界の直接投資額全体のうち，米国が約17％，EU 15ヵ国が約44％を受け入れているのに対して，日本の受け入れが全体の0.8％ということなどを紹介し，日本への直接投資が異常なほど低いことを示した．また，この異常な低さは，東アジアに属する中国，韓国，台湾からの直接投資に占める日本への割合にも見られることも指摘されている．

第2節では，日本への直接投資の割合の低い理由について，各種インフラコストの高さ，株式持合いやメインバンク制度により外国企業がM&Aを実施することの難しさなどを示した．また，政府もこのような状況に対して，連結財務諸表の強制的適用など会計処理改善策，株式交換・移転制度の創設など多くの諸点での改善策を採っていることをしめした．

東アジアの８ヵ国・地域に対するビジネス環境への各国企業へのアンケート（449社の回答）の結果によると，日本は，中国348点，シンガポール268点，香港145点などを超える最高の362点を得るような状況になり，次第に改善されていることが窺われる．

さらに第３節では，日本における外国人労働者の受け入れの状況について検討している．まず，外国人労働者の受け入れの資格要件について国際比較し，つぎに外国人労働者に対する社会保障，労働環境など，各種の施策について，欧米先進国と比べてみると，日本は極めて遅れており，早急に改善していかねばならないといえる．

東アジア共同体の実現を展望するならば，現時点では，国家間において文化，宗教はもちろん，経済・技術水準でもかなりの格差が見られ，東アジア共同体の実現にはかなりの時間を要すると思われる．しかし，海外に進出した日本企業が，経営管理技術を現地の文化・経営状況に積極的に適応修正し移転に成功させてきたように，まず人的交流をより一層発展させていくことが重要となろう．その意味でも，各産業分野の労働市場などを適切に考慮し，さらに外国人労働者の受け入れを考えていかねばならないであろう．

## 参 考 文 献


経済産業省『通商白書』（ぎょうせい，2001年）．

経済産業省『通商白書』（ぎょうせい，2003年）．

日本貿易振興会『ジェトロ貿易投資白書』（ジェトロ，2002年）．

日本貿易振興会『ジェトロ貿易投資白書』（ジェトロ，2003年）．

日本貿易振興会『ジェトロ貿易投資白書』（ジェトロ，2004年）．

第8章

# 「東アジア共同体」構想と環境ガバナンス
## ——環境ガバナンスから環境共同体へ——

星野　智

## はじめに

東アジア共同体といっても，もとよりEUのように国家連合体がすでに形成されているわけではなく，ASEAN＋3（中国・韓国・日本）を中心にその形成のための将来的な構想が議論されている状況である．ましてや東南アジアと北東アジアをサブリージョンとする東アジア全体で経済統合が進展しているわけでもない．しかし，東アジアにおいては，いくつかの分野でガバナンスの枠組が徐々に形成されつつある．ガバナンスの枠組が法的な拘束力をもった国際レジームによって強化されて「共同体」を形成したというのが，EUの歴史的経験であったが，それに照らしてみると，東アジアにおいても，多分野での多国間ガバナンスの形成が「東アジア共同体」形成のためのプロセスを推し進めるということができる．ここでは，東アジアの環境ガバナンスに焦点を当て，東アジアの地域ガバナンスから「東アジア共同体」形成へのシフトについての構想を検討したい．もちろん環境という特定の分野だけの多国間協力が「東アジア共同体」の形成につながると考えているわけはなく，多分野の協力関係の一環としての，エネルギー問題を含めた環境安全保障の面でのガバナンスの問題が「東アジア共同体」構想と深くかかわっているという認識にもとづいている．

## 1．東アジアの環境問題

### (1) 東アジアの環境・エネルギー問題

アジア諸国の経済成長に伴うエネルギー需要は高まる一方，そのニーズを満たすエネルギー資源は不足している．このエネルギー・インバランスは，北東アジアでより顕著である．日本はエネルギー供給の88%，石油の90%を輸入しており，韓国，北朝鮮，台湾も同様の状況にある．中国の石油需要は近年急速に拡大しており，2000年には1990年に比べて2倍になっている．1993年にはすでに石油の純輸入国になった．

日本のエネルギー需要は全般的にそれほど伸びる見込みはないが，中国では工業部門，運輸・通信部門，家計部門，サービス部門のいずれにおいても拡大が見込まれ，エネルギー消費は，2010年には2000年に比較して30%増加する見通しである[1)]．韓国では，1990年代半ばから石油消費は産業部門とりわけ輸送部門で顕著であった一方，電力や家庭部門，あるいは商業部門において，1997年の金融危機による価格高騰など短期間の変化に著しい影響を受けた．韓国の1次エネルギー需要は，2020年までには2000年の約1.6倍になると予想されている[2)]．

北東アジア地域のエネルギー問題は，中東およびロシアからの供給が安定ししつあるあいだは深刻化しないにしても，70年代のオイルショックのように急激で予想できない価格高騰に対しては，それらの国々が無防備であるために，大きな政治経済的な影響力をもっている．

### (2) 温室効果ガスの排出

東南アジアと北東アジアを含めた東アジア地域（中国，韓国，日本，インドネシア，マレーシア，フィリピン，台湾，タイ，ベトナム）での$CO_2$排出量は，世界全体の約4分の1を占めている．これはアメリカの排出量に匹敵する．排出量の多い順では，中国，日本，韓国となっており，1人当たりの排出量でみると，台湾（1人当たり11.47トン），日本（同9.07トン），韓国（同8.96トン），マレーシア（同4.71トン）となっており，中国は2.23トンでタイに次いで6位となっている[3)]．

地球温暖化の影響は，陸上生態系，農林水産業，水資源，海洋環境，気候変動などと多方面にわたっており，とくに気候変動面では，モンスーンや台風が多いアジア地域への影響は大きい．また世界人口の3分の1を占める東アジアでは，地球温暖化による食料生産への影響も大きい．さらに東アジア諸国あるいは北東アジア諸国は，海岸線に面している地域が多いために，地球温暖化による海面上昇の影響を受けやすい．東アジアのなかでも，中国は地球温暖化の影響を多大に受けるといわれている．地球温暖化による海面上昇が起これば，上海や天津などの沿海部の都市が大きな被害を受けることが予想されている．IPCC の予測によれば，海面が1メートル上昇した場合，中国全体での被害者総数は7,000万人という報告が出ている．

### (3) 森林資源の減少

2001年の国連食料農業機関（FAO）の統計によると，世界全体の森林率は30％であるが，アジア地域は18％で，アフリカ（22％），ヨーロッパ（46％），北中米（26％），オセアニア（23％）に比較してもっとも低い．東南アジアと北東アジアの国々についてみると，1990年と2000年を比較した場合，ASEAN 諸国はシンガポール以外すべて森林面積が減少しており，北東アジア4ヵ国（中国，韓国，日本，モンゴル）のうち中国と日本はやや増加しているが，韓国とモンゴルはやや減少している[4)]．

森林消失は，過度の商業的伐採や燃料採取，非伝統的な焼畑農業，農業開発，土地制限の未熟さ，人口圧力などの社会経済的要因と，森林火災などの自然的要因とが相互に関連しながら進んできた．また，近年では違法な森林伐採や木材取引の問題がクローズアップされてきており，それらの対策が検討されている．とくに東南アジア諸国では，森林管理や植林事業の推進が必要である．中国では2010年までに森林面積率を７％増やすべく植林が進められている．東アジア全体で森林保護と植林を推進するための行動計画が必要である．

### ⑷ 酸 性 雨

石炭や石油などのエネルギー消費の増大は，SOx や NOx などの大気汚染物質を増加させ，酸性雨の原因となっている．SOx や NOx などの大気汚染物質の増加が今後も続けば，大気汚染や酸性雨による影響がますます深刻化することは避けられない．しかし，SOx に関しては，生産設備の改善や脱硫装置の装備などがいっそう進めば，大幅な排出削減が可能になる．他方，NOx については，モータリゼーションの拡大で増加する可能性が高い．

西欧諸国の酸性雨の原因が，石炭から排出される SOx から自動車から排出される NOx へと徐々に移っていったことを考えると，北東アジアの酸性雨に関しても，同様の想定が可能かもしれない．たとえば中国のエネルギー消費の75％は石炭であり，そこから発生する二酸化硫黄は，日本の30倍近い年間2,300万トンといわれている．その被害は，ヨーロッパのスウェーデンが他のヨーロッパ諸国からの酸性雨の被害を受けたように，越境的な性格をもっている．日本の酸性雨も少なからず中国が排出する二酸化硫黄が関係しているといわれている．このように，日中韓３ヵ国は北東アジアという地理的空間に置かれており，酸性雨，黄砂，エネルギー資源の開発，原発問題など，環境問題を共有していることから，これらの問題にリージョナルな対応が迫られている．

### ⑸ 原　　発

アジアのなかで原子力発電が行われている国あるいは地域は，現在，日本，中国，インド，パキスタン，韓国，台湾である．このなかで，北東アジアに限定してみると，稼働中の原発の保有数は，1999年現在で，日本52基，韓国14基，台湾6基，中国3基となっている．日本は，1973年の石油危機以来，原発をエネルギー政策の中心に据え，多くの原発を建設してきた．しかし，1999年に東海村にある核燃料施設JCOで起こった臨界事故にみられるように，「安全神話」に基づいて進められてきた原子力政策にも歪みが生まれてきている．

韓国でも，石油危機以後，1978年に原子力発電を開始し，現在稼働中の原発は14基となっている．韓国の発電に占める原発の割合は，総発電量の36%となっており（1995年），発電のなかで最大のシェアーを占めている．台湾の原子力発電に占めるシェアーは，約3分の1であり，稼働中の原発は6基である．台湾では，原発に対する反対運動はあるものの，今後も拡大を進める計画である．中国では，1994年にはじめて原発（泰山1号機）が稼働し，2005年3月現在，9基が稼働中で，ロシアからの技術協力で2基が建設中である．

このように，北東アジアはアジアのなかでも，原発が集中する地域になっており，今後もその傾向は続くものと考えられる．したがって，北東アジアにおいては，原子力事故のリスクも高まると考えられる．将来的にはインドネシア，ベトナム，タイなど東南アジア諸国も原発を建設することを計画しているようであるが，かりにこの計画が実行に移されると，東アジアでの原子力発電所の数は，140基にも達すると予測されており，世界中でもっとも原発が集中する地域となる．このことは，東アジアにおける「危険社会」の到来を意味する．

## 2．東南アジアの環境ガバナンス

ASEAN諸国では，1977年にASEANサブ・リージョナル・環境プログラム（ASEP）の作成が開始され，翌1978年には，ASEAN科学技術委員会

（COST）の勧告で ASEAN 環境専門家会議（AEGE）が開催された．1989年に，AEGE は ASEAN 環境高級事務レベル会議（ASOEN）に昇格し，その下部組織として，海洋環境，環境経済学，自然保護，環境管理，多国間汚染，環境情報・市民教育の6つの分野のワーキング・グループが作られ，上部組織として，環境担当大臣会議（AMME）が設けられた[5)]．

このように ASEAN 諸国は，域内の環境問題に対処するために環境協力のためのガバナンスの制度的な枠組を形成している．まず ASEAN 首脳会議では，さまざまなレベルで環境協力を含めた環境問題が検討される．つぎに環境大臣会合が3年おきに公式に開催されているが，1994年以降はこれら公式会合の間に非公式会合が毎年開催されている．さらに環境に関する高級事務レベル会合（ASOEN）が毎年開催され，環境に関する地域プログラムと活動の作成，実施，モニタリングに責任を負っている．ASOEN は，各国の環境省や環境庁の大臣あるいは長官から構成される．

ASOEN は1998年にシンガポールで開催された第9回会合で，その再編が決定され，地域レベルと国レベルで発生する環境問題に対応できるように組織化された．ASOEN は，自然保護と生物多様性の作業グループ，海洋・沿岸環境の作業グループ，ヘイズ（煙害）対策の技術的タスクフォース，多国間環境協定の作業グループ，そして他の環境活動によって構成されている[6)]．

ASEAN の環境問題への具体的な対応についてみると，1992年のシンガポールでの ASEAN 首脳会議では，ASEAN は持続的開発の原則に則って環境保護に積極的な役割を果たしていくことを誓約した．1997年から1998年にスマトラ，カリマンタンで発生した森林火災のために，インドネシアのみならずシンガポール，マレーシアなどでも大きなヘイズが発生し，ASEAN はその際，国連環境計画などから協力を得てそのヘイズ問題に対処した．1997年12月にシンガポールで，ASEAN ヘイズ閣僚会議を開催し，「地域的なヘイズ行動計画」（PHAP）を採択した．その行動計画は，「よりよい管理政策とその実施，そして公共教育プログラムの強化によって，森林火災から発生するヘイズ問題に対処するための具体的な協力プログラムを策定する」[7]というものであった．

ところで，ASEAN 諸国は，1997年の第2回非公式首脳会議で，2020年までに ASEAN 共同体実現をめざす「ASEAN ヴィジョン2020」を採択した[8]．これは ASEAN 諸国における地域的協力の枠組の将来構想を示したものであり，2020年までに平和で安定した東南アジアを形成するという目標が設定されている．「われわれ ASEAN は，急速にわれわれの繁栄を達成し生活を改善することで，相互に平和な，かつ世界との関係でも平和な ASEAN 諸国民の共同体を形成してきた．われわれの豊かな多様性は，相互に強力な共同体意識を促進することにおいて助けとなる強さとインスピレーションを提供してきた．…ASEAN は2020年までに平和で安定した東南アジアを形成しているだろう．そこでは，各国民が平和であり，永続的な正義の尊重と法の支配によって，そして国民的・地域的な弾力性の強化によって紛争の原因が除去されているだろう．」[9]

この「ヴィジョン2020」のなかでは，さらに核兵器や大量破壊兵器のない東南アジアが構想されているだけでなく，地域の環境を保護するための持続可能な開発のメカニズムの形成が構想されている．環境に関しては，ASEAN 内部のエネルギー，電力利用，天然ガス，水の分野における相互協力体制を確立し，天然ガスと水のパイプラインの建設における協力の推進，新エネルギーや再生エネルギーの開発の促進を謳っている．また「ヴィジョン2020」は，ASEAN における食料，農業，森林資源の国際競争力と食料安全保障を高め，森林管理，自然保護，持続可能な開発における1つのモデルとして林業部門を促進することをめざしている[10]．

さらに1998年には，ハノイ行動計画が ASEAN 公式首脳会議で採択された．ハノイ行動計画は，1999～2004年までの期間に特定の目的と戦略によって「ヴィジョン2020」を実施するものであった．その計画は，以下の15の目的によって環境保護と持続可能な発展に取り組んでいる[11]．

① 地域的なヘイズ行動計画を特に重視した越境汚染に関する ASEAN

協力計画の完全な実施（2001年まで）.

② 森林と耕地の火災に対する監視能力を重視したASEANの専門的気象センターの強化と，越境的ヘイズの初期警告の準備（2001年まで）.

③ 耕地と森林の管理のためのASEAN地域研究・訓練センターの設立（2004年まで）.

④ 適切な制度的ネットワークの設立による生物多様性保護のためのASEAN地域センターの強化と，共同的な訓練研究活動の遂行.

⑤ ASEANの伝統的な公園と保存物を保護するための地域的調整の促進.

⑥ 沿岸地域の総合的な保護と管理のための枠組の開発とその地域的な調整の改善（2001年まで）.

⑦ アジェンダ21の実施のための制度的・法的能力と他の国際的な環境協定の強化（2001年まで）.

⑧ 加盟国の環境データベースの調和化（2001年まで）.

⑨ ASEAN地域的な水保護計画の実施（2001年まで）.

⑩ 環境にやさしい科学技術の促進のための地域センターあるいはネットワークの確立（2004年まで）.

⑪ 遺伝資源へのアクセスに関するASEAN議定書の作成と採択（2004年まで）.

⑫ 陸地と海洋での活動による海洋環境の保護のための地域的行動計画の発展（2004年まで）.

⑬ ASEAN諸国の大気と河川の水質に関する長期的な環境目標を達成するための枠組の実施.

⑭ 気候変動に対処する地域的な努力の促進.

⑮ 環境の持続的な開発という問題についての意識と，それへの参加を高めるための広報と教育の促進.

このように「ASEANヴィジョン2020」とハノイ行動計画は，ASEAN地域における環境ガバナンスの政策的な枠組を定義している一方，環境大臣会合は環境と持続可能な開発に関する宣言や決議を発している．これらの宣言や決議は，環境問題に対処するうえでのASEANの関心や対応を表明し，高級事務レベル会合に将来的な活動や提案のための政策指針を提供している．環境大臣会合は，1981年以来，８つの宣言あるいは決議を発しており，もっとも最近のものの１つは，2000年10月に発せられた環境と開発に関するコタ・キナバル決議である[12]．ASEAN環境大臣会合が発した宣言は，以下の８つである．①1981年４月30日のASEAN環境に関するマニラ宣言，②1984年11月29日のASEAN環境に関するバンコック宣言，③1987年10月30日の持続可能な開発に関するジャカルタ決議，④1990年６月19日の環境と開発に関するクアラルンプール協定，⑤1992年２月18日の環境と開発に関するシンガポール決議，⑥1994年４月26日の環境と開発に関するバンダ・セリ・ベガワン決議，⑦1997年９月18日の環境と開発に関するジャカルタ宣言，⑧2000年10月７日の環境と開発に関するコタ・キナバル決議である．

さらにASEAN諸国は2003年10月にパリで開催された首脳会議で，「第ⅡASEAN協和宣言（Declaration of ASEAN Concord Ⅱ）」に署名した．この会合では，ASEAN共同体構想が具体化された形で提起され，ASEAN安全保障共同体，ASEAN経済共同体，ASEAN社会・文化共同体の３つの共同体の形成が採択された．環境分野は，ASEAN社会・文化共同体に含まれている．このなかで，ASEAN社会・文化共同体は，「ASEANヴィジョン2020」の目標設定と調和し，社会福祉の共同体としてパートナーシップでともに結ばれた東南アジアを構想するとして，環境に関しては，「個々の加盟国が開発の潜在力を充分に実現し，ASEANの相互精神を強化するために，人口増加，失業および環境破壊，地域の越境汚染ならびに災害管理に関連する問題を解決するための協力を強化する」としている．

## 3．北東アジアの環境ガバナンス

北東アジアでは，自由貿易協定（FTA）や安全保障の面での地域間協力が進展していない状況のなかで，むしろ環境協力が進んでいるという状況がある．日中韓3ヵ国環境大臣会合（TEMM），北東アジア地域環境協力プログラム（NEASPEC），環日本海環境協力会議（NEAC），東アジア酸性雨モニタリングネットワーク（EANET）などは，その代表的な多国間環境協力の枠組である．

北東アジア地域では，まず，環境ガバナンスの枠組としては日中韓3ヵ国環境大臣会合（TEMM）が挙げられる[13)]．1999年1月に第1回日中韓3ヵ国環境大臣会合がソウルで開催され，3ヵ国の環境大臣が初めて北東アジアの環境問題について意見交換を行った．このなかでは，北東アジア地域の持続的な開発のためには，日中韓の3ヵ国の協力が不可欠であることが合意された．また，6つの優先環境協力分野（①環境共同体意識の向上，②情報交換の活発化，③環境研究協力，④環境産業・環境技術の協力，⑤大気汚染防止・海洋環境保全の対策の探求，⑥地球環境問題への探求）が決定された．とりわけ環境協力分野おいては，3ヵ国は同じ環境共同体のなかにあるという意識を共有すべきであり，環境研究における協力の強化，環境産業分野および環境技術の協力の促進，大気汚染防止および海洋環境の保全のための適切な対策の探求，生物多様性や気候変動などの地球環境問題への対応，これらの各分野に取り組む点が確認された．

2000年2月，第2回日中韓3ヵ国環境大臣会合が中国の北京で開催され，本会合が地球環境協力および持続可能な開発を促進するための重要なフォーラムであることが再確認された．第1回会合で提示された6つの優先環境協力分野に関してはレビューが行われ，TEMMがさまざまなレベルでの環境協力を促進したこと，また中央政府，地方政府，学術・研究機関，民間企業，

NGOをはじめ多様なアクター間の交流と協力が必要であるとされた．優先環境協力分野に関しては，環境共同体意識の向上，淡水（湖沼）汚濁防止，陸上起因の海洋汚染の防止，および環境産業分野に関するプロジェクトについて3ヵ国の事務レベルで具体化に向けての検討を進めることが確認された．

第3回の日中韓3ヵ国環境大臣会合は，2001年4月に日本で開催され，また2002年4月には第4回日中韓3ヵ国大臣会合が開催された．このなかで，北東アジアとりわけ中国北西部の自然状況の劣化についての懸念が表明され，この地域の干ばつや土壌劣化によって悪化してきた黄砂の発生については，より良い解決策を見つけるための系統的な研究協力が必要であるという認識が共有された．大気汚染問題に関しては，酸性雨が中国，日本，韓国が共通して直面する深刻な問題としたうえで，東アジア酸性雨モニタリングネットワーク（EANET）の活動を積極的に推進するという合意を再確認しつつ，EANETの基盤強化の重要性が強調された．第3回と第4回の会合では，北東アジア地域環境協力プログラム（NEASPEC）の活動の積極的な役割が指摘された．第5回日中韓3ヵ国環境大臣会合は2003年12月に中国の北京で開催され，第6回日中韓3ヵ国環境大臣会合は2004年12月に日本で開催された．

**表1**　北東アジアの環境協力の枠組

| | 包括的 | 分野別 |
|---|---|---|
| 大臣会合 | TEMM | |
| 外交 | NEASPEC | NOWPAP<br>EANET |
| 環境大臣 | NEAC | |
| 市民・NGOs | NAPEP* | |

（出所）Wakana Takahashi, '*Problems of Environmental Cooperation in Northeast Asia : The Case of Acid Rain*', 2002, p.233.
＊North Asia-Pacific Environment Partnership.

さて，第３回と第４回の日中韓３ヵ国環境大臣会合でその重要性が指摘された北東アジア地域環境協力プログラム（NEASPEC）は，北東アジア環境協力高級事務レベル会議の第１回会議で開始されたプログラムである．北東アジア環境協力高級事務レベル会議には，中国，日本，モンゴル，北朝鮮，韓国，ロシアの６ヵ国が参加している．第１回会議は，韓国のソウルで開催され，現在まで10回の会議が開催されている．2004年11月には，日本の沖縄で第10回北東アジア環境協力高級事務レベル会議が開催され，北東アジアの自然環境保全プロジェクト，石炭火力発電所からの大気汚染対策プロジェクト，黄砂問題などの問題が取り上げられた．

環日本海環境協力会議（NEAC）は，1992年より中国，日本，モンゴル，韓国，ロシアの北東アジア５ヵ国のあいだで毎年開催されているものである[14]．この会議は，北東アジアの各国の環境問題の専門家や研究者が集まって，環境保全に関する幅広い議論を行う場であって，各国の環境情報の共有，参加者の相互理解の深化，自国の環境政策の推進や環境協力の促進への貢献をめざしている．第１回の会議は1992年10月に日本の新潟市で開催され，2004年に韓国のソウルで開催された第13回会議まで毎年開催されてきた．

1995年９月に韓国の釜山で開催された第４回会議のテーマになったのは，アジェンダ21の実施を支援するための主要なグループ（地方自治体，NGO）の役割，汚染物質の越境移動に伴う問題に関する協力方策，気候変動枠組条約に関する各国の見解および方策，有害化学物質に管理に関する経験と方策，そして都市環境問題（持続可能な都市，廃棄物管理）への取組であった．とりわけ有害物質の越境移動に関しては，地域的にみて重要な問題であり，これについては多くの北東アジア諸国は，海洋汚染や廃棄物の違法取引などに対処する二国間協定をすでに結んでいるが，北東アジアとしては多国間の取組が必要であるとされた．

また1997年10月に日本の新潟市で開催された第６回会議では，酸性雨，広域水質汚濁防止，生物多様性保全，クリーナー・プロダクションが議題とされ，酸性雨に関するセッションでは，地域協力を促進する活動のうち日本から提唱された「東アジア酸性雨モニタリングネットワーク」と，韓国により組織された「北東アジアの長距離越境大気汚染物質に関する専門家会議」の２つのプログラムが北東アジアにおける効果的な努力であることが確認された．さらに1999年11月に日本の舞鶴市で開催された第８回会議では，北東アジア地域における環境協力で果たす地方自治体の役割が強調された．そして第13回会議は2004年12月に韓国のソウルで開催されている．

東アジア酸性雨モニタリングネットワーク（EANET）は，東アジア諸国が各国共通の手法で酸性雨のモニタリングを行うことによって，酸性雨の現状について各国の共通意識の形成を図り，酸性雨対策を図ることを目的としている[15]．

東アジア全体で見ると，この地域の酸性雨対策に関しては，1993年から「東アジア酸性雨モニタリングネットワーク専門家会合」が，４回にわたって開催されてきた．参加国は，中国，インドネシア，韓国，日本，マレーシア，モンゴル，フィリピン，ロシア，シンガポール，タイ，ベトナムの11ヵ国で，それに国連環境計画（UNEP），世界銀行，欧州モニタリング評価プログラム（EMEP）などの国際機関などが参加している．この専門家会合では，各国が酸性雨モニタリングを統一的な手法によって実施するネットワークづくりが提案された．1998年には，「東アジア酸性雨モニタリングネットワーク（EANET）」に関する第１回政府間会合が開催され，EANETは2001年から正式に動き出した．この地域ネットワークの目的は，東アジア地域での酸性雨の実態，発生・影響メカニズムを定量的に解明し，科学的な知見に基づいて地域レベルの酸性雨対策の枠組を作ることである．

2003年12月にタイのパタヤにおいて開催された第５回東アジア酸性雨モニタリングネットワークの政府間会合では，EANETの活動資金確保についての合意がなされ，最初のステップとして，2005年からすべての国が国連分担率に基づき事務局に要する経費について資金分担を行うことをめざすこと，そして会議で合意されたルールに基づく資金貢献に向けて，EANETの法的位置づけの明確化について検討することが合意された．またEANETの将来的な発展に関しては，EANETの基盤強化，EANETの将来的な拡大，酸性雨原因物質の排出削減に向けた取組の推進という方向性が承認された[16)]．

このように，北東アジア地域では，日中韓３ヵ国環境大臣会合（TEMM），北東アジア地域環境協力プログラム（NEASPEC），環日本海環境協力会議（NEAC），東アジア酸性雨モニタリングネットワーク（EANET）などが，リージョナル環境ガバナンスの枠組として機能している．これらは北東アジアの環境問題についての共通の認識を深めつつ合意形成を行うための枠組という性格が強いとはいえ，共通の政策は共通の認識から生まれる点を踏まえるならば，こうした環境協力の果たす役割は大きいだろう．

## おわりに――環境ガバナンスの拡大と東アジア共同体

このように，東南アジアと北東アジアではそれぞれサブ・リージョナル環境ガバナンスの枠組の形成が進行しているが，両者を合わせた東アジア全体では，EANETやASEAN＋日中韓３ヵ国による環境協力の枠組が形成されつつある．ASEANと日中韓の首脳会議（ASEAN＋３）は，1997年12月にマレーシアのクアラルンプールで初めて開催され，通貨問題を中心とする東アジア地域の課題と将来的なあり方が議論された．その後，第８回（2004年11月ビエンチャン）まで毎年開催されてきた．

東アジアの環境問題に関しては，こうしたASEAN＋３の枠組での環境ガバナンスが形成されつつある．2002年11月にラオスのビエンチャンで，第１回のASEAN＋３（日・中・韓）環境大臣会合が開催され，この地域の環境協力のあり方が議論された．この会合では，ASEAN側から，淡水資源や森林管理など10分野についての協力が提起された．2003年12月には，ミャンマーのヤンゴンで，第２回のASEAN＋３環境大臣会合が開催された．日中韓３ヵ国からはASEANを含む諸国との協力や国内の環境政策の取組状況についての報告があり，ASEAN事務局長からは，ASEAN諸国でも環境問題の対応は受容するとしたうえで，日中韓3ヵ国との協力関係を推進していくという旨の発言がなされた．

2004年10月14日には，シンガポールで第3回ASEAN＋3環境大臣会合が開催された．この会合では，ASEANのそれぞれのプロジェクトリーダー国が，ASEAN＋3の協力可能分野である地球環境問題，都市環境管理，ガバナンスなど10分野について説明した．その前日の13日に開催された第8回ASEAN環境大臣会合では，議長を務めたシンガポールのY. イブラヒム環境・水資源大臣は，「ASEANヴィジョン2020」で示された持続可能な開発目標を達成するためにASEAN諸国が協力することの重要性を強調した．イブラヒム大臣はまた，ASEAN諸国が中国，日本，韓国との環境協力を強めることが必要である点についても強調した[17)]．翌14日のASEAN＋3環境大臣会合では，イブラヒム議長から日中韓の参加を歓迎する挨拶があり，日中韓の3カ国からはASEANを含む環境協力や国内の環境政策の現状についての発言があった．日本は，「共に歩み共に進む」ASEANとのさらなるパートナーシップ構築の重要性を強調するとともに，「アジア太平洋環境共同体」といった概念が重要である点を強調した．

こうして，東南アジアと北東アジアを含めた東アジア全体という地域的空間において，徐々にASEAN＋3による環境協力の枠組の形が整いつつある．確かに，ASEAN＋3環境大臣会合は，スタートしたばかりの緩やかな環境ガバナンスにすぎない面がある．しかし，東アジア地域においては，経済（経済・金融・通貨）協力，安全保障上の協力，そしてエネルギー・環境協力の面でますますリージョナル・ガバナンスを必要としている．エネルギー資源が少なく将来的な環境リスクが高い東アジアでは，とりわけ環境分野での地域協力あるいはリージョナル・ガバナンスのもつ意味はますます高まることは確かである．東アジア共同体の形成の道筋を考えるうえで，EUが欧州石炭・鉄鋼共同体（ECSC）と欧州原子力共同体（EURATM）というエネルギー共同体と経済共同体からスタートしたように，エネルギー・環境問題というこの地域にとってのフェイタルな課題から接近することが利害関係の共通性を生み出すという点で示唆的であろう．こうした点からみると，東アジア共同体に関しては，①経済共同体，②安全保障共同体，③通貨共同体，④文化共同体，⑤環境共同体などの分野別政策領域が考えられるが，とくに全体としてみると，環境共同体の形成の可能性が高いといえる．というのは，すでに見てきたように，環境分野でのASEAN諸国と日中韓3ヵ国の協力関係が実際的に進行しており，その点でガバナンス面でのインフラが形成されつつあるからである．その意味では，東アジアのリージョナル環境ガバナンスの形成と深化が東アジア共同体の形成にとっての大きな推進力の1つとなることは確実であると思われる．

1） NIRA北東アジア環境配慮型エネルギー利用研究会編『北東アジアの環境戦略』，日本経済評論社，17頁．
2） 同上，29頁．
3） 日本環境会議「アジア環境白書」編集委員会編『アジア環境報告2003／04』，東洋経済新報社，2003年，378頁．
4） 同上，332頁．
5） 外務省アジア大洋州局地域政策課『東南アジア諸国連合（ASEAN）概要』，2005年，36頁．尚，ASEANのリージョナル環境マネジメントに関しては，Apichai Sunchindah, The ASEAN Approach to Regional Environmental Management, 2002.　http://www.aseansec.org/ が参考になる．
6） *Second ASEAN State of the Environment Report 2000*, Jakaruta, 2001, pp.164–5.
7） Apichai Sunchindah, *op. cit.*
8） これに関しては，Koh Kheng Lian and Nicholas A. Robinson, Regional Environmental Governance : Examining the Association of Southeast Asian Nations Model, in : D. Esty and M. Ivanova(eds.), *Global Environmental Governance : Options and Oppotunities*, Yale Center for Environmental Law & Policy, 2002が示唆的である．
9） ASEAN VISION 2020, 1997. http://www.aseansec.org/5228.htm
10） 同上．
11） Second ASEAN State of the Environment Report 2000, Jakaruta, 2001, p. 167.
12） *Ibid.*, p. 168.
13） 日中韓3カ国環境大臣会合に関しては，環境省のホームページを参照した．

http : //www.env.go.jp/earth/coop/temm/temm 1/press_release_temm 1_j.html

14) 環日本海環境協力会議に関しては，環境省のホームページを参照した．http : //www.env.go.jp/earth/coop/coop/neac_j.html

15) 北東アジアの酸性雨に関する環境協力に関しては，Wakana Takahashi, 'Problems of Environment Cooperation in Northeast Asia : The Case of Acid Rain', in : Paul Haris(ed.), *International Environmental Cooperation*, University Press of Cororado, 2002, pp. 221–247.

16) EANETの将来的な発展に関しては，http : //www.env.go.jp/press/press.php 3?serial=4553 を参照．

17) これに関しては，Joint Press Statement of the 8th Informal ASEAN Ministerial Meeting on the Environment and 3rd ASEAN Plus Three Environment Ministers Meeting Singapore, 13–14 October 2004, http : //www.aseansec.org/16481.htm

第９章

# 東アジア共同体の思想的文脈

## ――東アジアと日本，その思想的関係――

モジュタバ・サドリア

降幡　博亮 訳

「アジア諸国の間では本当に怖いのは中国ではなく，日本だという見方も出ている」[1)]　(ラルフ・コッサ)

## はじめに

100年以上もの間，アジアの社会や文化，また歴史やその動向と日本との関係についての――時には互いに矛盾する――認識が，日本におけるアジアへの視座を形成してきた．いまその視座が日本を危機的な状況に導いている．

福沢諭吉（1835～1901）の「脱亜入欧」は日本の近代化に向けたラディカルな思想基盤であり，アジアに対する近代日本の社会的な認識の形成に影響を与えてきた．しかし福沢だけにこの危機の責任を求めることは間違いである．

西洋から学ぶことは，明治のエスタブリッシュメントにとって大切なことであったが，それは蒸気船や鉄道，近代兵器や軍事的組織に関する技術的・科学的な知識に限定されたわけではなかった．その当時のヨーロッパの世界観を取り入れることも重要だったのである．ヨーロッパの知識人によって構成された――アジアに対する認識も含む――世界観を取り入れることで，日本はアジアの中での他者性を発見することよりも，世界の中に自国を位置づけようと躍起になったのである．ワン（2004）およびヘンシュ（1984）はこの点を明確に指摘している．

歴史的にみるとアジアという概念は，アジアの人々ではなくヨーロッパによって形成されたものである．18世紀と19世紀におけるヨーロッパの知識形成の背景となったのが，啓蒙主義と植民地主義である．歴史言語学，近代地理学，権利哲学，国家および人種理論，歴史学方法論，政治経済学といった学問分野が自然科学と共に急速に発展し，新たな世界地図を描いたのである．

このような新しい知識の状況下において，ヨーロッパとアジアという概念は「世界史」のなかに統合されたのである．モンテスキュー，アダム・スミス，ヘーゲル，マルクスといった知識人が，歴史の目的論的視点からヨーロッパとの比較のもとでアジアという概念を形成した．このヨーロッパによって概念化されたアジアとは，つぎのようにまとめることができよう．すなわち，ヨーロッパの主権・王権国家に対抗する複数民族による帝国，ヨーロッパの法・政治システムに対抗する政治的専制主義，ヨーロッパの都市生活や貿易とは全く異なる遊牧・農耕生産様式，などといったものである．

ヨーロッパの国民国家と資本主義の市場システムの拡大は「世界史」における発展段階もしくは行き着く先として考えられたため，上記のように概念化されたアジアは歴史的に未発展の段階にあると見なされたのである．このような文脈から，アジアは地理的な分類としてだけではなく，文明の一つの形態としても考えらることになった．すなわち，アジアはヨーロッパ国家に対抗する政治形態であり，ヨーロッパ資本主義に対抗する社会形態であり，いまだ非歴史から歴史的な段階への移行途中であると見なされたのである．

このようなアジアについての派生的な言説はヨーロッパの知識人のみならず，アジア人革命家や改革派，そして歴史家に考察の枠組みを提供した．すなわちこの枠組みによって，世界史とアジア社会が表象され，革命や政治改革が進められ，そしてアジアの過去と未来が記述されたのである．19世紀と20世紀において，アジアという概念はヨーロッパの近代という普遍的な言説に含まれていた．そしてこの言説が，互いに異なった歴史の青写真を描く植民地主義者と革命家の両者に，似通った物語的な枠組みを提供したのである．

しかしながら皮肉なことに，アジアについてのまさにその派生的な考えが，歴史，哲学，法律，国家，宗教に関する19世紀ヨーロッパの多くの著作において，アジアが世界の国々の「中心」であり，世界史の「出発点」であると主張されることにもつながったのである[2)]．このことは19世紀ヨーロッパからの知識が，福沢が示したような日本の地理的・歴史的所属についての内発的な嫌悪を強化してきた一方で，重層的なアジアへの認識を形成してきたことを示唆しているのである．

この後に続く本論文の分析が，なぜいま日本とアジアの知識人によって行われているアジアについての議論に応じたものになっているのか，理解されるのではないだろうか．本稿はアジアの将来像を示すものではないが，アジアの歴史的な系譜および，ヨーロッパによって――またヨーロッパへの応答として――形成されたアジアの構成に関する実際的なジレンマを分析するものである．これはまた，なぜ19世紀以来，日本においてさまざまなアジア主義とナショナリズムが常に密接に関係しているのかについて分析することでもある．ネオ・リベラル主導のグローバル化への抵抗という文脈のなかで，アジアについて考えるということは，国民国家について考えることにもなる．例えば，日本と韓国にとって，国家を超えた東アジアという考えはそれ自体が国民国家の主権を再構成する手段となるであろう．この場合，国家はアジアの概念のなかでどのような役割を果たしているであろうか。

また近代ナショナリズムの波のなかで，アジアの概念は二つの相対する側面を含んでいる．すなわち，日本の植民地主義者によるアジア概念である「大東亜共栄圏」と，社会主義者によるアジアの民族解放運動や社会主義運動を中心にしたアジアの概念のことである．さらに，もしアジアが国民国家という単位の社会的コミュニティーを超える想像上のものであるならば，アジアの概念は歴史の逆流を示すものでもある．すなわち超国家的な想像体という，19世紀に示された超帝国または反帝国という国民国家を中心にした考えに代わるものであるということだ[3)]．

日本の近代化を目指したエスタブリッシュメントによって形成されたアジアに関する複雑な知識に，日清戦争から1945年までの間にアジアにおける日本の活動を正当化した歴史思想を加えてみよう．それによって，第二次世界大戦後のしばらくの間姿をひそめていた知的遺産を明確にイメージすることができるだろう．このような思想と行動についての厳選された情報によって，第二次大戦後のアジアとの関係で首尾一貫しない歴史が作り出されている．すなわち，外交的な困難さもあって，軍国主義的なノスタルジアからだけではなく，一部の重要な知識人の間からでさえも，アジアの諸社会は和解不可能な他者として日本では認識されているのである[4)]．

このようないくつもの要素が絡み合う状況のもとでは，アジアもしくは東アジアを概略的に考えることは難しくなっている．とりわけ歴史や地域の状況から自らを切り離して日本のアイデンティティを構築しようとする主流の近代化論者の重層的な核心になんらかの形で触れることなしに，この作業を行うことは困難である．

この社会の知識人が，日本に対するアジアの外部性を，もしくは日本がアジアの一部ではないことを証明しようとすればするほど，複雑に形成されてきた日本のアイデンティティにアジアが内在していることを明らかにするのである．アジアに対立しようとするラディカルなスタンスは，せいぜいゆがんだ鏡の役割しか果たしていないのである．

矛盾しているようだが，日本からアジアらしさを拒絶しようとすることと日本に内在するアジアを認識することは，エスタブリッシュメントがこの社会を解放された多様な社会として認識することを妨げてきたのである．さらにアジアの外部として単一性を過度に強調する姿勢は，寛容で文化的に多様な社会の形成というアジアの諸社会で進行中のプロセスに日本が関与することを妨げているのである．

アジア地域，とりわけ東アジア諸社会とエンパワーメントにつながる交流を行うことの難しさは，このような複雑な背景に起因している．そして想像以上にアジア社会との関係はゼロサム・ゲームの論理のままになっているようだ．東アジアとの交流がゼロサム・ゲームに深く根ざしているため，両者にとって益となるような議論でもどちらかが沈黙してしまうか，アイデンティティの違いという問題にされてしまうのである．そして興味深いことに，このような特徴をもつ日本から東アジアに向けたいずれの視座も，アジア社会のアイデンティティを全体化して否定的に構成しようとする，19世紀ヨーロッパの試みのシステマティックな繰り返しなのである。

19世紀ヨーロッパのアジアへの視点が，現在の日本のエスタブリッシュメントによるアジア地域への考え方に付きまとっている[5]．アジアについてのさまざまな思想があるにもかかわらず，日本のエスタブリッシュメントは，現在の日本を定義するというより困難な作業に道筋をつけるために，他者を道具として扱うという方向からアジアについて考えるのである[6]．

このような状況から脱する道の一つは――避けようとしてきた矛盾を長い間強化することになったのだが――「日本とアジア」の政治文化的な安全保障の領域を考えることであり，それと同時に経済分野で「アジアの中の日本」という関係を組織することであった．大変興味深いことだが，1990年代末まで日本からアジアへの経済進出が基本的に「市場主導」型であり，アジアは「制度主導」的な進出[7]でヨーロッパに遅れをとる以外になかった．そして中国の地域進出の活動がそのギャップを埋めるものであると，日本のエスタブリッシュメントの多くが見ていることである．ここでもやはりエスタブリッシュメントの関心は，日本の世界における位置づけであり，その思想と活動の参考となるのはEUやNAFTAなのである．

東アジアにおける日本の問題関心は，依然としてアイデンティティ探求のための新たな戦略を探し，世界との関係の新たな道筋を作ることにある．このアイデンティティ――否定的な日本の表象となりがちだが――の探求は，しばしば単一社会という言葉で表される純粋な日本人らしさについての言説を広めている．その一方で，世界との関係の道筋作りは，やはり依然として経済分野での道具的な論理に基づいているのである．

## 1．影が作られている

ここ数年の間，上海や北京で中国人の研究仲間と話す機会が幾度もあった．多くのことが話題となったのだが，そのなかでもとりわけ，東アジアの将来，日中関係，日本の受けとめられ方について話すことが多かった．

これは上海で話をした時のことであるが，仲間の一人が興味深いファイルを見せてくれた．そのファイルとは，日本の研究者，ジャーナリスト，官僚，政治家の，中国や中国人，また中華文化や文明に対するここ最近の発言を順序良く整理したものである．その発言の内容は一様に偏見に基づくものであり，またあからさまに人種差別を述べたものもあった．そのファイルのなかの１枚をコピーさせてもらったのが，たまたまそのページは石原慎太郎東京都知事の発言を並べたものであった．以下がそのページに整理されていた発言である．

チベットで（中国政府が）行ったことは人間的とは言えず，承服しがたい（中略）（中国政府幹部による）台湾を場合によっては武力で解放するという発言は，アジアの近隣諸国として非常に迷惑．恐ろしい姿勢だ

（読売新聞　1999年４月24日）

江沢民・中国国家主席の『同じ中国人だから，台湾に攻め入って良い』という発想は，『同じドイツ人だから』とオーストリアを侵略したヒトラーと同じだ　（読売新聞　2001年１月27日）

石原慎太郎都知事は，ワシントン市内での講演で，中国の軍事力増強や共産党一党支配体制を厳しく批判した．知事は「中国共産党が正当性を保つ手段は軍事力を背景にした拡張以外にないかのようだ」と述べ，日本領海に近い海域で中国軍が行っている偵察活動を批判した．

（読売新聞　2001年9月11日）

石原慎太郎都知事は，中国が先月（=2003年10月），有人宇宙船打ち上げに成功したことに触れ，「中国人は無知だから『アイヤー』と喜んでいるだけ．あんなものは時代遅れ．日本がやろうとすれば一年で出来る」などと発言した．　（読売新聞　2003年11月2日）

産経新聞の記事の中で，石原は警視庁科学捜査研究所を視察した体験を次のように紹介している．ある事件の被害者は「見るも無残に顔の皮をすべて剝がれて誰ともつかぬ死体」になっていた．捜査の過程でこの被害者と加害者が外国人，おそらく中国人だろうということは推測がついていたという．日本人なら，こうした手口の犯行はしないものだからとの理由で．捜査関係者の推測通り，中国人犯罪者同士の報復事件だった…….そして石原氏は「こうした民族的DNAを表示するような犯罪が蔓延することでやがて日本社会全体の資質が変えられていく恐れが無しとはいえまい」と記した．

（朝日新聞　2001年9月7日）

「日本は世界第2位の経済大国．アジアの中心であるべきで，その力もある．どんな力を持っているか認識し，存在感のある国家になればいい」と話した．　（朝日新聞　2001年11月4日）

昨年末の不審船だって，中国で覚せい剤積み込んで来てるんじゃないの．その覚せい剤が日本の若者たちの精神も肉体もむしばんで，それが引

き金になって凶悪な犯罪が頻発する．これは侵略，戦争ですよ

（朝日新聞　2002年３月10日）

この石原慎太郎についての１枚のコピーは偶然に選んだが，小泉首相の軍事重視の外交政策にも影響を与えているとなると，ただの偶然では済まされなくなるだろう[8]．

私たちのその日の話し合いは次の点を浮かび上がらせた．

① 東アジアの諸社会では，同地域の他の社会が自分の属する社会についてどのように述べているのかについて非常に敏感になっている，という新しい社会現象が見られる．

② この現象のなかで特有なことは，ある特定の人々に向けて発した言説がその範囲だけにとどまらなくなっていることである．内政をにらんで行われた議論や有権者に向けた発言が，その発言者の意図を超えてより重要な意味で解釈されうることである．

③ 東アジアについての議論が，国際関係における地域主義に関連する問題として取り上げられるようになっている．またこの議論がこの地域の社会それぞれのアイデンティティについての内面的な問題に関連するようにもなっている．

## ２．地域共同体の出現と日本

ASEAN事務総長であるオン・ケンヨンは近年，「アジアはより大きな統合へと向かっている．そしてこの先もこの動きは加速するだろう」[9]と発言している．このようなアジアにおける交流についての――主に東・東南アジアの経済統合についてであるが――楽観的な認識は，1950年代から続くものである．その流れのなかでの主要な転換点と言えるのは次の点であろう．

① 第二次世界大戦後のアメリカによる東南アジア政策[10]

② 日本のバブル経済によって他のアジア諸国への投資が加速したこととその意味

③ 1997年から98年の金融危機と，脆弱さへの認識の深まり[11)]

④ 日本と東アジアの関係に重要な意味を持つであろうが，日本が主導権を持たない三つの項目

a －アセアン[12)]諸国から[13)]

b －アメリカ[14)]およびEU[15)]から

c －中国から[16)]

これらの重層的な[17)]要因・プロセス・構造が，東アジア共同体（EAC）建設に向けた興味関心と権力のネットワークを形成してきた．伝統を作り，新たな連帯を創造し，21世紀初頭における人間性について創造的に考える上での空間である共同体は，それがまだ初歩の段階であっても，広く歓迎されてきている．これはおそらく問題ではないだろう．それよりも日本のエスタブリッシュメントの言説を分析して見えてくることは，対立を煽り，公共圏を縮小させ，ごく一部のアクターの特定の関心を追求しようと画策する意図である．興味関心の収斂されるポイントがあるとしたら，それは東アジアのそれぞれの社会にあるごく一部の経済的関心だけである．

経済的関心という限定的な側面から地域の交流を進めようという動きを強めた最近の出来事は，メキシコのカンクンで2003年に行われたWTO閣僚会議とその後のドーハ閣僚会議の相次ぐ失敗である．これらの出来事は，普遍的な貿易協定の形成が暗礁に乗り上げたことを示していた．貿易自由化に関する普遍的な協定作りの失敗は，日本だけではなく東アジアでもそうだが，規制緩和の動きを強め，社会のセーフティネットを弱体化させ，ナショナリズムの操作を通じた文化的多様性を狭める試みの要因となっている．日本のエスタブリッシュメントの議論を見てみると，経済活動のみを支援・強化しさらなる開発に結びつけようと合意する時，そこには新自由主義経済の議題である「構造改革」によってラジカルに生活が影響を受けている人々へのな

んらかの社会的配慮がほとんど欠けているといってよい.

エスタブリッシュメントによる議論のなかで，競争・協力の両面から大きく取り上げられているのが，自由貿易協定（FTA）に関する話題である．自由貿易に関する交渉開始やFTAの締結がなされたとき，その相手が東アジア地域のどのような国であれ，マスメディアは国の勝利として政治的に賞賛する．これは現在のこの地域についての言説状況の矛盾でもある．

興味深いことにこのFTAについての過度な強調は，社会と地域の間の密接な関係作りを行うただ一つの「現実的な」ステップとして，FTAを文化的に正当化することがある．また他の状況では，EUやNAFTAのような地域的な経済・政治統合に対抗するために必要な政策であるとして，FTAのイデオロギーが評価される[18]．そのためEACについて話し合うことはアジアの経済発展のために不可欠なプロセスであると，一部の人々は考えるようになっているのである．

## 3．政治的な日本

中国，日本，韓国の間には密接な経済関係があり，EACの中心メンバーとして期待される日本にとってこの地域への統合を深めることは重要であると，日本のエスタブリッシュメントは論じる．しかしながら，単一の日本という言葉で党利を強行に推し進める一部の人々によって，この経済分野におけるアジアのコミュニティー作りさえもが危ういものになっている．ここには日本の国際関係における，より広い，そしてより根源的な関心が示されているのである．EACという考えは第二次世界大戦後の日本の外交政策の柱と矛盾するという理由で，この構想への反対は正当化される．このことは現在の日本においてEACの建設と矛盾する悪評高い言説が生み出されていることを説明できるかも知れない．

面白いことに，政策決定者たちにとっては迷惑なことであるはずのこれらの言説は，矛盾しているかも知れないが，近代日本が単一ではないことを主体的に証明している．すなわち，現在起こりつつある地域主義について日本社会の中に多様なスタンスがあるということである．FTAのイデオロギーを超えたより広い内容を持つ，新しい地域主義としてのEACを支持する議論は，日本の国際関係と外交政策へのラディカルな挑戦となっている．

これらの挑戦を理解するために，第二次大戦以降に日本が世界進出するための基盤形成を概観することは重要である．このことで，日本の知識人の間にEACについて曖昧さと多様なスタンスがあることが見えてくるだろう．また，東アジアへのスタンスは日本のアイデンティティを示すものになることもわかるだろう．しかし日本とアジアについての視点を分析すると，経済面や政治面，軍事面という違いはあるが，そのほとんどが脈々と続くナショナリズムに基づいたものであることも見えてくるのである．

よく指摘される例が経済ナショナリズムである．マニュエル・カステルによると，日本はナショナリスティックな経済政策により，経済的な成功を達成した．公的部門と民間部門の公式・非公式な結びつきによって，日本政府と金融機関は日本の経済的・政治的な地位を内外で高めるために必要なインフラを整えてきたのである[19]．

しかしながらこの経済的な成功は，国内政策，すなわち「内側」に起因するだけではなく，冷戦構造という国際関係，すなわち「外側」からの日本社会への影響という要因が非常に大きい．この外的な要素による第二次大戦後の日本への影響については，次のような二つの解釈がされてきた．

この第二次世界大戦後の日本の経済ナショナリズムを解釈するときに，吉田ドクトリンが広く引用される[20]．そしてその解釈によると，吉田ドクトリンは内部から生じアメリカを通じて世界へ広く伝えられたという視座に基づいている．その結果，吉田ドクトリンは，安全保障をアメリカに委ねる一方で，社会・人間・経済資本を経済開発の活動へと向ける枠組みをデザインしたのである．言い換えれば，日本が国内経済の発展に集中できるように，アメリカとの相互関係を形成したのである[21]．

しかしながら，経済成長と政治的な受け身の姿勢という基本的な編成が，慎重に作られ非常にうまく外交政策として実行されたという事実を見落とすと，我々は日本の戦後のリーダーシップの本質を見失うことになる[22)]．

しかしながら，このような解釈は一般的なものにはなっていない．戦後経済における日本の成功は，良い政策の結果であるという以外にも理由があるとされるのである．そのために経済的な成功は「内側」からの国内政策によるものだけではなく，冷戦構造という「外側」からの非常に大きな影響が日本社会に働いたためと言われるのである．この戦後日本への外部的な影響の要因には，次のような異なる解釈がなされている．

その異なる解釈とは，日本はアメリカによって教え込まれ，支援されて世界に戻ってきたというものである[23)]．この解釈では次のように議論されている．

まず，どのようなアジアの地域秩序がこれまで作られてきたのか，そして日本のその中での位置づけはどこかを明らかにしなければならない．

これらの問に答えるために，1950年代にアメリカがアジアで経験した問題を検討してみるのはよいことだろう．その当時，アメリカは世界でも突出した権力と富を誇っていた．しかしアジアで次のような二つの問題に直面した．ひとつはこの地域での共産主義の脅威にどのように対処したらよいのかということである．すなわちどのように中国とソ連の影響を封じ込めるか，ということである．もうひとつは，日本が経済的に復興しアメリカの同盟国となるようにする一方で，二度とアメリカの脅威とならないようにするかということであった．

安全保障に関しては，アメリカは二つの問題に対してよく知られた解決策を採った．日本との安全保障条約の締結である．その結果，日本の防衛力はアメリカ主導の安全保障体制に統合され，日本はアメリカの軍事的な前線基地となったのである．

経済的な解決として，アメリカは三角貿易の構造を日本と東南アジアの間で作り上げたのである[24)].

同様の議論が他の視座からも示されている．

第二次世界大戦が終わり冷戦が始まったとき，アメリカは日本をソ連に対する太平洋の強い防波堤とする戦略的決定を下した．よって，日本を再建し再軍備するためのプロセスを円滑なものにするために，アメリカは日本帝国のテクノクラートと軍産複合体全体をほとんどそのままに残す決定をした．さらにマッカーサーが主張したように，天皇を軍事法廷にかけないことで日本人を統合する象徴として残し，よって裁判全体の正統性は損なわれた．これらの決定の結果，日本はドイツが経験したような国家の再形成を強いられずに済んだのである[25)].

表面上，日本の国際政治・外交の自律性を犠牲にして東アジアの経済大国となるように，日本政府は要求された．日本はそのアメリカの政策に従うはずであった[26)].「東側」の脅威に対抗しながら，アメリカ政府は第二次大戦の犠牲となった国々――多くはアジア諸国であったが――に日本からの戦争賠償を放棄することを強いたのである．これは「西側」のために東アジアのなかに経済的に「有用な」衛星国を作るためであった（道場　2001）．この日本，アメリカ，東アジアの間の構造的関係は，現在でも強い影響を与えている[27)].谷口によると，

アメリカとの外交関係は一貫して日本の外交政策を決定するもっとも重要な要素であった．加えて，その重要性はいまも増している….1960年代の間，アジア諸国との関係を強調しながらも，日本の外交政策最大の目標はアメリカを含めた西側「先進」国の地位を獲得することであった．二次

大戦後の経済イデオロギーによって支えられた「先進」国になるという理想は，我々の世代の間で支配的であった．さらにこの理想は，いまだに外務省の中で主要な位置を占めている[28)]．

日本のエスタブリッシュメントにより内因的に生成された社会政治的モデルと，アメリカによりデザインされたアメリカが支配する東および東南アジア圏，という二つの立場は非常に大きな意味を持つ．これらの立場の重要性は歴史の解釈に留まらない．ある場合，東アジアで起こりつつある論点は，日本のエスタブリッシュメントの意思と行動にもなりうるだろう．しかし，戦後の世界での日本の成功が根本的にアメリカによって作られたものならば，現在の日本のエスタブリッシュメントが行っている一連の議論はパロディに過ぎなくなる．

よって，東アジア共同体をアメリカに対する文化，政治，経済面での自律性の現われと考えるならば，その出現は東アジアにおける日本の位置づけについてのこれまでの二つの解釈を根本から揺さぶるものとなる．

## 4．東アジア共同体の出現

「はじめに」で述べたように，地域共同体の形成は現在世界中で重要な案件となっている．政治面で言うならば，アジアでは1997年の金融危機を契機に新たな議論が高まった[29)]．その当時，IMF や APEC といった世界的な組織ではこの危機に対応することができなかった．そのためアジア地域を世界的な経済危機から守る目的で，1997年に ASEAN が中国，日本，韓国を含めた――すなわち ASEAN＋３――会議を開催した[30)]．この会議をきっかけにして ASEAN＋３の国々は一年に一度集まるようになり，FTA や経済連携協定（EPA）などといった経済的な案件に留まらず，政治安全保障面での話し合いも行われている[31)]．これは東アジア共同体形成についての楽観的な見方である[32]．その結果，日本と他のアジア諸国との経済依存は実質的に高まっているのである．とりわけ日中間の経済関係は際立っている[33]．

しかしながら，EACについての日本政府の姿勢は非常に曖昧である．例えば，2002年に日本政府はASEAN諸国との積極的な経済交流を促進する計画を提案したが，結局のところシンガポールとEPAを締結しただけである[34]．さらに，ASEAN諸国との協力を強調する一方で，日中，日韓の交流は満足のいくものとはなっていない[35]．日中韓の歴史問題が交流の妨げとなっているのである[36]．

このことからEACの出現が日本の国際政策の変動に呼応しているわけではないといえる．姜尚中が示唆するように，現在の日本の外交政策のアイデンティティは「日本と西側」の関係と「アジア主義」の間で分裂しているのである[37]．

## 5．東アジア共同体についての日本の知識人の姿勢

EACに関するこの文脈での議論では，大方の知識人がEACの重要性を認めている．しかしながら政治や文化の協力についてのスタンスは様々である[38]．ここでは必ずしもエスタブリッシュメントに加わっていないこの地域についてよく知る日本の知識人の，多様なスタンスを検討する．

まず多くの知識人が東アジアでの経済統合の重要性に同意している．例えば柳井俊二はNAFTAのような地域経済協力としてEACの内容を述べている．東アジア諸国間でFTAを締結することが，経済的な利潤を生み出すNAFTAのような地域協力へとつながると柳井は説明する（柳井　2005）．同様に園田茂人は経済統合の重要性を指摘する．経済統合は東アジア諸国間での交流を促し，信頼関係を醸成するというものである（園田　2004）．また山室信一はEACの加盟国――特に中国と日本――は，成長中であるアジア市場への円滑な進出を期待できると述べている[39]．

しかしながらEACの地理的な範囲については，厳密な定義はまだなされていない．多かれ少なかれEACはASEANと北東アジアの数ヵ国にわたるものとされている[40)]．すなわち，ASEAN以外の地域が議論の対象なのである．例えば，ある議論ではEACの加盟国にはアジア太平洋諸国が含まれると言われている[41)]．そのほかにも，EACの加盟国としてASEANと中国，日本，韓国だけではなく，オーストラリア，ニュージーランド，インドを含めるという議論がある．このようなEAC加盟国をめぐるニュアンスが示すように，EACの地理的な範囲については様々な議論がある．

EACの基盤についての議論も多様である．EAC加盟国の文化的な類似性を強調する議論がある一方で，その類似性に批判的な立場をとる知識人もいる．例えば入江昭は，EACを東アジアで共有された価値観の上に建設される地域協力システムとする（入江　2005）．東アジア共通の価値観とは，東アジアの秩序を維持しようとすることで形成される．東アジア諸国は儒教に基づく秩序を，他の文化や社会秩序から守ることで共有の価値観を強めていくのである[42)]．他方，柳井と滝田賢治は歴史，宗教，民族の見地から東アジア諸国の政治と文化の多様性を指摘する（柳井　2005；滝田　2005）．そしてこれらの知識人には，多様性を抑圧しEAC加盟国間での摩擦を生み出すとして，EACの間で本質的な共通性を形成しようとすることはできないとする立場もある．また東アジアの文化的共通性とは協力の結果生じるものであり，最初からあるわけではないという議論もある．協力における交流を通じて，EAC加盟国はアイデンティティ，関心，そして制度を共有し，最終的に共同体形成へと至るとする考えである[43)]．

EACの政治的側面に関する日本の知識人の議論も同様に，EACの創設に際してどのような協力を日本はすべきか，またできるのか，について様々な意見がある．例えば，ある知識人は，安全保障の維持とEAC内での軋轢を防止するために，日本が地域の政治制度の設立に向けてより積極的な活動を行うことを主張している（滝田　2005；柳井　2005）．また，EAC諸国の中では日本と中国が突出した力を持っているため，政治的協力が維持されるように，この二国はASEANの立場に配慮する必要があるという議論もある[44]．さらに，日本はEACでの政治的協力だけに集中するべきではないという議論もある（入江　2005）．それは日本が依然としてアメリカと強い相互依存関係を維持しているためである．そのため日米安全保障条約とEACとの政治的協力のバランスをとった戦略を作っていくことが日本にとって重要であるというものである．

## おわりに――アイデンティティの交渉

これまで議論したように，日本は東アジアにおけるその歴史的なアイデンティティの変化に直面している．EACをめぐる議論の出現は，日本がアメリカよりも東アジアに近づくことを明確に期待するものである．2002年の「東アジア共同体構想」が示唆するような，日本によるアジアとの新しい関係の模索は，この状況を示すものといえよう．しかしながら，日本がアジアと新たな歴史的アイデンティティを形成しようとしているため，このプロセスは順調には進まずにいる．EACの重要性は理解されているものの，知識人の議論も示唆するように，どのように他のEAC加盟国に対応していくのかについていまだに合意が形成されていない．さらに，中国と韓国の歴史問題についての敏感さが，日本の立場をより複雑なものにしている（吉田　2005）．このような状況に直面して，日本が「東アジア」のアイデンティティ形成に向かうのか，それとも「西側」の一員であるというアイデンティティを保持するのか，まだ明らかではない．このことはマハティール・モハマドが発した次の厳しいコメントとも関連するだろう．

日本はただアメリカの前線の役割を果たすのではなく，東アジアの関心を支援することによってこそ，この地域の強化に貢献することができる．これは日本が東アジアにとって使いやすくなるということではない．…しかし日本がアメリカの単なる衛星国になったとき，その場合われわれはアメリカに続くことはあっても，日本に従うことはない．

19世紀ヨーロッパの世界観を継承しつつアメリカの現政権が世界を思い通りに再編しようとしているという解釈を受け入れたとしよう．その場合，日本のエスタブリッシュメントがその19世紀の前任者と同じようにアジアを蔑視しているという事実に，マハティール・モハマドは強く異議を唱えていると言えるであろうか。

＊付記　データ収集を手伝ってくれた深田有子さん，岩崎友美さん，石綿寛君に感謝したい．

1）「台湾政策，日本への懸念　アジア安保会議，米中衝突の余波」『朝日新聞』（2005年6月6日）．

2）Wang Hui “Imagining Asia : A Genealogical Analysis,” (2004) http : //www.lse.ac.uk/collections/LSEPublicLecturesAndEvents/pdf/20040512 Hui.pdf および Thierry Hentsch, *L' Orient Imaginaire* Paris, ed. Minuit, (1984)を参照のこと．

3）Wang “Imagining Asia,” *op.cit.*

4）この側面からの立場としては，岡崎久彦の多くの著作を参照のこと．

5）Joo Sup–il, “En Asie, l'histoire n'est pas une science,” *Nouvel Observateur*. 5–11 (Mai, 2005), p. 64.

6）小泉政権初期の政策決定者によるアジアとの関係についての楽観的な認識と，現在のスタンスのズレは大切な指標である．“Towards Trade and Investment Liberalization Among China Japan and Korea : China's WTO Accession and Regional Integration in Northeast Asia” *Cabinet Office*, December 2001, Government of Japan を参照のこと．2001年4月26日の小泉政権発足時に，小泉首相は「中国，韓国，ロシアをはじめとするアジア近隣諸国との良好な関係を構築する」と述べている．「首相談話の要旨」『日本経済新聞』（2001年4月27日）．

7）Shujiro Urata, “Regionalization in East Asia and Japan's FTA Strategies,” (December 2002), pp.3–4. http : //www.pecc.org/publications/papers/trade–papers/5_CP/2–urata.pdf

8）John Miller “Japan Crosses the Rubicon?” *Asia–Pacific Security Studies*, vol.I, no.1, (January, 2002), p.2. 「石原慎太郎都知事といった小泉の主要な助言者たち

は，海外での政治的影響力を高める目的での強力な軍事力の保持を提唱している．」

9）William Pesek Jr., "An Asian euro? Not so fast," *International Herald Tribune* (May 23, 2005).

10）アミタフ・アチャラは地域としての東南アジアの形成への外部からのインパクトについて広範な議論を行っている．Amitav Acharya, " Imagined Proximities : The Making and Unmaking of Southeast Asia as a Region," *Southeast Asia Journal of Social Science* vo 1. 27, no.1 (1999), pp. 55–76を参照のこと．

11）浅見唯弘，「チェンマイ・イニシアティブの後に来るもの」『国際金融』（1070），2001年8月，11−20頁：小島朋之，「アジア多国間強調枠組み形成で日本は主導的役割を」『世界週報』82⑿2001年3月，12−15頁．

12）ASEANは1967年にインドネシア，マレーシア，フィリピン，シンガポール，タイによって作られた．その後拡大し，ブルネイ，ベトナム，ラオス，ミャンマー，カンボジアが加入した．

13）1994年7月のアセアン地域フォーラム（ARF）設立も含む．

14）Office of International Security Affairs, *United States Security Strategy for the East Asia Pacific Region* (Washington, D.C. : U.S. Department of Defense, 1995). さらにEzra Vogel, "The China–Japan–US Triangle," *The Sixty–Second Morrison Lecture*, (July 7, 2001) も参照のこと．

15）United Nations Economic and Social Council, "Policy Issues for the ESCAP Region," (March 16, 2004) . http : //www.unescap.org/60/E/E 1305 e.pdf

16）Yuan Ming, "The Chinese Perspective," E. Vogel, Y. Ming, and A. Tanaka (eds.) *The Age of Uncertainty : The U.S.– China– Japan Triangle from Tienanmen (1989) to 9/11. (2001)* (Cambridge, Mass : Harvard University Press, 2004), pp.18–23. また Tom Donnelly, "China Without Illusion : Washington Wakes up to Beijing's Intentions," *The Weekly Standard* , vol.7, no.42 (July 29, 2002) も参照のこと．

17）Sanae Suzuki "East Asian Cooperation through Conference Diplomacy : Institutional Aspects of the ASEAN Plus Three (APT) Framework," *IDA APEC Study Center*, Working Paper Series 03/04– no. 7 (March, 2004).
http : //www.ide.go.jp/English/Publish/Apec/pdf/apec 15_wp 7.pdf

18）谷口誠『東アジア共同体経済統合と日本の行方』（2004年，岩波書店）2 − 4頁．

19）Castells, Manuel, *End of Millennium*, (Blackwell Publishers, 2000), pp. 222–233.

20）姜尚中「日本の未来の鍵を握る，日韓・日中関係」『環』vol.21（2005），134−152頁．

21）*Ibid.*

22）Kenneth Pyle, "Japan, the World, and Twenty–first Century," in T. Inoguchi and D. Okimoto (eds.) *The Political Economy of Japan : Volume 2 the Changing*

*International Context*, (Stanford : Stanford University Press, 1988), p.452. 戦後日本の東アジアおよび東南アジアに向けた内発的な政策についての別の視座からの分析として William Nester, *Japan's Growing Power and East Asia and the World Economy : Ends and Means*, (London : Macmillan, 1990) を参照のこと.

23) Martin Lewis and Karen Wigen, *The Myth of Continents : A Critique of Metageography*, (Berkeley : University of California Press, 1997), p.154を参照のこと.

24) Takashi Shiraishi, "Thinking Japan in Asia," http : //www.gispri.or.jp/english/newsletter/pdf/Shira.pdf

25) Lawrence J. Korb and Peter Ogden, "A Time for U.S. Diplomacy in East Asia," in American Progress (May 9, 2005).
http : //www.americanprogress.org/site/pp.asp?c=biJRJ 8 OVF&b＝673063

26) 姜，前掲論文，134－138頁．このことは日本がサンフランシスコ平和条約と日米安全保障条約を締結した1950年から1951年の事例で明らかである（道場 2001，p. 148）.

27) 姜，前掲論文，136頁

28) 谷口，前掲書，62－63頁.

29) 谷口，前掲書，21－25頁；天日　2005，163－164頁.

30) この会議は「チェンマイ・イニシアティブ」と呼ばれる．会議において参加国は世界での資本フローに関する情報交換と二国間通貨スワップを開始する決定を行った（谷口，前掲書，23頁）.

31) 谷口，前掲書，25頁.

32) 吉田春樹「東アジア共同体，その Q&A」中央大学大学院総合政策研究科『日本論』講義2005年 4 月23日.

33) 2004年に中国は貿易額1,973億米ドルという日本の最大の貿易相手国となった（劉，前掲論文，112－113頁）.

34) 谷口，前掲書，29－34頁．2002年，小泉首相はシンガポールにおいて「東アジア共同体構想」を発表した．この発表に基づいて日本政府は東アジア共同体の憲法作りを開始した．その結果，日本政府と ASEAN 諸国は2007年までの締結に向けた FTA および EPA についての交渉も開始している（谷口，前掲書，29－36頁）.

35) 谷口，前掲書，39－42頁.

36) 劉，前掲論文，113頁．谷口，前掲書，46頁.

37) 姜，前掲論文，139頁.

38) いくつもの誌上で特集が企画されるなど，東アジア共同体設立についての議論が活発になっている．最近の特集企画の例としては，『国際問題』538号（2005年 1 月），『世界週報』（2005年 3 月29日）などを参照．とりわけ総合研究開発機構（NIRA）はこの問題について，一連の企画出版を行っている．NIRA の特集企画としては，『NIRA政策研究』vol. 16，no. 4（2003）；vol. 16，no. 12（2003）；vol. 17, no. 5（2004）などを参照のこと．

39）山室信一「近代東アジアの変容と日中関係」『日中国際シンポジウム，レジュメ集』中央大学，2005年1月15日，26頁．一方で中国の知識人も東アジアにおける経済協力の重要性を認識している．張蘊嶺（2005）はEACを経済協力の側面から理解し，この面からのEACの設立は加盟国それぞれの利益となるという．またこの協力は経済上の安全保障にもつながり，この地域の経済の不安定化を防止するとも述べている．さらに季衛東（2005，64頁）は，EACの推進は経済の防壁になるという．EACはそれ自身の発展モデルを用いるために，この地域以外の国による――とりわけアメリカからの――経済介入を防ぐことができるとする．

40）ほとんどの知識人がEACの地理的な範囲を北東アジアとASEAN諸国として定義している．柳井俊二（2005）はEACをASEANと北東アジア諸国による協力体制として考える．また滝田賢治（2005）はEACを東南アジアと北東アジア諸国による地域協力レジームとしている．山室信一（2005）はEACをASEAN，中国，日本，韓国による強固な政治，経済，文化のコミュニティとして考える．園田茂人（2005）はEACを東アジアとASEAN諸国による信頼関係に基づく地域コミュニティと見ている．

41）寺田貴「共同体構築に向け東アジアサミット開催へ」『世界週報』2005年3月29日，17頁．ASEANプラス1（中国）の枠組みを重視する議論もある．この議論のなかで言われることは，中国は日本と韓国の間でFTAを形成する一方で，ASEANと地域共同体を設立していく，すなわち中国が拠点となって東アジア共同体が形成されるというものである（林・郭　2004；馬　2004）．また，中国・日本・韓国FTAについては，『NIRA政策研究』vol. 16，no. 12（2003）において特集されている．

42）吉田は，東アジア諸国間の人種と気候の相似から，文化的な類似性を強調している（前出講義，2005）．

43）この点について，葛兆光（2005，17－19頁）は，「アジア」という言葉の不明確さに言及し，EAC建設が困難であることを指摘している．「地理的側面からだけではなく，歴史，文化，イデオロギーの面から定義するなど，EACを支持する人々の間でも「アジア」の捉え方は様々である．この異なる「アジア」の定義がEACの議論の中にあるため，EACの具体的な形を描くのは困難となっている．

44）山室，前掲論文，25－26頁．

## 参考文献

天日隆彦「ユーラシアの台頭と日米関係の重要性」『環』Vol. 21，2005年，161－166頁．

浅見唯弘「チェンマイ・イニシアティブの後に来るもの」『国際金融』（1070），2001年8月，11－20頁.
入江昭「アジア太平洋地域における日本と中国」『日中国際シンポジウム，講演』中央大学，2005年1月15日.
葛兆光「思想史から見た19世紀の日本と中国」『日中国際シンポジウム，レジュメ集』中央大学，2005年1月15日，17－19頁.
季衛東「21世紀東アジア共同体の制度基礎と日中関係」『日中国際シンポジウム，レジュメ集』中央大学，2005年1月15日，64－70頁.
姜尚中「日本の未来の鍵を握る，日韓・日中関係」『環』vol.21（2005），134－152頁.
小島朋之「アジア多国間強調枠組み形成で日本は主導的役割を」『世界週報』82⑿2001年3月，12－15頁.
林佳龍，郭建中「21世紀のアジア地域経済発展の道について」『NIRA 政策研究』Vol.17，No.5，2004年，15－23頁.
馬洪「協調的な発展の実現および共同繁栄の創造」『NIRA 政策研究』Vol.17，No.5，2004年，33－35頁.
道場親信「東アジアの冷戦とナショナリズムの再審」『現代思想』29⒃2001年12月，140－158頁.
劉徳有「歴史を鑑に未来を志向」『環』Vol.21，2005年，12－118頁.
園田茂人「友好関係から東アジア共同体へ――日中交流概観調査が示唆するもの」中央大学政策文化研究所主催国際ワークショップ「米中関係と東アジア共同体」精華大学，2004年10月31日.
滝田賢治「東アジア共同体構想と日中関係」『日中国際シンポジウム，レジュメ集』中央大学，2005年1月15日，9－14頁.
谷口誠『東アジア共同体――経済統合と日本の行方』岩波書店，2004年.
寺田貴「共同体構築に向け東アジアサミット開催へ」『世界週報』2005年3月29日，14－17頁.
山室信一「近代東アジアの変容と日中関係」『日中国際シンポジウム，レジュメ集』中央大学，2005年1月15日，20－26頁.
柳井俊二「世界の中の日中関係」『日中国際シンポジウム，レジュメ集』中央大学，2005年1月15日.
吉田春樹「東アジア共同体，その Q&A」中央大学大学院総合政策研究科『日本論』講義，2005年4月23日.
張蘊嶺「経済のグローバル化と東アジア共同体構想－中国と日本の役割」『日中国際シンポジウム，講演』中央大学，2005年1月15日.
「経済統合の深化を通じた東アジア経済の進むべき方向」『NIRA 政策研究』Vol.16，No.4，2003年.
「実現可能な中国・日本・韓国 FTA の経済効果－日中韓共同研究　国際シンポジウ

ムより」『NIRA 政策研究』Vol. 16，No. 12，2003年.
「東アジア経済の統合・連携の進展を踏まえた未来像」『NIRA 政策研究』Vol. 17，No. 5，2004年.
「東アジア共同体と日本」『国際問題』No. 538，2005年1月.
「特集　東アジア共同体は実現するか」『世界週報』2005年3月29日.

**新聞記事**

「石原新都知事，就任会見で中国を批判　チベット政策や台湾問題」『読売新聞』1999年4月24日.
「熱い！？ダボス会議　石原都知事“米中批判”」『読売新聞』2001年1月27日.
「首相談話の要旨」『日本経済新聞』2001年4月27日.
「石原都知事　ワシントンで中国批判の演説」『読売新聞』2001年9月11日.
「「中国人，無知だから喜ぶ」石原都知事，有人宇宙船巡り発言」『読売新聞』2003年11月2日.
「公に語られる人種観の深刻　石原都知事「DNA」発言」『朝日新聞』2001年9月7日.
「「日本の力考えよ」石原東京都知事が大宰府で講演」『朝日新聞』2001年11月4日.
「石原慎太郎東京都知事　感傷から何も生まれぬ」『朝日新聞』2002年3月10日.
「台湾政策，日本への懸念　アジア安保会議，米中衝突の余波」『朝日新聞』2005年6月6日.

Acharya, Amitav. “Imagined Proximities : The Making and Unmaking of Southeast Asia as a Region.” *Southeast Asia Journal of Social Science*. Vol. 27. No.1. (1999), pp. 55–76.

Castells, Manuel. *End of Millennium*. Malden, Mass : Blackwell Publishers, 1998.

Government of Japan. “Towards Trade and Investment Liberalization Among China Japan and Korea : China’s WTO Accession and Regional Integration in Northeast Asia.” *Cabinet Office*. December 20, 2001.

http : //www 5.cao.go.jp/keizai 1/2001/1220 ttil 1.pdf accessed on June 15.

Joo Sup-il. “En Asie, l’histoire n’est pas une science.” *Nouvel Observateur*. 5–11 (Mai, 2005), p. 64.

Hentsch, Thierry. *L’ Orient Imaginaire*. Paris, ed. Minuit, 1984.

Lewis, Martin, and Karen Wigen. *The Myth of Continents : A Critique of Metageography*. Berkeley : University of California Press, 1997.

Miller, John. “Japan Crosses the Rubicon?” *Asia-Pacific Security Studies*. Vol. I. No.1 (January, 2002), pp.1–4.
http : //www.apcss.org/Publications/APSSS/Japan%20 Crosses%20 the%20 Robicon. pdf accessed on June 15, 2005.

Office of International Security Affairs. *United States Security Strategy for the East*

*Asia Pacific Region*. Washington, D.C. : U.S. Department of Defense, 1995.

Pesek, William Jr.. "An Asian Euro? Not So Fast." *International Herald Tribune*. (May 23, 2005).

Pyle, Kenneth. "Japan, the World, and Twenty–first Century." In *The Political Economy of Japan : Volume 2 the Changing International Contex*. T. Inoguchi and D. Okimoto eds.. 446–486. Stanford : Stanford University Press, 1988.

Urata, Shujiro. "Regionalization in East Asia and Japan's FTA Strategies." (December, 2002) http : //www.pecc.org/publications/papers/trade–papers/5_CP/2–urata.pdf accessed on June 15, 2005.

Vogel, Ezra. "The China–Japan–US Triangle." *The Sixty–Second Morrison Lecture*. (July 7, 2001)

Wang Hui. "Imagining Asia : A Genealogical Analysis." (May, 2004)

http : //www.lse.ac.uk/collections/LSEPublicLecturesAndEvents/pdf/20040512 Hui.pdf accessed on June 15, 2005.

第10章

# 友好交流から東アジア共同体へ？

## ——日中交流概観調査からの知見——

園田　茂人

## はじめに

日中国交回復から30年以上の月日がたった．日本の大学では，国交回復当時には考えられなかったほどに多くの中国人留学生が学び，彼ら・彼女らと学び舎をともにする日本人学生も改革・開放後に生まれ，社会主義・中国を知らない世代．多くの学生にとって，中国との付き合い・交流は，旧世代のそれに比べて，身近で一般的なものとなっている．

たとえば，2003年の12月，中央大学の学部生を引率して上海大学を訪問，両校で行われた質問票調査のデータをもとに，日中の学生がもつ就職や配偶者選択をめぐる意識や行動の違いを発表・討論する機会があった（園田他，2004）．分析結果自身も面白かったが[1)]，それ以上に興味深かったのが，調査の実施も含めたこうした試みが何の障害もなくスムーズに実施されたこと，それどころか討論会終了後，どちらから言うともなく「一緒に飲みに行こう」ということになり，酒席も含め双方が虚心坦懐に自分たちの意見を述べ合う機会をもったことだ．

筆者が中国政府奨学生だった1980年代，中国人学生と外国人学生の接触は猜疑の目で見られ，中国人学生が留学生の宿舎に入る際，一々登記しなければならなかった．中国の大学で質問票調査を行うには学内の審査をパスしなければならず，敏感な問題を質問票で聞くのはご法度だった．こうした過去の中国を知っている筆者にとって，学生たちの振る舞いに時代の変化を感じざるをえなかった[2)]．

もっとも，日中間の交流の進展は，肯定的な結果ばかりをもたらしているわけではない．学生交流に限っても，2003年の10月末に，日本人学生による大学祭での「裸祭り」が原因となって，西安の西北大学で反日暴動が起きたのはあまりに有名である．

また2004年8月，中国で開催されたサッカーのアジア・カップでの中国人サポーターによる反日感情の発露は，日本国内で大きな波紋を及ぼした．日中間の経済的な結びつきが強化され，日中双方が東アジア共同体の可能性について真剣に討議し始めていただけに，関係者のショックは大きかった．

8月9日，川口外務大臣は武大偉・駐日中国大使（当時）に「日中両国選手のフェアプレーには心を打たれたが（観客には）残念な行動が見られた」と苦言を呈し，8月12日には，日中友好協会（会長・平山郁夫）が「多くの中国の人たちの礼を欠いた言動は極めて遺憾」とする異例の見解を発表した．9月19日には，新日中友好21世紀委員会（座長・小林陽太郎）がアジア・カップで噴出した中国人の反日感情を問題にするなど，その後も尾を引いている[3)]．

事実，同年12月に発表された，内閣府の「外交に関する世論調査」の結果，中国に対して「親しみを感じる」と回答した者は37.6％と過去最低の数値を示し[4)]，韓国に対して「親しみを感じる」と回答した者が56.7％と過去最高の値を示したのと対極的な結果が得られている．また，日中関係を「良好と思わない」という回答も61％と過去最悪を記録したが，その原因をアジア・カップでの中国人サポーターの反日行為に求めている日本の報道機関も少なくない（http : //www.sankei.co.jp/news/041219/morning/19 iti 001.htm）[5)]．

このように，日中間では交流が摩擦を引き起こす構図を見て取ることができるが，今まで日中の交流事業を担ってきた諸団体は，交流の進展プロセスをどのように評価し，今後の日中交流をどう展望しているのだろうか．交流の過程で生じてきた摩擦を，どのように解決してきたのだろうか．

本稿では，筆者が実際に行ったインタビュー結果をもとに，これらの問題を考えてみることで，東アジア共同体構想のための示唆を得ることにしたい．

具体的には，（財）国際文化交流推進協会の委託を受けた日中交流概観調査でのインタビュー記録を用いながら，①日中交流を担う団体・組織の活動にどのような変化が見られているか，②これらの団体・組織は交流を進めるにあたって，どのような困難に直面し，これをどのように乗り越えようとしてきたか，③今後，日中交流はどうあるべきか，といった問いに答えてゆくものとする．

インタビュー調査の対象となった交流団体は，以下のとおりである[6)]．

**表1**　インタビュー対象団体のフェイスシート

| 団体名称 | 形　態 | 設立年 | 調査協力者 | 調　査　日 |
|---|---|---|---|---|
| A | 財団法人 | 1987 | I | 2003年12月15日 |
| B | 財団法人 | 1988 | J | 2003年12月15日 |
| C | 社団法人 | 1988 | K | 2004年3月2日 |
| D | 社団法人 | 1975 | L | 2004年3月2日 |
| E | NPO | 2003 | M | 2004年3月5日 |
| F | NPO | 1992 | N | 2004年3月5日 |
| G | 財団法人 | 1961 | O | 2004年3月12日 |
| H | 任意団体 | 1986 | P | 2004年3月19日 |

（注）設立年は，法人化された年ではなく，任意団体として発足した年を表す．

## 1．交流チャネルの増大という趨勢

調査対象機関の中で，もっとも設立年が古いのがG．しかし，Gの場合，1972年の日中国交回復以降も，以前からあった台湾との関係が密接で，中国大陸との接触は，1998年以降のことにすぎないから，今回のインタビュー対象の中でもっとも長い日中交流の経験をもつ団体は，Dということになる．

Dは国交回復後に設置された日中友好団体の一つ（日中友好協会「日中友好運動五十年」編集委員会編，2000）．衆議院議員を会長とし，理事，顧問には日中関係をリードする錚々たるメンバーが名を連ねている．2003年度の事業計画には，日中平和友好条約締結25周年記念行事を始め，日中青年友好交流や政治家・官僚・学者の交流，中国からの帰国者への支援，日中友好会館の催事への協力といった項目が並んでいる．

このように，着実に交流業務を拡大してきたものの，インタビューからは活発に活動しているといった印象を受けなかった．それどころか，一種の閉塞感・停滞感さえ漂っていた．インタビューに応じてくれたL理事長は，「日中間の政治的関係が良好でないため交流の進展が思うようにいかない」として，次のように述べている．

> 文化交流でも，特に国宝級の文化財が動くような場合，政治的関係の良否が大きな役割を果たすことになる．たとえば，秦の始皇帝陵の発掘や，則天武后や朱元璋の陵墓の発掘など，歴史的遺産の管理に日本が協力できることは少なくない．中国側に発掘・保存の技術が不足しているのだし，資金も潤沢でないのだから，日本側がオファーを出せばうまく協力関係は組めるはずなのだが，実際には協力できないでいる．

日中間の政治的関係から生まれた友好団体が，政治的環境ゆえに活動が思うに任せない逆説的状況を見て取ることができるが，事情はさほど単純ではない．政治的パワーと個人的な関係を軸に交流を行うという過去の交流スタイルが，徐々に「構造疲労」を起こしつつあるのだ．個人的関係を別のルートでも作ることができるとあれば，わざわざ政治的パワーを使う必要はない．逆に政治的パワーは使いたい時にだけ使う．日中の交流でこうした傾向が強まっているようである．

事実，L理事長が指摘するには，

> われわれの協会が，お金の絡む文化交流を行うような場合，その多くが援助会員からの申し出によることが多い．本来，これらの活動は個別にやってもらうのがよいのかもしれないが，われわれとしても多くの個人会員・法人会員を抱えており，彼らの要求を無下に断るわけにはいかない．特に，外部の資金を調達しようとする場合や，文化庁などの役所に協賛してもらう場合，審査の対象とされることから，どこからか協賛してもらった実績を示す必要がある．われわれの協会は，こうした際に大きな有用性を示すことになる．現在，後援した形になっている150のイベントは，おおむねこうした経緯から後援するようになったといってよい．

交流のチャネルが拡大する中で，従来の活動を維持するためには，相当な努力をしなければならない．そうしないことには，それぞれが個別のチャネルで活動するようになる傾向に歯止めをかけられなくなってしまうからである．

この点では，在日中国人留学生が作った任意団体である，Hのケースも例外ではない．1986年に設立され，博士論文を執筆する中国人留学生を主な会員母体としてきたものの，交流チャネルの多様化という流れに抗することはむずかしいという．

長く代表を務めてきた大学教授のPによれば，

> 日中間の交流で痛感するのは，主体が多様化し，留学生一つとっても，いろいろな機会で日本人と接することができるようになったため，私たちのような組織の意義が徐々に薄れつつあることだ．以前のように，パイプが少なかった時代では，私たちの組織で「トップ会談」を行うことが可能であったし，そこで多くの問題を解決することができた．ところが現在は，よくも悪くも日中間のチャネルが多すぎ，流れを大きくすることでき

ないもどかしさを感じる.

## 2．転換期の自治体交流

交流チャネルの多様化は，交流活動や具体的な活動プログラム間の競争を促す．参加する者にとって活動プログラムが魅力的であり，実利的なものでなければ，どれほど理念的にすぐれたものであっても，これを維持することはむずかしい.「友好」という大義のもとに作られた組織しかり，より互助的・功利的な組織しかりである.

魅力的・実利的なプログラムにするためには，いくつかの条件が必要となる．日本側の参加者にとって魅力的・実利的であると同時に，そうした条件を満たす日中間の関係が構築されていなければならない.

この点で，地方自治体間の日中交流は，現在岐路に立たされているようだ．2002年度ベースで，都道府県レベルでの姉妹自治体提携数で中国は34件とアメリカの23件を凌駕し，市町村レベルでの姉妹自治体提携数ではアメリカの413件に次ぐ256件を数えているにもかかわらず，である.

地方自治体の国際交流に関係しているＢのＪ主事によれば，

> 日中間でかなり長い期間，友好交流を結んでいるにもかかわらず形骸化している例がある．70年代に両国の橋渡しとして始まった交流が代替わりを経て今,「果たして自治体にこういう交流が必要なのか」という疑問がでてきている．日本の自治体の姉妹都市交流について，５年間活動がないと私たちの記録から抹消しているが，そのケースがかなり多い.

その原因については，日中間で交流に関して共通の認識をもっていないからだ，とＪ主事は次のように述べる.

一番の原因は，中国側は基本的に経済的な交流をしたいのに，それに対して日本側のメリットが現状では見つけられないこと．今どんどん発展している中国に対して日本は安定していて変化がないから，形の変わらない交流が長く続いていることで，お互いのニーズのギャップが出始めている．しかも市町村が財政的に厳しい時期なので，事業の縮小，打ち切り，見直しも進んでいる．

共通の認識ばかりではない．交流の進め方の違いも，交流進展の障壁となりやすいという．具体的には，

中国は，数では米国に次いで日本との国際交流が多い国だが，姉妹交流などの自治体交流の際に，日本側のように，サークルや市民団体といった中間集団を巻き込むことはない．社会主義経済が進み，純粋に社会主義でなくなってきているとはいえ，営利法人というものへの認識はまだなく，民間の交流ができるようになるには時間がかかるだろう．

急速に変化している中国とはいえ，民間交流が必ずしも日本側の期待した形で進んでいないというわけだが，こうした状況を打破するには，交流の中に日本側なりのメリットを見つけてゆくことが必要となる．特に，経済交流をどのように自治体交流に位置づけてゆくかが大切なポイントとなるが，この点は最後で触れる．

## 3．台頭するNPOと熾烈なサバイバル競争

政府や地方自治体は，その公的性格ゆえに，交流プログラムの間口を狭くしにくい．「なぜこのような交流をしているのか」とする批判に答えるには，それなりの実績を示さなければならないものの，こうした実績を示すの

は想像以上にむずかしいからである．

実際，交流の理念を掲げたとしても，これをめぐる議論は解決することがない．しかも，日本では政府や地方自治体の行動を批判的に見ている「クリティカル・マス」が相当数おり，交流の必要性を認識していたとしても，これを政府機関に任せることに対して批判的であるのに対して，NGO や NPO の活動には理解を示している者も少なくない（Sonoda, 2004）．合意形成のためのコストをかけないようにするには，民間団体がみずからの方針と理念に基づいて交流するのが安上がりだし，事実，ここ数年の傾向として NPO が日中交流を担うケースが増え，特に環境絡みの NPO の躍進はめざましい．

もっとも，NPO といっても，最初の立ち上げの際に「合意形成のためのコスト」が必要とされる点で変わりない．いろいろな考えをもつ人々が一緒に交流活動に従事すること自身，マネジメントの対象となるからだ．

以前，日中の民間交流を手がけていた人物を事務局長とするＦの場合，

> 最初に92年に中国・大同との交流が始まったが，ネパールや日本国内でのナショナルトラストに近い活動をしようという意見もあった．しかし，活動の焦点が定まって行く中で，別の考えをもつ人は別の組織を作るようになり，本団体は自然と中国との交流に特化していった．

多くの会員を抱えると，動員できる資源が増える反面で，活動の方向性を決めてゆく合意形成のためのコストが高くなりやすい．他方で会員数が少なく，極端な場合，一人の人間が交流に従事するなど柔軟性は高まるものの，動員できる資源は少なくなる．NPO の資格をもつＥの場合，明らかに後者のタイプに属する．

Ｅの事務局長・Ｍが告白するには，

> NPO 発足から１年たち，会員が56名を抱えていて，会費収入は若干あ

るものの，焼け石に水．活動をするにも，ポケットマネーから出さねばならない状況に置かれている．固定費すらでない．……もちろん，NPOなのだから，行政や財団から資金援助を受けるという方法もあるだろう．しかし，言うはやすく，行うはかたし．実績のない団体は相手にしてもらえない．最低2年の実績と，財政的な体力，企業でいう決算書が評価の対象となる．そうなれば，われわれは勝てない．そのため，それぞれが独自に収益事業を行わないことには成り立たないというが，各NPOの現状ではないだろうか．

NPOとしての活動理念はありながら，その活動資金が不足しているために収益事業をしなければならないジレンマがここにある．その結果，Eは，地域企業を対象にした投資セミナーを開くなど，その交流実績だけでは経済交流団体と区別がつかなくなっている．

NPOとして存続し続けるためには，絶えず資源を投入できる環境を維持しなければならないが，現実は厳しい．助成金を受けるにもコンペが必要とされる．Mによれば，

われわれも，行政が募集する受託事業に応募してみたことがあるが，ことごとく採用されなかった．たとえば，昨年末に締め切りになった愛知万博の事業については，月額600万円の事業の募集があった．これに応募した団体が180で，そのうち採用されたのが30団体．残念ながら，自分たちの作文能力が及ばなかったため，採用されるに至らなかった．そのため，いつまでも貧乏をしている．これからは，潰れてゆくNPOも増えてゆくだろう．

残念なことにも，15年もの活動歴をもち，長く日本語作文コンクールを主催してきた国際交流研究所は（大森・大森，2003），公的機関や財団・企業などの援助が得られないため事業を中止することにしたという[7]．また公式

ホームページによれば，1985年に設立された日中交流協会も，主として財政的な理由から2003年６月30日に解散するに至ったという（http://www.nihao2180.com/yamamoto.html）．

継続的に資源を投入することができなくなった時，交流事業はその生命を終えることになる．これはちょうど，需要と供給のバランスをとり損なった企業が，市場から退出を余儀なくされる姿に似ている．

## 4．交流事業が自己展開するまで

もっとも，合意形成のためのコストと資源不足のジレンマを解決する方法がいくつかある．小さな組織ながら，援助会員を増やしたり，他の基金・財団の援助を獲得したりして，活動をうまく継続するタイプが一つ．規模は大きいものの，明確な交流目的をもち，時にこれをめぐって意見が対立しても，これを解決するだけの合意形成能力を持ち合わせているタイプが一つである．今回の調査では，前者がF，後者はAやGが，それぞれ相当する．

海外での日本語教育を主な活動内容とするAの場合，大手出版社のフィランソロピーとして活動を開始したというユニークな経緯をもつ．資金的なバックアップはしっかりしていたものの，中国との交流に関しては，「『受験日本語』という現地ニーズへの対応を迫られる一方，A固有の『理解・交流のための日本語教育』をいかに根付かせるかという，葛藤の10年だった」という．

I事務局長によれば，

中等教育における日本語教育が規模的には世界の三指に入るというのに支援も教科書もなく，1,600人の教師も困っているところに，私たちが，やれることをやる，という出発だった．日本語教育のない地域の掘り起こしではなく，やっている人に対する支援という形で始まり，対話や共同作業を10年重ねてネットワークや信頼関係を築いてきた結果，今ようやく環境が整ってきた．

日本側の意思と中国側のニーズのすり合わせ．この単純そうに見えて，さほど簡単ではない作業をしっかりやってゆくには，経験の共有が何より大切である．そして，これを具体的な形に移してゆく力が求められることになる[8)]．

そのためには，単に中国側からのニーズを聞き出すだけでなく，時に積極的にアクションを起こす必要がある．また，事業に協力してくれるパートナーをうまく探し出し，新しいプログラムを作り出す工夫も求められる（高見，2003）．

I事務局長は，みずからのビジョンを以下のように語っている．

今後は今のネットワークを活かして，日本語を，教科書で学ぶものから，人とのコミュニケーションで使うものへと次の段階を目指したい．同時に，言語の習得だけではわからない個々の事例に自分で熟慮して対処できるような総合的教育を含んでいくことも課題．教師向けの教材も，中国が自力で離陸できる日のために時間をかけて行う．

このように，いくつかの条件が満たされた時，日中交流は自己展開を始めることになる．

## 5．環境という公共財をめぐる協力の構築

こうした交流事業の自己展開を示していたケースとして，A以外に，FとGという，２つの環境保護団体を挙げることができる．

日本における環境意識の高まりと，中国国内における同種の必要性の認

識，そして何より同種の活動を援助する基金や財団の増加といった，環境の変化に負う部分が大きい．環境という公共財を守るための日中間の相互協力は，現在のところ着実に進んでいる[9)]．

もっとも，実際の具体的な活動となると，さほど簡単ではない．中国における官僚主義や緑化運動への意識の低さなど，交流を始める前には多くの困難が存在していたからである．興味深いことに，比較的規模が小さく，強烈な個性の持ち主を中心にゲリラ的活動を続けてきたＦも，専従有給スタッフ159名を抱えるＧも共通の困難を抱え，それぞれの方法で対処している．

Ｆの場合，

> 交流は，こちらが最初に市にアプローチしていった形で，市側がこちらにアプローチしてきた，というのではない．もっとも，事業内容を最初から確定していたわけではない．緑化という大目標はあったものの，その具体的な内容については，問題に逢着してからこれを解決する，といったスタイルで徐々に整備していった．

言わば，進みながら徐々に問題を解決していったわけだが，その過程で，Ａ同様，中国側に積極的な働きかけをしている．その成果が，中国国内での事務所設立である．

担当者によれば，

> 官僚組織を相手にしていては，頻繁な人事異動のたびに，事業を見直さなければならない．こちらの現地での滞在時間も長くなり，現地の事情が飲み込めてゆく中で，「それなら，専門の部署を作ってくれ」というので，市の青年連合会が当局に直談判して，給与と事務所を提供してもらう以外は，こちらが運営費用を負担するという条件で，現在の体制が整うことになった．

一方，Ｇの場合，交流対象が中国以外にもあったため，中国との交流開始が1998年と，比較的遅い．それまで台湾との交流も行ってきた経緯があり，中国大陸との交流を始めるタイミングを見計らっていたのである．

1998年に長江が大洪水を起こし，中国政府の植林事業への姿勢が変わった．Ｇは，こうした変化を察知し，積極的に対中事業を展開してゆく．

最初に私たちが参加した植林作業は2000年の３月，重慶で行われた．ただ，最初から「日本からお金を持ってゆくだけのことはやめよう」と考えていた．日本側がボランティアを提供するとしても，中国側が資金を提供するなどの方法で，双方にとってのベストな協力のあり方を考えていたからだ．

植林事業から農業人材育成，砂漠の緑化事業へ．Ｇは徐々に，事業の軸足を動かしつつあるが，その基本姿勢に変化はない．Ｏ常任理事はこの点について，次のように述べている．

植林という事業は，NGO 単体で進めることは非常に困難である．どうしても，現地の人たちに植林の必要性を理解してもらう必要があるし，彼らが主体的に植林事業に取り組んでもらわないことには，事業は成立しない．その意味で，政権の理念・イデオロギーとは無関係に植林の重要さ・大切さを訴えようとしてきたし，この姿勢は変わっていない．

環境対策は，日中という狭い関係に限定されない地球的な課題で，その効果は遅々としていたとしても，必ず評価される性格をもつ．中国国内でも，この数年の間に環境保全に対する意識が急速に高まってきており[10]，日中の交流事業として今後とも必要不可欠な要素となることは間違いない．

## 6．個人の力量に依存する交流実績

このように，時代の状況が変化する中で，日中交流の主体や活動内容，交流のやり方も変化している．しかし，興味深いことにも，一連のインタビュー調査で明らかになったのは，交流発展の可能性は，これを担う個人の力量に負っているという事実である．この点では，交流実績のある団体であれ，そうでない団体であれ，違いはない．

Dの場合，「個別の文化交流については，個々の人脈に依存するところが大きい．日中交流七団体で，それぞれの役割が決まっているといっても，われわれの人脈を使うからできる交流もあれば，そうでない交流もある」という．またBの場合も，「現在活発に動いているのは，（長崎など）結局は人的な意思の強いところである．市町村であっても市長など，長の意向がかなり強く反映されるので，自治体としての戦略性というより個別的な要因が大きい．……熱心かそうでないかの差が出てくるのは，熱心な市長や職員の存在が大きい」．

Hの場合，幹部の任期を２年にしているものの，それでも交流が活発になるかどうかは，「中に活動的な人間がいるかどうかによる．活動を囲む環境と個人的要素．これらがうまく調合して，初めて活動が成立する」という．

日中の戦略問題を討論するという，政治的に微妙なテーマに関しても，同種の原理が働いている．ＣのＫ主任研究員によれば，

> 実際に事業を進めてゆくには，安定的な人間関係があることが前提．ビジネスライクな付き合いができるのも，双方に交流の蓄積があって，互いに信頼しているから．そこ抜きには，日中交流を語ることはできないのではないか．

比較的大きな組織でも，こうした傾向が見られるのだから，中小規模の組織の場合，交流実績は，決定的に個人の力量に依存するといって過言ではない．

民際外交の重要性や，市民社会・NGOの果たすべき役割について議論されて久しいが，日中間の交流事業も，結局は，これを支える個人がどれだけ育っているかにかかっている．

## 7．これからの日中交流は？

では，これからの日中交流はいかに進めてゆくべきか．個々の組織・団体が出した回答は，それぞれ異なっている．

Ｄは，あくまで政治的交流を通じた日中関係の構築を目指し，フォーマルな日中交流の重要性を主張する．これに対して，Ｅは，「民間でできることはできるだけのことをしたい」といい，政治的活動に関心を示さない．Ｇは，中国での植林事業基金の設立が活動継続の鍵だといい，Ｆは，育苗事業によって得られる収益を今後の活動資金の源泉にしたいと考えている．

しかし，国家レベルでの対中交流となると，意見は似てくる．合意形成のためのコストを考慮に入れていないとはいえ，「日本としての基本理念が必要だ」という意見が大勢を占めているのである．

ＣのＫ主任研究員によれば，

　日中交流をどう進めてゆくかには，やはり国としての理念が求められるだろう．日中間の関係が徐々にプラグマティックになっているとはいえ，本当にこれをどうしたいか，真剣に討論する必要があるのではないか．

また，ＤのＬ理事長も次のように述べて，「思い切った判断が必要だ」と指摘している．

文化交流といっても，宝塚や大相撲，歌手のプロモーションなどは経済原理が働くのだから，民間でも進めることができる．中途半端に政府関係機関が助成金を払う必要などないのではないか．逆に，助成するのであればトコトンまで助成すればよい．助成規模によって文化交流の規模が変わってしまうようなことは，やめたほうがよいだろう．

EのP教授は一歩踏み込み，日中交流を統括しうる新しい組織の設立を提案する．

現時点で，日中交流は「群竜無首（船頭多くして船山に登る）」状況にある．各団体が，それぞれに日中交流を担うこと，そしてこれを実践することは確かに重要だが，同時に，これらを総括的に捉え，日中交流の再定義を行いうるだけの力をもった組織も必要だろう．

交流が個別に進行しているがゆえに必要とされる新しい枠組み．国家が関与するがゆえに求められる基本理念とリーダーシップ．日中交流のあり方は，今後の東アジア共同体構想に大きな示唆を与えるものとは言えまいか．

## おわりに

「友好」をキーワードに始まった日中の交流．国交回復という大きな政治的決断を背後で支えたのは，戦前から営々として築き上げてきた個人的な信頼関係と，自分たちの国には相手の存在が必要だとする思いだった（孫平化，1998；劉徳有，2002）．

しかし，関係を作り上げた「井戸掘り人」たちの退出と交流チャネルの多様化，交流目的の変容とともに，友好交流も歴史的な使命を終えつつあるといって過言ではない（天児・園田，1998；金，2004）.

「国交回復から長い時間が経ち，もはやわざわざ集まって交流だけという段階ではない．地方政治を主体にテーマを探ると『経済』が挙がるのは当然」とは，J氏の弁．公的組織でも，単に交流をするというのではなく，その中に果実を埋め込まないことには事業を継続できないというわけだ．

非営利の環境活動を展開するGのO常務理事も次のように述べ，日中交流の質的変化の必要性を説く．

> 今までの日中関係を支配していたのが「贖罪意識」だったとすると，これからはこれでは動かない．日中が同じ視線から考えられるような枠組みが必要だ．若い人を含め，この点，変わってゆかねばならないだろう．

多くの経済学者は実質的に進行している東アジア内での経済統合と利益共有化を前提に，東アジア共同体やFTAがもたらす経済効果を強調しており（浦田他，2004；谷口，2004），日本の経営者たちもFTAを積極的に評価している（『日本経済新聞』2004年3月24日付）．東アジア共同体やFTAといった経済的提携をめぐって，今後とも意見交換が進むのは間違いない．

しかし，経済的な動機によって成立する関係も，それ以外の要素によってダメージを受けることも少なくない．靖国問題に端を発する日中首脳の相互訪問の凍結が，政府ベースの経済交流をトーンダウンさせる「政冷経熱」現象は，まさにこうしたダイナミズムを示したものと理解すべきであろう[11]．

日中双方の事情を理解し，交流事業を進めることのできる個人をどれだけ育てることができるか．個々の交流プログラムを部分的にサポートするだけでなく，政府はどのようにしてみずからの基本理念を作り上げ，リーダーシップを発揮してゆくか．日中交流の維持・促進に必要な条件は，東アジア共同体構想を具体化する際にも求められるはずだ．

朝日新聞が2001年に実施した世論調査によると，「日本，韓国，中国の間でも，経済面でもEU（欧州連合）」のような結びつきができると思いますか」との問いに，「できる」と回答した割合をみると，韓国（33%）や中国（32%）以上に日本（12%）の値が低かったこと，にもかかわらず，日中韓での結びつきを今後とも重視すべきだとする声が多かったことから考えても（永持，2003），東アジア共同体の構築に向けて日本の政府が果たすべき役割は少なくないはずだ．

さまざまな摩擦を抱えながらも進行してきた，30年強に及ぶ日中の交流事業．その成長・発展の歴史は，東アジア共同体構想を絵空事として笑うことを躊躇わせる，何かがある．互いに相手を必要とする意識や，共通経験を基礎にした信頼関係の醸成．日中交流事業が作り上げてきたものは，東アジア共同体を考える際にも必要な「何か」をもっており，その「何か」を国際政治の枠組みとして各国政府が見なすようになった時，東アジア共同体は，その姿を現すことになる．

＊謝辞　本稿は，(財)国際文化交流推進協会が国際交流基金への報告書として提出した「日中交流概観調査」(2004年３月）の第２章「日中交流の新たな動き」を大幅に加筆・修正したものである．報告書を作成するにあたって，国際交流基金の田口栄治氏と河野明子氏，国際文化交流推進協会の岡田定久氏，赤松賢一氏，江原孔江氏には格段のご配慮を賜った．感謝したい．

1)　たとえば，日本人学生はいくつかの質問への回答パターンの違いをもとに，企業へのコミットメントの仕方に日中間に差異が見られ，日本人が「集団主義的である」のに対して，中国人は「個人主義的」といった文化的違いがあると指摘した．これに対して中国人学生の方からは，「自分たちは個人主義ではない」と強い反論が出され，双方の議論に齟齬が見られた．中国人学生にとって「個人主義」は望ましい状態でなく，その意味では日本人学生と似た感覚を抱いている点に齟齬の原因があったのだが，この点については，http://www.asahi.com/international/aan/issen/issen 54.html を参照されたい．

2)　こうした変化を，中国における「市民社会の台頭」と捉える向きもあるが，事情はさほど単純ではない．現在の日中交流でもそうだが，市民が国家と独立に交流するという状況が中国では存在しておらず，そこに日中交流の難しさがあるとする声も少なくない．中国政府は市民が作る社会組織を，その性格を見極めながらコントロールしており，これが統治の道具となりうる場合には促進し，政府の権威に挑戦する場合には鎮圧するという，異なる対応を見せている．康暁光

(2004) はこれを「分類管理」と表現し，中国社会の変化を「市民社会モデル」で見てはならないとして主張している．

3) もっとも，アジア・カップでの「事件」をどう理解すべきかについては，論者によって評価が異なる．『中国研究月報』(2004年9月号) の「小特集＝サッカー・アジアカップ」を参照されたい．

4) 小針進によれば，韓国には日本のような「中国脅威論」が存在せず，中国への親近感は強いという．その理由として小針は，①経済的な対中依存度の上昇，②朝鮮半島問題の解決に対する中国の協力的態度，③反米的メンタリティーの台頭，④中国圏での韓国文化評価への高さ，⑤伝統的な対中コンプレックスの存在を挙げている（小針，2004：75−78）．他方で小針は，今後韓国の「対中位負け外交」が表面化するようになれば，こうした事態も変化するかもしれないと指摘しているが，中国に対する好感度がなぜ日韓の間で異なるかを考えてみるのも，今後重要な知的作業となってくるに違いない．

5) 本稿脱稿後の2005年4月に，中国の諸都市で反日デモが多発した．これをどう捉えるかについては本稿の射程からははずれるが，その結果，日中を軸にした東アジア共同体論議に，一時的であるにせよ，水が差された点だけは指摘しておかなければならない．

6) プライバシー保護のため，調査対象となった団体および調査協力者の名前を明かすことはできない．

7) 大森和夫氏から筆者への私信（2003年12月4日付）による．

8) こうした作業が必要なことは，何も交流事業に限らない．企業の海外進出にあたっても，現地の事情と本社の意思をうまく結び付けられる「文化的媒介者」の果たす役割は小さくないのだが，この点については拙稿（園田，2004）を参照されたい．

9) それどころか，すでに環境ガバナンスという視点からは，北東アジアに関してはNEASPECという基本枠組ができているとする指摘がある．星野（2004）を参照のこと．

10) たとえば，中国社会科学院社会学研究所が中心になって発行している『社会藍皮書（ブルーブック）』では，2004年度版から環境問題を取り上げるようになるなど，国民各層で環境意識の高まりが見られる．他方で，国全体としての取り組みに対しては批判的な意見が多く，今後日中間での協力が望まれる分野となっている．中国人ビジネスマンが日本企業への環境協力を期待している点については，環境経営フォーラムの2003年4月8日付ニュース（http://emf.nikkeibp.co.jp/emf/news/0304/030408_2.html）を参照のこと．

11) あまり指摘されないことだが，中国と「政冷経熱」の関係をもつのは，日本に限った話ではない．台湾や香港でも，似た現象が見られる．特に台湾の場合，中国大陸との経済的な結びつきの強化と台湾人アイデンティティの高まりが互いに補完し合っている点で，興味深い特徴を示している．その意味では，「政冷経熱」

現象をあまり特殊なものと思いすぎない方がよいのかもしれない．

## 参考文献


天児慧・園田茂人編，1998，『日中交流の四半世紀』東洋経済新報社．

天児慧，2003，『中国とどう付き合うか』NHK ブックス．

星野智，2004，「アジア太平洋地域の環境ガバナンス」川崎嘉元・滝田賢治・園田茂人編『グローバリゼーションと東アジア』中央大学出版部所収．

金熙徳，2004，『21世紀の日中関係—戦争・友好から地域統合のパートナーへ』日本僑報社．

康暁光（園田茂人訳），2004，「社会組織の増加は中国の民主化を促すか」渡辺利夫・寺島実郎・朱建栄編『大中華圏—その実像と虚像』岩波書店所収．

小針進，2004，『韓国人は，こう考えている』新潮社．

古森利貞，2001，「新しい日中関係の構築に向けて」愛知大学現代中国学会編『中国21　特集　21世紀の日中関係』第10号，風媒社，183－200頁．

劉徳有，2002，『時は流れて—日中関係秘史五十年』藤原書店．

永持裕紀，2003，「世論調査にみる『東アジア共同体』の可能性」「米中関係と東アジア共同体構想」主催2003年７月７日研究会用レジュメ．

日中友好協会「日中友好運動五十年」編集委員会編，2000，『日中友好運動五十年』東方書店．

大森和夫・弘子，2003，『日本語交流のすすめ』エール出版社．

園田茂人，2004，「グローバリゼーションと企業内文化摩擦——日系企業における『文化的媒介者』の存在を中心に——」川崎嘉元・滝田賢治・園田茂人編『グローバリゼーションと東アジア』中央大学出版部所収．

園田茂人・「上海プロジェクト」有志，2004，「人生の選択にあたって，日本と上海の学生は？——2003年度「上海ゼミプロジェクト」報告」『中央評論』第247号，112－120頁．

孫平化，1998，『中国と日本に橋を架けた男』日本経済新聞社．

高見邦雄，2003，『ぼくらの村にアンズが実った——中国・植林プロジェクトの10年』日本経済新聞社．

谷口誠，2004，『東アジア共同体——経済統合のゆくえと日本』岩波書店．

浦田秀次郎・日本経済研究センター編，2004，『アジア FTA の時代』日本経済新聞社．

Sonoda,Shigeto, 2004, “Symbiosis of State and Society for Solving Non-traditional Security Issues?: Functional Explanation of the Emergence of NPO-NGOs in Contemporary Japan” paper presented for international workshop on “The Role of State in Managing Social Transition,” Institute of Asia-Pacific Studies, Chinese Academy of Social Sciences.

第11章

# 東アジア共同体論の歴史的文脈
## ――帝国主義と民族主義の弁証法――

斎藤　道彦

## 1．帝国主義と民族主義の弁証法

### (1) 民　　族

「民族」（英語 nationality，ドイツ語 Nation）という概念は，人によりさまざまな規定がある．一般には，言語・生活上の風俗習慣・宗教的信仰の一定の共通性や歴史の共有などの文化的共通性，領土・居住地域の共通性，共通する経済圏にあることなどを根拠として共同所属意識を持つ集団と理解される．落合忠士は『ナショナリズムの理論と展開』[1)]で，血縁・地縁・言語・宗教・政治・経済・歴史的運命の共同を客観的要素とし，共通の心理を主観的要素とする集団と規定している．また，この「民族」を，不変で永続性を持つ集団と見るか，歴史的可変的であると見るかについても，見解は分かれる．私は可変的なものと考えるが，この「民族」概念はさまざまな意図によって操作されうるものであるということも歴史の中でしばしば確認される現象である．

今日の民族問題の複雑さは，特に1991年のソ連崩壊後の東南ヨーロッパや西アジアなどで目撃されてきたように，現状の国境線がかならずしも言語や宗教の共通性に対応していないということに表れている．また，文化的共通性の核心部分は言語であるが，言語が共通だから統一国家をめざすべきものというわけでもないことは，英語を共通言語とし，イギリス王室を共通の支配者とした歴史を持つイギリス，アメリカ，オーストラリアなどの例をみれば，明らかである．また，フランス語・ドイツ語・イタリア語を公用語とするスイス民族の事例もある．民族によっては，居住地域の拡散という要素もある．

### (2) 帝国主義

「帝国主義」も，人によりさまざまな規定がある．レーニンは，『資本主義の最高の段階としての帝国主義』(1916年）において，①生産と資本の集積が独占的段階に達したこと，②銀行資本と産業資本が融合し，金融寡頭制が作り出されたこと，③資本輸出が重要な位置を占めるに至っていること，④資本家の国際的独占団体が世界を分割していること，⑤資本主義の強国による地球の領土的分割が完了していること，という5つの指標をあげている．しかし，これでは，19世紀ヨーロッパのアフリカ・アジア進出に帝国主義概念を用いることができなくなってしまい，不便である．そこで，私はレーニンの規定は狭義概念とし，広義には，「他国，他民族を完全に支配したり，その主権の一部を侵害したりする膨張主義」と規定する[2)]．アヘン戦争以来の清朝に対するヨーロッパと日本の戦争は，帝国主義行動である．

### (3) 民族主義と帝国主義

「民族」意識は，15世紀中葉にヨーロッパで生まれたとされる（落合忠士『ナショナリズムの理論と展開』24頁)．民族運動は，19世紀ヨーロッパでは近代国家の形成・成立と同時進行的に発展していった．イタリアでは，1820年頃から1870年に至る risorgiménto（復興，国家統一運動）によって1861年にイタリアは統一され，イタリア王国が成立した．プロイセンは，1871年にドイツを統一し，第二帝政宣言を発した．民族主義は，成長した生産力のはけ口をアフリカ・アジアに求めて，帝国主義と化した．民族主義は，帝国主義に転化したのである．アジアに登場した帝国主義は，アジアの民族主義を生み出し，育てた．

一般に，アジアの民族運動は，帝国主義に反対する性格を刻印されたので，民族主義は進歩的革命的運動であるという理解が定着している．しかし，帝国主義の侵入によって点火された東アジアの民族主義の中には，西洋の自由主義・民主主義の政治思想などに対する反発があり，みずからの「悠久」の歴史や文化への賛美が存在したという側面もあったことは，清朝における洋務運動や義和団運動などの例に見ることができる．愛国主義が，常に正義であったわけではなかった．ヨーロッパ帝国主義が東アジアにおいて情け容赦なく破壊していったのは，古き中華秩序であり，東アジアの近代化を促進していったという側面もあった．

アジアの一番東に位置する日本でも，1868年の明治維新によって民族国家が成立し，明治政府は東アジアへの膨張をめざしたので，東アジア唯一の帝国主義国家への成長過程を辿った．日清戦争〔甲午中日戦争〕・日露戦争・日韓併合・満州国建国・日中全面戦争は，19世紀から20世紀中葉にかけての東アジアにおける唯一の帝国主義国家――日本の対外膨張行動であり，しだいにヨーロッパ各国に取って代わって中華秩序破壊の主役となっていった．

このように，われわれは，東アジアの歴史の中に帝国主義と民族主義の弁証法の文脈を見て取ることができる．

## 2．中国における民族主義の形成と発展

### (1)　反満意識から「中国人」意識への転換

「中国」の中の「漢人」意識を持つ人々の大部分は清朝に服従していたが，中には満州族による統治を屈辱と受け取っている人々がいた．1850年から1864年にかけて清朝統治を揺るがした大反乱，太平天国運動は，漢人によ

る満州族への反感の現れの最たるものであった.「駆除韃虜〔満州人の駆逐〕」を掲げていた孫文も日露戦争開始後の1904年秋,「中国問題の真の解決」[3]で,「われわれは満州政府と呼び,それを中国政府とは言わない」と述べ,満州人を「蛮族」と呼んで,満州人は中国人ではないという認識を述べていた.

しかし,ロシアが満州地域に南下してゆくと共に,従来通り反満意識を持ち続ける漢人のほかに,満・漢を区別せず,一体の「中国人」という意識を持つ漢人が登場するに至る.1901年～1905年の拒俄(ロシア拒否)運動には,この変化がはっきりと表れている[4].

### (2) 中国民族運動と大中華主義の形成

明を滅ぼして成立した清朝は,旧明朝部分については満州族統治下の「中国」であったが,明朝版図「中国」に止まらず,東アジアから中央アジアにかけての広がりを持った王朝であった[5]という忘れられている,あるいは注意が払われていない事実を念頭に置いて,以下の歴史の展開を見てゆきたい.

陶成章は「中国民族権力消長史」(1904年)で「中国民族」の発展史を述べ,宋教仁は「漢族侵略史・叙例」(1905年2月8～27日)で漢族の歴史は侵略の歴史であったと述べ,それぞれ「漢族」としての誇りをかき立てている.劉彦は『中国近時外交史』(宣統3年〔1911年〕6月)で,帝国主義による中国への侵略について述べ[6],蔣介石は柳条湖事件が起こる4ヵ月前に南京中央軍官学校での講話「革命哲学研究経過の段階についての自述」(1931年5月16日)で,日清戦争,日露戦争に触れ,『反共抗ロ基本論』(1952年10月16日)で,清朝・ロシア関係および日露戦争の遠因について述べている[7].

中華民国成立後,中国民族主義は反満から五族共和へと転換し,満州族も中華民国の一員とした.中華民国は清朝版図のすべてを継承しようとし,中華人民共和国もこれを受け継ぎ,今日に至っている.

### (3)　レーニンの日露戦争観

1904年から1905年にかけて，満州および対馬海峡で日露戦争が戦われた．それは，どちらの側から見ても帝国主義戦争であったと私は思うが，清朝期・中華民国期・人民共和国期における中国側の日露戦争観および一部日本人の見解については別稿にゆずり[8)]，ここではロシアの革命家にして世界革命を展望していたレーニンの日露戦争についての見解を見てみよう．

ロシア革命の指導者レーニンは日露戦争について，日本の勝利を喜び，日本の進歩的役割を高く評価した．レーニンは「旅順の陥落」（1905年１月14日）で，次のように述べている．

> この破局〔旅順の陥落〕は，全世界の資本主義的発展が異常に促進されること，歴史が促進されることを意味するが，ブルジョアジーは，このような促進がプロレタリアートの社会革命を促進するものであることを，非常によく，あまりにもよく知っており，苦い経験によって知っているからである．西ヨーロッパのブルジョアジーは，長いあいだの停滞の空気のなかで，「強大な帝国」の庇護のもとで，大いに身の安全を感じていた．ところがとつぜん，ある「神秘につつまれた，少年のように若い」力が，大胆にもこの停滞を打破し，この支柱を粉砕するのである[9)]．

> プロレタリアートには，喜んでよい理由がある．われわれのもっとも兇悪な敵の破局は，ロシアの自由が近づいていることを意味するばかりではない．それは，ヨーロッパのプロレタリアートの新しい革命的高揚をも予告しているのである．（同前）

> 進歩的な，すすんだアジアは，おくれた，反動的なヨーロッパに，取りかえしのつかない打撃をあたえた．10年まえ，ロシアを先頭とするこの反動的ヨーロッパは，若い日本が中国を壊滅させたことに不安をいだき，日本から勝利の果実を奪いとるため結束した．（同前）

日本が旅順をとりもどしたことは，反動的ヨーロッパ全体にくわえられた打撃である．（同前）

すすんだ国とおくれた国との戦争は，すでにいくたびか歴史上にあったように，こんども偉大な革命的役割を演じた．そして，戦争——あらゆる階級支配一般の必然的で取りのぞきえない同伴物——の仮借することのない敵である自覚したプリレタリアートは，専制を壊滅させた日本のブルジョアジーがはたしているこの革命的任務に，目をふさぐことはできない．（同前38頁）

〔日本にたいする同情を表明した〕ゲードとハインドマンは，日本のブルジョアジーと日本の帝国主義を擁護したのではない．彼らは，二つのブルジョア国の衝突の問題で，両国のうちの一国の歴史的に進歩的な役割をただしく指摘したのである．（同前39頁）

ロシアの自由の大業とロシア（および全世界）のプロレタリアートの社会主義のための闘争の大業は，専制の軍事的敗北に大いにかかっている．（同前）

これについて，長瀬隆は，レーニンが正しいと支持し，日露戦争を日・露双方による帝国主義戦争と見るのは誤りであり，「階級的観点に欠け，史的唯物論を知らぬ者の妄言」と批判している[10)]．

レーニンのこの立場は，主としてロシアにおける革命運動を推進する立場からツァーリ・ロシアの敗北を有利と捉え，その角度から見れば日本の勝利は「進歩的」であったという弁証法的関係を述べたものと思われる．レーニンの場合，「全世界」が視野に入ってはいたが，東アジアについてどの程度の認識を持っていたかは，疑問なしとしない．レーニンが日露戦争において日本を賞賛したのは，孫文が革命運動において日本政府の支援を要請したり，ソ連の支援を受け入れたりしたのと同じ発想によるものであろう．しかし，レーニンのように，日露戦争における日本の評価を「進歩的」な「ブルジョアジー」と規定すると，第二次世界大戦に至る日本近代史の捉え方は「侵略と膨張の歴史」という把握とは一致しなくなるが，マルクス主義的「世界革命論」・「史的唯物論」からすると，どのように描き出されるのだろうか．長瀬は，日本の戦争目的がロシアの反動体制の打倒や革命運動の支援にあったわけではないのに，それらの目的を推進しているレーニンらにとって有利であったということを日本の戦争目的であったかのように混同しているのではないか．

## 3．日本と中国の歴史認識の問題

### (1)　戦後日本の憲法と日本の歴史認識

1945年の日本の敗戦後，日本には日中戦争や戦前の政治体制について２つの見解が対立してきた．「日本国憲法」は，戦争を否定し，軍備の保持を禁じた．これが，戦後日本の憲法体制の主要な柱の１つである．しかし，現在，日中両国間には，歴史問題に関連して矛盾・対立の局面が存在する．

①　日中戦争等合理化発言

戦後日本政治においては，自衛隊を強化する政策をとり，日中戦争を合理化するグループが強い影響力を持ってきた．こうした一部閣僚・政治家の発言は，日中両国関係を阻害する障害物となっているが，これは主として日本の政治構造の問題であり，改善の努力を必要としている．

②　靖国神社参拝問題

彼らによる戦犯合祀の靖国神社参拝問題も，日本国内の良識による解決が基本である．靖国神社以外の慰霊施設を設けるのはよい方法と思われるが，遺族に分祀を強制することはできないというデリケートな問題も存在する．しかし，戦没者慰霊の方法は１つに限られるわけではないので，少なくとも閣僚の靖国神社参拝は自粛すべきであろう．

③　反省と謝罪問題

日本政府は，日中戦争に関してすでに反省と謝罪の意思をたびたび表明しており，十分かどうかは別としても，反省がないとは言えない．それにもかかわらず，中国政府が日本政府に対して声高に反省と謝罪を繰り返し要求し続けるという1990年代以降の手法は，日本国内世論の反発を強めるだけで，すでに逆効果になっていることに中国政府は気づくべきである．よく日本の曖昧な態度に対してドイツのきっぱりとした反省と謝罪の姿勢が対比されるが，フランス・ロシアなどの侵略された国々がドイツに対して反省と謝罪を要求し続けていないことは，参考にされてよい．私は，日本政府が改めてもう一度きっぱりとした反省と謝罪を表明し，中国政府がそれをもって諒とする態度表明をして，両国はこの問題に決着をつけ，未来志向の局面にきっぱりと移行することが望ましいと考える．

④　尖閣列島（釣魚台）問題

尖閣列島問題については，現状では居住者がいないので，双方の政府が自国民間人の上陸を禁止し，当面，凍結するのがよいだろう．双方が相手側を刺激しないことが，肝要である．

⑤　歴史教科書問題

日本の歴史教科書は，これで十分とは言えないまでも，日清戦争・日韓併合・満州国・日中戦争に関して，ごく一部の教科書を除き侵略の歴史として記述していることを，中国側は理解すべきである．

### ⑵　中国における非理性的民族主義の高揚

①　非理性的民族主義の高揚

中国は改革開放政策に移行して以来，それまで掲げていた国際主義は影を潜め，それに代わって，日本の閣僚による日中戦争等合理化発言，靖国神社参拝問題，歴史教科書問題，尖閣列島問題等々をめぐって民族主義が高揚する現象を示している．一例をあげるなら，2004年の北京におけるサッカー・

アジアカップ騒擾事件は，スポーツと政治問題・歴史問題を区別できない中国の中の非理性的な民族主義の姿を示したものであり，「道理も節度もなく」（毛沢東），東アジアの大国としての風格を欠いた行動だった.

②　非理性的民族主義の同志的関係

日本の中の非理性的な民族主義は中国の中の非理性的な民族主義を刺激し，中国の中の非理性的な民族主義は日本の中の非理性的な民族主義を刺激し，お互いに相手を助長しあうという関係が存在している．両者の関係は，最も激しく対立しあっているかに見えるが，実はお互いに支えあい，励ましあい，助けあう同志的な関係にある.

③　お互いに近隣諸国への配慮を

次に，日本は，日本の軍備増強がかつての日本軍国主義の復活につながるのではないかという危惧が東アジアの近隣諸国にはあることに十分配慮すべきである.

中国は，中国の政治的経済的軍事的大国化が東アジアにおけるかつての旧中華秩序の再建をめざしているのではないかと危惧する歴史認識と不安が近隣諸国にはあることにも配慮すべきであり，旧中華秩序の回復はめざさないという態度表明をし，行動で示すことが望ましい．もし，帝国主義を駆逐した民族主義が中華秩序の回復をめざすなら，復古的帝国主義に転化することにならざるをえない.

## おわりに――「東アジア平和宣言」と「東アジア共同体」

ヨーロッパの民族主義は帝国主義に転化し，帝国主義はアジアの民族主義を生み出し，アジアの民族主義は帝国主義に反対した．第二次世界大戦後，帝国主義の支配を脱したアジアの民族主義の大部分は，21世紀においては近代国家の発展をめざしているが，偏狭な民族主義に陥るなら，19～20世紀型の帝国主義に転化する可能性がないわけではない.

### ⑴ 帝国主義と民族主義をアウフヘーベンしよう

帝国主義と民族主義の弁証法は，未来への展開においてアウフヘーベンされなければならない．われわれ東アジアの諸国民は，偏狭な民族主義への回帰を避け，帝国主義と偏狭な民族主義を克服し，恒久平和の関係を形成する道に進まなければならない．21世紀における民族国家の形成・成立の根本原則は，第1に現状の支配国家の意思のいかんにかかわりなく，地域住民の意思を尊重することであり，第2に平和的手段による解決である．

### ⑵ スポーツは国家単位の試合を卒業しよう

新たな戦争という不幸な未来を避けるためには，各国の理性が機能しなければならない．スポーツの世界で2004年サッカー・アジアカップのような事件の再発を防ぐためには，さまざまなアプローチがあるが，私はオリンピックなどがスポーツを国家単位の競技として民族主義を煽り立てることを卒業するよう提案したい．

### ⑶ 各国政府は「東アジア平和宣言」を

私はさらに21世紀東アジアでは，日本と中国の双方に存在する偏狭な民族主義を克服し，理性的な認識を育成する努力を重ねてゆくと共に，①21世紀東アジアにおいてはいかなる国家も武力行使による目的追求をしない，②いかなる国家も決して先に武力行使をしない，③いかなる国家もあくまでも話し合い解決を追求する，④いかなる国家も他国を刺激する行為は慎む，という「東アジア平和宣言」を行なうことを日本・中国を含む東アジア各国政府に求めたい．この宣言が発せられるとき，「東アジア共同体」は成立するであろう．

1) 成文堂，6－17頁，1969年3月．
2) 拙稿「民国前期中国と東アジアの変動」(中央大学人文科学研究所編『民国前期中国と東アジアの変動』序論，中央大学出版部，1999年3月)．
3) 原文は英文．英文原文は中国国民党中央委員会党史委員会編訂『国父全集　第

五冊』，中央文物供応社，1973年6月．以下，どの冊も『国父全集（五）』のように表記する．中国語訳文は『国父全集（二）』所収．英文では執筆日付が入っていないが，中国語訳文では「1904年秋，アメリカで」となっている．孫文「支那問題真解」（1904年秋，アメリカで，同前（二）所収）も「中国問題の真の解決」と同趣旨である．

4）拒俄運動については，拙稿「中国近代と大中華主義──清末から中華民国へ」（前掲『民国前期中国と東アジアの変動』所収）参照．

5）石橋崇雄『大清帝国』，講談社，選書メチエ，2000年1月．

6）以上，前掲「中国近代と大中華主義──清末から中華民国へ」参照．

7）拙稿「中国から見た日露戦争」（『季刊中国』第78号，2004年9月）参照．

8）前掲拙稿「中国から見た日露戦争」．

9）『レーニン全集』第8巻34頁，大月書店，1955年1月．

10）『日露領土紛争の根源』288頁，295頁，草思社，2003年5月．

第12章

# 北朝鮮の核問題と北東アジアの平和

金　慶　敏
李　相　泫訳

## はじめに

北朝鮮の核開発問題が北東アジアの安全保障を脅かしている中，米国は北朝鮮の核兵器開発問題を対話で解決できない場合，武力を行使してでも事態の解決を図るであろうという懸念が高まっている．その場合1950年代初頭のような戦争勃発の可能性さえもありうるので，韓国国民は非常に不安感を抱いている．核兵器が世界中に拡散するのを防がなければいけないというアメリカの政策に共感を覚えながらも，戦争は絶対に容認できないとする韓国国民の断固とした態度は，米韓間に軋轢を生み出している．朝鮮戦争以来，韓国は強固な韓米同盟の下で目覚しい経済成長を遂げた．そしてこうした経済力の増大とともに民族のプライドも高まり，自主国防への期待感が高まりを見せているのも事実である．他方，歴史的に隣国から頻繁に侵略された経験を持つ韓国国民は慢性的な安全保障上の不安感を抱いており，韓国民の安全保障観は程遠い自主国防という現実と民族的自尊心の回復という二つの要因の中で揺れ動く様子を見せている．

北朝鮮の核兵器開発問題を巡る６ヵ国協議が開催され，核問題の解決のための糸口を提供していることから朝鮮半島の平和構築に明るい兆しが見えているものの，この論文を執筆している2005年5月末現在，北朝鮮は6ヵ国協議への参加を拒否し続けており，朝鮮半島における武力紛争の可能性は一層高まっている．6ヵ国協議が中断され一年が過ぎようとしている中，その成果について議論し合うにはまだ早い感じがするが，北朝鮮の核問題を域内諸国が議論し合う場ができたことは北朝鮮の行動の許容範囲を狭めたと肯定的に見るべきである．なぜなら，米朝二国間での協議ではなく域内の関係国が協議に参加するため，北朝鮮が勝手に会談をボイコットすることが難しくなったためである．他方，参加国数の増加による利害関係の錯綜が協議の進行を妨げるのではないかという不安感も存在する．だが，結果的に北朝鮮の核問題を巡る6ヵ国協議の誕生は，北朝鮮核問題の解決だけでなく，北朝鮮の核問題が平和的に解決された際には北東アジアの安全保障問題を議論し合う場に発展できるというところにその意義を求めることができよう．ヨーロッパは着々と統合への道を歩んでいるが，北東アジア地域は反目と対立が高まる様相を見せており，6ヵ国協議を通じた北朝鮮の核問題解決方式は，今後この地域における対立の解消と平和と安定のための枠組み作りに貴重な教訓を示している．したがって本稿では北朝鮮核問題の現実と解決の見通しを示すとともに，北東アジアにおける平和体制構築にどのような努力が必要なのかを議論することとする．

## 1．北朝鮮の核の水準と周辺諸国の対応

核の世界は本質的に曖昧な性格を持っているが，北朝鮮の核兵器開発水準がどの程度なのかは非常に重要である．核兵器の開発に繋がる核物質の保有さえも禁止の対象になるべきであるが，核兵器開発能力の水準はどのような対処方法を取るかを左右する重要な要因だからである．

天然ウランには核分裂が可能なウラン235は0.7％しか含まれておらず，残りの93.3％は核分裂を起こさないウラン238が占めている．そのため天然ウ

ランを原子力発電の原料として使用するためには天然ウランに含まれているウラン235の比率を約2～4％まで上げる必要があり，その作業を「濃縮」と言う．そこからさらにウラン235を約90％まで高濃縮させれば，文字通りのウラン型原爆を作ることができるので，現在国際社会は北朝鮮のウラン高濃縮施設の問題で神経を尖らせている．

核兵器は一般的にプルトニウム型原爆とウラン型原爆に大別されるが，広島に投下された原爆がウラン型原爆で，長崎に投下された原爆がプルトニウム型原爆である．広島に投下されたウラン型原爆「リトルボーイ」は，その当時核兵器のプロジェクトを指揮した世界的な物理学者オッペンハイマー（Oppenheimer）の言葉通り爆発実験が必要でないため，実験なしに投下し，約14万人の犠牲者を出した．ただし，爆発の成功については確信したものの，どの程度強力であるについては見当がつかなかったため，原爆投下以前に飛行機で圧力計を2個投下して爆発以降の暴風の強さを測定したという．これに対して長崎に投下されたプルトニウム型原爆はウラン型原爆とは異なる仕組みになっており，必ず核爆発実験を行う必要があったため，アメリカのニューメキシコ州の砂漠で実験を行っている[1)]．現在世界の核兵器保有国が保有している核爆弾のほとんどはプルトニウム型原爆であるが，その理由はプルトニウム型原爆のほうがウラン型原爆より中性子を多く放出し，より大きい被害を与えることができるためである．また長距離ミサイルに搭載する際にはウラン型原爆よりも軽くて有利である．

今までの北朝鮮の核開発疑惑は主にプルトニウム型原爆に関するものであった．2～4％に濃縮したウランを原子炉で2～3ヵ月間燃やして，それを取り出し再処理を行えば核兵器級の純度をもつプルトニウムを抽出することができることから，これに対する査察と封鎖が「米朝枠組み合意」の主な内容であった．北朝鮮は「米朝枠組み合意」以降，これと関連した活動を行うことはできなかったと推測される．問題は「米朝枠組み合意」以前に抽出された可能性のあるプルトニウムの行方についてはその追跡が非常に難しいという点である．また北朝鮮がプルトニウム型原爆を生産し，保有したという推測については，プルトニウム型原爆はウラン型原爆と違って高度な技術が必要であり，そしてもし製造したとしても実験を伴っていないためその信頼性には大いに問題がある．さらに北朝鮮が核爆弾を製造したとしてもそれを運搬できるミサイルが必要となるが，プルトニウム型原爆を小型にすることがもう一つの越えなければならない技術上の壁である．例えば，インドは1974年プルトニウム型原爆の実験に成功したものの，その重さが5トンもあったため，もしインドがこの爆弾を投下しようとすればボーイング707で運ばざるをえない[2)]．したがって北朝鮮のプルトニウム型原爆の保有については推測だけが国際社会に広がっているが，北朝鮮は技術的に容易なウラン型原爆を選択したと判断される．ウラン型原爆はウランを90%の純度に高濃縮する過程が難しいだけで，その技術さえあれば核爆弾を製造することにおいて技術上の大きな問題点はない．ウラン型原爆は高濃縮ウランを約15～20キログラムの半球体に分けて衝突させればすぐ核爆発が起こるのである．したがって，ウラン型原爆は高濃縮ウランを獲得できれば難しい核実験を経なければならないプルトニウム型原爆より核保有が容易であると言える．

日本は，北朝鮮が1994年の米朝枠組み合意以前に相当な量のプルトニウムを抽出し，1～2個の核爆弾を製造したとするアメリカの主張を共有している．しかし，その核兵器の信頼性については疑がっている．日本は北朝鮮の核実験とその成功を可能とする技術水準を徹底的に究明しているからである．つまり，北朝鮮は今まで70回もの実験を行ってきたといわれているが，プルトニウムを直接使用して実験を行ったことはないため，まだ信頼できる水準にまでは達していないということである．もし北朝鮮がプルトニウムの核爆発実験を行ったならば日本列島に張り巡らされている地震計に観測されるはずであるが，まだそのような兆候は見られなかったということである．日本の地震観測システムは世界最高の水準に達しているため，世界のどこで核実験を行っても観測できるという．日本国内では，北朝鮮はプルトニウム型原爆の原料であるプルトニウムは抽出したものの，それは原始的水準の核兵器であろうという評価が支配的である．製造はしてもプルトニウムを使っ

た直接的な核実験は行っていないため，本当に爆発するかどうかも未知数であるということである．まして，核兵器を小型化し，運搬手段であるミサイルに搭載できる段階まで北朝鮮の技術力は及んでいないと観測されるため，北朝鮮の核脅威自体が核を装った恐喝ではないかという懐疑的な見方さえもある．

北朝鮮による核脅威の当事者である韓国は，北朝鮮の核開発を阻止するという政策目標を堅持している．また，韓国は第２の朝鮮戦争は絶対避けたいという立場であるが，この点においてアメリカや日本の立場とは一線を画している．すなわち，日米両国は，基本的には北朝鮮の核問題が６ヵ国協議の場を通して平和的に解決されることを望んでいるが，平和的解決が難しくなった場合には武力による解決も視野に入れておくべきであるという立場を取っているため，武力による解決を絶対に容認できない韓国とはその立場の違いが明らかである．北朝鮮の核問題を解決する最終段階に差し掛かっている状況の中，その解決方法を巡って韓国とアメリカの同盟関係さえも危ぶまれる対立を見せており，北朝鮮の核問題は韓米同盟だけでなく北東アジアの新しい安全保障秩序形成に重要な変数となっている．

他方，中国は「朝鮮半島の平和と安定の維持」及び「朝鮮半島における非核化の実現」などを戦略的目標として掲げて，北朝鮮の核問題は対話を通じて平和的に解決していくという立場を取っている．中国は，米朝両国が譲歩せずに事態を悪化させ，国境を接している朝鮮半島での軍事対決の可能性が高まった場合，現在推進中である経済開発に甚大な支障を与えることを懸念している．したがって，中国は北朝鮮の核保有に反対しながらも北朝鮮体制の崩壊も望まないというジレンマの中，「核を保有していない北朝鮮政権の安定的維持」を望んでいる．

ロシアも国内における経済開発の一環として，極東地域の開発を進めている．しかし，そのためには極東地域の安定，とりわけ朝鮮半島の安定が必要であり，ロシアは北朝鮮の核問題が対話によって平和的に解決されるため積極的にならざるを得ない立場にあると考えられる．

しかし，北朝鮮は核開発を放棄して急速な改革・開放政策を採る場合，体制が崩壊することを恐れている．このような懸念には中国やロシアも理解を示しており，問題を解決するための解決策を見出すことが非常に難しい状況である．

北朝鮮の核問題解決に対する中国の戦略的利害は二面性を見せている．すなわち，北朝鮮の核問題が長期化し，北朝鮮が核保有の道を進む場合，これがアメリカのミサイル防衛計画（MD）と日米軍事同盟の強化を招き，ひいては日本と台湾の核開発意欲を刺激し，自国の戦略的利害が損なわれることを恐れた受身的な側面が存在する．他方では米朝間を積極的に調整して朝鮮半島における中国の影響力を維持し，核問題解決以降は，朝鮮半島を含む北東アジアの秩序再編に有利な地位を確保するという思惑も働いているように思われる．中国は，北朝鮮の核開発は主に北朝鮮の安全保障上・経済的不安定性と脆弱性に起因する問題として，このような脆弱性を改善する方向でアプローチしていけば核問題の平和的解決が可能であると判断する．したがって中国は，アメリカに対して北朝鮮に対する圧力と封鎖政策は北朝鮮体制の崩壊に繋がる危険性があることを伝え，「多国間協議の枠組みの中での米朝二国間対話の進行」というアプローチを勧めると考えられる．

中国は北朝鮮核問題の解決方案として，少なくとも公式的には経済制裁など外部的な圧力政策を排除していくと予想される．しかしもし北朝鮮の核保有が現実化し，核廃棄に対する国際的な要求と圧力が続く場合，食料やエネルギーの一時的中断といった経済的措置を活用し，北朝鮮の核放棄を促す可能性も存在する．ただし中国は対北朝鮮経済制裁に踏み切る場合にも北朝鮮に対する影響力を残すために，国際共同行動への参加という手段よりは独自で秘密裡に対応する可能性が高い．

日本の対北朝鮮政策の基本方針は「2002年９月の日朝首脳会談の際に両首脳より署名された日朝平壌宣言に基づき，拉致問題，核やミサイルなどの安全保障上の諸問題を解決し，北東アジア地域の平和と安定に資する形で，日朝国交正常化を実現すること」であるとしている[3)]．しかし，日本は拉致問

題にこだわるあまり，2002年の日朝首脳会談を契機に出来上った日朝間の対話チャンネルを閉ざしてしまい，核問題に対する外交的役割が制限されている．このような状況の中，日本政府は独自な外交役割を模索するよりは，米国の対北朝鮮強硬政策に便乗する立場を取っているように見える．

日本は北朝鮮の核問題を朝鮮半島に対する影響力の拡大，そして自国の専守防衛政策を「積極」防衛政策に転換するためのチャンスとして最大限活用しようとする戦略的意図を示している．そのため，日本は今後６ヵ国協議における自国の主張を有利に進めるために日米韓３ヵ国協調を積極的に活用していくと考えられる．日本政府は北朝鮮核問題の解決のためのアメリカの多国間協議構想に賛成しながら，北朝鮮が事態を悪化させる場合に備え，日米首脳会談で合意した「強硬な措置」（tougher measures）に着手した．国連決議によるものではない独自に動員できる対北朝鮮圧力措置を実行し，すべての北朝鮮船舶に対して検査を実施し，朝鮮総連の北朝鮮に対する送金禁止と関連施設に対する課税を検討している．しかし，日本国内の一部のタカ派の「対北朝鮮先制攻撃」主張にもかかわらず，全体的な日本政府の雰囲気は北朝鮮のミサイル攻撃と難民発生など日本列島にまで影響を及ぼしかねないアメリカの先制攻撃や軍事制裁には反対する立場を取ると考えられる．ただし，北朝鮮が核開発を完了した場合には，日本も独自の核兵器保有戦略を真剣に考慮すると予想される．

ロシアはもし多国間協議が成果を収めず北朝鮮が核保有及び核の使用意思を表明した場合，国際社会の「対北朝鮮封鎖及び経済制裁」に参加する可能性がある．ロシアは北朝鮮が慎重に行動する限り国連の対北朝鮮制裁には反対するが，北朝鮮が核保有とその使用意思を表すのであれば北朝鮮との関係を再考し，国連の制裁を認めざるを得ないという立場を明らかにしている．

今日，北朝鮮の核問題は90年代初頭の米朝二国間の直接対話による問題解決の模索から一転し，６ヵ国協議のような多国間協議による問題の解決を模索している．またそれは北東アジアのパワー・バランスと安保秩序形成に甚大な影響を及ぼしている．このような意味から，６ヵ国協議は朝鮮半島をとり囲む周辺大国がどのような利害を持っているのかを知る重要な契機になったし，これは今後北東アジア全体の平和体制構築にも示唆するところが大きい．全体的に朝鮮半島を中心とした関係諸国のパワー・バランスを見てみると，アメリカと日本，そして韓国が一つの軸を形成し，もう一方では中国とロシア，北朝鮮が協力関係を形成している．このような構図の中，冷戦終結以降，中国と日本が対立する構図が形成されつつあり，これは今後の北東アジアの安定に重要な変数になるだろうと予想される．2004年12月に策定された「新防衛大綱」では，日本の安全保障にとって北朝鮮と中国が脅威であることが明記された．1995年に策定された「防衛計画の大綱」では個別国家としてロシアを挙げていたことに鑑みれば，このことは日本の安全保障における脅威の認識が変化していることを意味する[4)]．冷戦終結以降，水面下で進行してきた中国と日本の対立は今や表面化しつつあり，激しい対立が予測される．以下では中国と日本の対立はどのような構図になっているのかを分析する．

## 2．中国と日本の力の角逐――パワーゲーム

朝鮮戦争以降の中国と日本の二国間関係の変化は，南北朝鮮の軍事的緊張ばかりか韓国の安全保障コンプレックスを増大させている．そして冷戦終焉以降，日本国内で巻き起こった「中国脅威論」は日本が中国に対して認識する脅威を物語っている．日本は島国として，西では朝鮮半島，中国，ロシアと海を共有し，東には太平洋が広がっており，地政学的に海洋国家にならざるを得ない要件を持っている．日本の軍事力において戦前であれ，戦後であれ，日本の軍事力において海軍力が相対的に強い理由は，日本が海洋国家だからである．近代化以前の東アジア地域の覇権を握っていたのは中国であったが，その中国が日本攻略に一度も成功できなかった理由は海洋戦略的な面で経験が不足している大陸国家だったからである．今日の中国が短時間に大

陸国家から海洋国家へと変貌を遂げるとは考えられない．しかし，中国は過去と比べて積極的に海洋進出を模索し，海軍力の現代化に拍車をかけており，中国の海洋戦略は大きな転換点を迎えていることを感じさせる．中国の海洋戦略重視政策は必然的に周辺国との対立を招きかねない．したがって，中国の海洋戦略に対する分析は今後の北東アジア情勢を予測する重要な指標になると考えられる．

一般的に冷戦以降の中国の対外政策を議論する際，中華思想への回帰，または覇権主義の追求を中国外交積極化の要因とみる分析が多いが，その中でも最も説得力のある分析は中国の海洋戦略を通じて説明される．中国の海洋戦略が中国の強いナショナリズムと結びついていることは中国の海洋法を見れば明らかである．1992年２月，中国の国内法として制定された領海法は南シナ海の四つの諸島が中国の領土として明記されているだけでなく，領海を侵犯した外国の軍艦を中国の艦艇及び航空機が追跡できる権限が明確に規定されている．それは中国が周辺海域についてどのような思いを抱いているのかを物語っている[5)]．

中国は1949年に中華人民共和国を建国して以来，海洋に対する持続的な関心を示してきた．しかし，国内の経済はこのような海洋に対する中国の関心を支えるほどの力を持っていなかった．したがって，中国は海軍力のような通常戦力の増強を見送らざるを得なかった．1949年，中国大陸の共産化に成功した毛沢東は二つの軍事戦略を選択した．その一つは核兵器とミサイル開発を積極的に推進することであり，もう一つは陸軍中心の人民解放軍を軍事力の根幹に据えることであった．毛沢東が核兵器とミサイル開発に国力を注ぐという戦略目標を掲げた背景には，その当時の限られた財源では陸・海・空全体の戦力近代化を図ることができない事情があった．そのため，中国は米・ソに対抗していくためにも核兵器とミサイル中心の戦略を選択せざるを得なかったのである[6)]．現在，中国はアメリカ，ロシアと肩を並べる核大国になっているが，これは毛沢東がとった核兵器中心の軍事戦略の成果でもあると言える．

中国は1964年沖縄の米軍基地を攻撃できる射程距離1,200キロの「東風二号」の開発に成功し，1966年には日本本土を攻撃できる射程距離2,000キロのミサイル開発にも成功を収めた．これに続いて，同年，フィリピンの米軍基地であるクラーク米軍基地を射程圏内に収める射程距離2,800キロのミサイル開発に成功した．1970年代に入って，中国はミサイル開発に拍車をかけた結果，グアムの米軍基地さえも攻撃できる射程距離4,700キロのミサイル開発に成功して世界を驚かせた．さらに1980年代には射程距離13,000キロのミサイル開発に成功し，アメリカ本土を攻撃できる能力を手に入れることになった[7)]．

ミサイル開発と共に核兵器の開発も順調に進めた．中国は1964年10月16日には最初の核爆発実験を行い，1970年代初頭には水素爆弾の実用化にまで成功を収めた[8)]．かくして，米国は中国のミサイル攻撃に脅威を感じるようになり，新たな軍事戦略と核交渉戦略を練らざるを得なくなった．現在，米国のブッシュ Jr. 政権がミサイル防衛システム（MD）を推し進めている背景には，ロシア，中国などが米本土を脅かす大陸間弾道ミサイルを保有していることがある．

他方，陸軍中心の人民解放軍が軍事力の根幹になった背景には政治的な理由があった．すなわち，共産中国建設の柱となった集団が人民解放軍であり，毛沢東は彼らに対する配慮をせざるを得なかったのである．たとえ財源が豊富で陸・海・空軍の戦力近代化を同時に進めることができたとしても，当時の中国の指導部は陸軍中心の軍事政策を推し進めざるを得なかったと考えられる．

鄧小平が最終的に権力を掌握して始まった改革・開放政策は急速な経済成長をもたらし，中国政府は財政的にも余裕が出るようになった．すると中国はそれまで考えてきた軍事力現代化政策を推進するが，これは中国指導者たちの態度からも感じ取ることができる．中国の海軍指導者たちによれば，中国が国際海洋法条約に基づき管轄する海域は約300万平方キロであるとする．また彼らは，この海域には島嶼の領有，領海線の確定，海洋資源，海上における軍事的脅威などの問題が存在するため，今後の外国との政治・経済的対立は海洋で発生すると主張する[9)].

中国が海洋法を宣言し海洋進出を積極的に模索している理由は，中国がある程度経済的に余裕を持つようになったことと関係がある．実は，中国は海洋法で明らかにした南紗諸島の領有権を中華人民共和国の建国当時から主張してきたが，実際には一つの岩礁も支配していなかった．建国当時には脆弱な海軍力しか保有していなかったために，遠洋作戦能力をもっていなかったのである．ましてや中国海軍は古い艦艇を最新の艦艇に入れ替えるだけの経済力さえも欠如していた．

中国が海洋法を宣言したもう一つの理由は石油資源の確保にある．1960年代後半，国連アジア極東経済委員会（ECAFE）は南紗諸島海域の海底に豊富な石油資源が埋蔵されている事実を発表したが，それ以降，中国は南紗諸島確保計画を推進する．しかし，遠洋作戦能力のない中国としては中国の南端である海南島からおよそ960キロも離れている南紗諸島に軍事基地を構築し，それを維持するだけの高性能艦艇を保有していなかった．そこで，中国はとりあえずその中間海域にある西紗諸島をベトナムから奪取するが，それが1974年１月のことであった．

1993年８月４日付け『読売新聞』第一面には，日本の海洋観測衛星「ももb」が撮影した中国の西紗諸島・永興島滑走路のカラー写真が掲載された．この記事によれば滑走路は約2,600キロに達し，ほぼすべての飛行機が離着陸できるという．また港湾も整備し，駆逐艦，フリゲート艦，潜水艦の入港が可能であり，民間船であれば約4,000トン級の輸送船が停泊できる施設だという[10)]．中国の銭其琛元外相は，永興島滑走路が1988年にすでに完成されたと述べたことがある．実際に1987年11月14日に撮影した衛星写真には滑走路が見えなかったが，1989年６月14日に撮影した衛星写真には滑走路が写っており，中国の銭其琛元外相の言及したことが事実として証明されたわけである．中国は永興島滑走路と港湾が民間用の施設であると主張しているが，これは軍事用の目的で公然として使われている．また滑走路が完成した1988

年に南紗諸島の上空まで追跡できる航空管制センターを立てていることからも，中国は南紗諸島の実効支配を目標としていることが分かる[11]．中国は，表では南シナ海の共同開発を主張しているが，国際状況が変化し，海軍力が十分に整えば東シナ海や南シナ海の制海権を狙うことは火を見るよりも明らかである．中国が西紗諸島に何年もかけて滑走路と港湾を建設したのは南紗諸島海域を支配しようとするしたたかな海洋戦略の一環である．中国が南紗諸島に執着を示している理由として，経済発展とともに石油輸出国家から石油輸入国家へと代わった中国において，石油資源の確保は持続的な経済開発のために欠かせない資源であることは前述したとおりである．それとともに強い中国建設を目標としている中国の軍事戦略的側面も中国が南紗諸島を支配しようとする大きな理由の一つである．

このような中国の動きに対して周辺国は警戒感を隠し切れないでいる．もし中国が南紗諸島を確保し，そこに魚雷，潜水艦，空軍の海上基地が建設されれば，中国と敵対する国家の海洋での自由な活動は中国の魚雷艇と潜水艦の攻撃対象になりかねない[12]．また南紗諸島が位置する南シナ海は太平洋とインド洋をつなぐ交通の要衝であり，ここを制するものはマラッカ海峡を越えてインド洋にも影響力を及ぼすことができる．さらにこの海域をシーレーンとしている日本についても圧力を行使できる海域であるため，中国の海洋戦略は周辺諸国の不安を招いている．

中国は1949年の建国以来，南紗諸島の領有権を確保するための行動を続けてきた．1974年1月，西紗諸島をベトナムから奪取，それから14年後の1988年，西紗諸島に滑走路と港湾を建設し，南紗諸島と南シナ海の制海権を掌握するための橋頭堡を確保する．そして同年には，40年余り待っていた南紗諸島の実効支配のための軍事行動に踏み出したのである．このように，中国が採ってきた海洋戦略の時系列的な変化を見ると中国の海洋戦略が最終的に何を目標としているのかが見えてくる．

冷戦が終結すれば北東アジア地域にも平和な環境が整うと期待されたが，かえって日米と中国の対立が増幅する様相を見せている．日本は，歴史的に

「アジアの中心」という観念にとりつかれている中国が何の変化もなく21世紀を迎えていると考える．すなわち，日本は，中国がアジアの覇権国家としてのプライドを回復するためアグレッシブに勢力圏を広げていくと考えている．日本が，TMD（Theater Missile Defense）への参加を決定した際，中国が激しく非難したこと，そして中国の江沢民主席が日本を訪問した際，中山服姿で宮中晩餐会に現われたことから，日本は中国の覇権的意思を感じ取ったという[13]．

日本が中国から感じる脅威は伝統的な中華思想だけではない．中国の軍事戦略は毛沢東政権下で核兵器を根幹とする政策を繰り広げてきた．中国は限られた財政と技術力では核兵器の開発と通常戦力の近代化を同時に推進できないことから，通常兵器の近代化を先送りにして核兵器の開発に力を注いできた．その結果，中国はアメリカと肩を並べる核大国となった．日本は核兵器を保有している中国に対して脅威を抱いており，もし日米同盟がなければ日本が核武装を選択することは火を見るよりも明らかである[14]．最近では，日本は自国の排他的経済水域内での中国の調査船と海軍艦艇の活動が活発化していることに対して神経を尖らせている[15]．

日本で中国脅威論が巻き起こっている中，中国は日本に対して不満を募らせている．中国側からすれば，日本はアメリカと同盟して中国をアジア地域で封じ込めようとしているという認識を抱いている．「日米防衛協力のための指針」によれば，日本周辺地域において日本の平和と安全に重要な影響を及ぼしかねない，いわば「周辺事態」の際には，日本がアメリカに後方支援を行うと明記されているが，これは事実上参戦に等しい[16]．また，周辺事態の範囲に台湾が含まれるのか，含まれないのかを巡り議論が沸き起こった．日本は周辺事態の範囲がどこまでなのかに対する具体的な言及をせずに曖昧なままにしているが，表面的には朝鮮半島における有事であり，実質的には台湾海峡まで含まれるというのが一般的な見解である．すると，もし中国と台湾の間で軍事的衝突が起きた場合，日本が米国側に立って参戦することになるが，「一つの中国」を外交政策として打ち出している中国としては到底受け入れられないことである.

アメリカや日本のTMD共同計画も同じことがいえる. 1998年, 北朝鮮のデポドン・ミサイル発射実験を契機に決まった日米TMD共同研究は表面上では北朝鮮を対象にしているが, 実際には中国を念頭に置いているのではないかと中国は不信感を抱いているのである. もし北朝鮮が長距離ミサイル開発を放棄した場合に日本もTMD計画を放棄するのであれば日本のTMD計画は確かに北朝鮮を対象としたものであるが, そうでないとすればそれは中国を念頭に置いたことになる. ちなみに中国やロシアはアメリカのMD（ミサイル防衛計画）に対して強い反発を示している. すなわち中ロ両国は, もしアメリカのMD計画が成功裡に終わり実戦配備が進めれば, 戦力不均衡を招きかねないと懸念するのである. 日本は中国のように核兵器を持たず, 通常戦力の面においては量的には中国に劣るが装備の質の面では中国を凌ぐといわれる.

冷戦終結後の北東アジアにおいて日中対立が深まっているように思われるが, 問題は北東アジアのパワー・システムに対する日中両国の認識が19世紀末のそれとあまり変わらないことである. 日中両国の間では相変わらず対立関係が続いていて, お互いに対する不信感を払拭できずにいる. このような状況の中, 地政学的に日中両国に挟まれている朝鮮半島は北東アジア地域に平和をもたらす可能性を秘めていると同時に, 日中両国の政治戦略の対象にもなりえる. 朝鮮半島は過去のように周辺国の国益がぶつかる場としてではなく, 周辺国が信頼し合い協力できる場として認識されるべきである. そして韓国は朝鮮半島の緊張緩和だけでなく, 北東アジアの平和を作り出す中心的なプレイヤーの役割を担うべきであり, この地域の軍備削減と信頼構築をリードする国になるべきである. また北東アジアの諸国は自国の利益だけを追求するのではなく, 北東アジアの共同体認識を強化し, 戦争と侵略の歴史を繰り返さない未来志向的な政策を進めるべきである.

このような観点から, 国内外の韓国の役割にかける期待は大きい. 韓国は盧泰遇政権が推し進めてきた「北方外交」の結果, 中ロ両国との関係改善を果たし，良好な関係を維持してきている．また米国や日本とも友好関係を築いているため，調停者としての役割を果たせる環境に恵まれているといえる．そして韓国は歴史的にも周辺国を侵略したことがなかったし，現在もそのような能力や意志を持っていない国であることから，この地域の平和を作り出すメッセンジャーとしての役割を十分果たせるはずである．

## 3．6ヵ国協議と多国間安保協議体

「第2次北朝鮮核危機」を契機に設けられた6ヵ国協議には韓国，北朝鮮，アメリカ，日本，中国，ロシアが参加している．日米中ロ4ヵ国は朝鮮半島の歴史に関与した国であり，とりわけ中国と日本は朝鮮半島の運命に大きな影響を及ぼしてきた国である．中国と日本は朝鮮半島と政治・経済・文化全ての面で交流が盛んな国であったが，安全保障の側面からは朝鮮半島に対して脅威を与えてきた国である．19世紀末の朝鮮半島の歴史を研究するユ・ボンヨン氏は，著書の中で「高麗建国918年から敗亡の1391年まで約400年の間，1.09年に一回のペースで周辺諸国から侵略を受け，また朝鮮建国の1392年から日韓併合の1910年までの500年の間，1.44年に一回のペースで侵略を受けた」と主張する[17)]．このように朝鮮半島は周辺諸国からの侵略にさらされた歴史を持つことから，周辺大国に対して常に安全保障上のコンプレックスを抱いてきた．そこで韓国は朝鮮半島の平和を議論する際，ヨーロッパのような集団的安全保障体制があれば半永久的な平和が保障できるのではないかと期待する．このような観点から6ヵ国協議は様々な意味を持つ，新たな国際政治レジームとして解釈されている．6ヵ国協議は明確な歴史的メッセージを持っている．冷戦時代，両陣営のリーダー的存在であったアメリカとロシアが参加している．また中華人民共和国と国交を持たなかったアメリカが中国と国交正常化を果たしてから30年余り経つ現在，中国はアメリカとともに6ヵ国協議のメンバー国になっている．さらに朝鮮半島に対して36年に及ぶ植民地支配をした日本が，朝鮮半島の問題を扱う６ヵ国協議の参加国になっていることは歴史の変化を実感させる．

したがって，韓国は中長期的なビジョンをもって６ヵ国協議に臨むべきである．韓国は６ヵ国協議を北朝鮮の核問題を解決する枠組みとしてだけ考えるばかりでなく，北東アジアの安全保障問題全般を扱う枠組みとして発展させるための青写真を提示すべきである．朝鮮半島問題の将来に対して周辺諸国は自国の国益を中心に行動するため，朝鮮半島の安全保障は韓国が確保すべきであり，韓国がイニシアチブを取るべきである．北朝鮮の核問題だけにこだわれば韓国が対応できないくらい周辺諸国が強大になり，過去のように朝鮮半島の運命に関与してくるはずである．問題は今の韓国の国力が19世紀末のように周辺諸国に左右されるようなレベルではないことは確かであるが，政治・軍事的な側面からみて，多国間の安全保障協議体を誕生させることが非常に難しいということである．地域諸国は自国の利益を追求しており，また幅広い理解と協力が進行しているものの警戒と不信が並存しているのも現実だからである．

こうした中，アメリカの同盟国である日本と中国との対立は本格的な軍拡競争に発展してきており，日中両国の軍拡競争を抑制する何らかのメカニズムが創られない限り，両国の対立は継続すると予想される．中国と日本は世界で最も多い国防支出をする５ヵ国の中に入っている[18)]．日本は中国のように核兵器やミサイルで武装してはいないものの，通常戦力の面では世界の最高水準を誇る武器を持っている．常に最先端の武器を開発しようとする意思を持っている日本は毎年１隻の潜水艦を新たに建造している．また2004年時点で最も古い潜水艦が19年しか経っておらず，それは世界でもその事例を探すことが難しいほどである．世界最高の戦艦であると言われるイージス艦を４隻も保有している日本は今後２隻を増やすという．日本で最も大きいイージス艦は米海軍の保有するアーリー・バーク級の8,000トン級より2,000トンも大きい１万トン級のイージス艦である．また日本は世界最高の戦闘機であるＦ－15戦闘機を200機も保有している．韓国が2010年から40機を導入することを予定しているのを考えれば，日本の軍事力は韓国と比較にならないほど強力であることが分かる．2003年の国防予算を見ると，日本は500億ドル，フランスが410億ドル，イギリスが370億ドルであり，日本は名実共に世界の軍事大国なのである[19]．

中国は改革開放政策を採用して以降の急速な経済成長を背景に毎年10％以上国防費を増やすなど，軍事の現代化に拍車をかけている．2004年の統計によれば中国の国防費は250億ドルであり，中国は先端の航空機や軍艦の導入に力を入れている．中国海軍は旅大級17隻をはじめ，「中国のイージス艦」などとも呼ばれる新型駆逐艦蘭州型の２隻配備を目標に大洋海軍力を増強させている．また中国は日本が持っていない原子力潜水艦を保有しており，潜水艦から大陸間弾道ミサイルを発射できる能力を持っている[20]．中国の空軍力は旧ソ連の戦闘機をコピーしたものしかないイメージであるが，2010年にはロシアのスホーイ Su−27フランカー戦闘機を筆頭とする約2,000機に及ぶ戦闘機を中国全域の７つの軍区に配備する予定である[21]．

以上のように，朝鮮半島は周辺の軍事大国に取り囲まれている状況にある．そこで，北東アジア地域における軍拡競争を緩和し，軍事的信頼関係を構築するための努力が求められている．ただし，問題は軍事的信頼関係の制度的措置である多国間の安全保障協議体を設立することがそれほど簡単なことではないということである．今まで，いくつかの国が北東アジア地域の不安定かつ不確実な安全保障環境を改善するための手段として，多国間の安全保障協議体を提案してきたが実現には至っていない．したがって，この地域における多国間の安全保障協議体の設立は６ヵ国協議の貴重な経験を教訓としながら長い目で見ていく必要がある．そして，この地域における経済共同体の設立を先に進めることも平和創出のための大きな一歩になるはずである．北米やヨーロッパにおける経済共同体の発展はこの地域に多くの示唆を与えている．経済的相互依存や経済協力の基盤は軍拡競争や軍事対立の可能性を減らし，ひいては多国間の安全保障協議体の創設にも繋がるはずである．

# おわりに

北朝鮮の核問題をめぐる6ヵ国協議が中断してから1年が過ぎようとしている2005年6月現在，北東アジア諸国は対話再開のための努力を続けている．北朝鮮の金桂寛外務次官は8日放送されたABCテレビのインタビューで「米国の攻撃を防衛するのに十分な核爆弾を保有している」と核保有を明言するとともに，今後も核爆弾の製造を継続する姿勢を示した[22)]．北朝鮮の核保有についてはその水準が明確にされていないが，北朝鮮がプルトニウム型原爆は開発したものの，ミサイルに搭載するための小型化段階までには至っていないものと評価されている．また核実験も行っていないためその信頼度はあまり高くないというのが一般的な評価である．しかし，国際社会が北朝鮮をそのまま放置する場合には，北朝鮮が地域の脅威となるような核兵器を保有する可能性が高いのも事実である．だからこそ，北朝鮮の核廃棄を促す国際社会の圧力が強さを増しているのである．

北朝鮮の核問題の解決方法としては次の二つが考えられる．一つは6ヵ国協議の枠組みの中で平和的に解決することである．そしてもう一つは国連の安全保障理事会の決議による経済的，軍事的圧力を動員することである．まだ6ヵ国協議を通じた平和的解決が有効な段階で，外交的交渉がどのように展開されるか確実ではないが，戦争を招きかねない破局的状況には至らないと考えられる．確かなことは，北朝鮮の核問題は平和的に解決すべきであり，もし戦争が起きれば朝鮮半島の人々が最大の犠牲者となるため，武力による問題解決は絶対に認められないことである．したがって，6ヵ国協議を通じた問題の解決が唯一の選択であり，韓国や北朝鮮を初めとする関係諸国は6ヵ国協議の経験を生かし，朝鮮半島における平和体制構築と北東アジア地域における多国間安保協議体の創設に努力すべきである．北東アジア諸国はこのような枠組みが，中国と日本の対立を防ぐとともに北東アジアの平和

と豊かさを作り出す基盤になることを認識する必要がある．また，そのような過程は相当な時間が必要と予想されるため，まずは経済協力と文化的・社会的交流を通じて相互理解と協力の基盤を固める必要がある．そうすれば，経済協力はお互いが助け合い，共に団結する力を養い，軍事的対立はお互いを自滅に導くことに気づくはずである．

したがって，多国間の安全保障協議体の創設のために努力するとともに経済協力のための制度作りをしていくことが北東アジア地域に平和を作り出すための重要な鍵となるはずである．

1）Ryukichi Imai, What are the Nuclear Weapons? (Tokyo : The Council for Nuclear Fuel Cycle, 1997) pp.5–8.
2）*Ibid.*, p. 11.
3）日本外務省『外交青書』平成16年度版，41頁．
4）『読売新聞』（朝刊）2004年11月26日付．
5）*Ibid.*, p. 22.
6）平松茂雄『軍事大国化する中国の脅威』時事通信社，1995年，13頁．
7）前掲書，15頁．
8）前掲書，13頁．
9）平松茂雄『中国海軍と中華世界の再興』，25頁．
10）『読売新聞』（朝刊）1993年８月４日付．
11）平松茂雄『中国の海洋戦略』剄草書房，1997年，14－17頁．
12）金慶敏『日本人も知らない日本』自由フォーラム，1998年，199－200頁（韓国語）．
13）中川八洋『中国の核戦争計画』徳間書店，1999年，42頁．
14）平松茂雄『軍事大国化する中国の脅威』時事出版社，1995年，13頁．
15）『読売新聞』（朝刊）2000年８月28日付．
16）防衛庁『防衛白書』大蔵省印刷局，1999年，208－210頁．
17）金容雲『日本人と韓国人の意識構造』ハンギル社，1985年，22頁（韓国語）．
18）江畑謙介『日本防衛のあり方』ベストセラーズ，2004年，232頁．
19）前掲書，233－239頁．
20）多田智彦「中国海軍艦船のすべて」『軍事研究』2005年４月，41－61頁．
21）石川潤「中国空軍近代化の全貌」『軍事研究』2005年４月，64頁．
22）『朝鮮日報』2005年６月10日付．

第13章

# 北東アジア共同体の構築に関する一考察

張　小　明
安藤　智孝 訳

## はじめに——北東アジア共同体構築の必要性

一般的に受け入れられている「北東アジア」の概念は存在しないにもかかわらず，多くの人々は中国，日本，朝鮮半島両国，極東ロシア，モンゴル，台湾，香港，マカオなどを北東アジア地域のアクターに分類している．これらのアクターの中で，中国，日本，韓国は，一般的に，この地域における三つの中核的国家，或いは主要アクターとして認識されている．

北東アジアは東アジアにおいてだけでなく，世界的にも比較的「独特な地域」である．他方，この地域は国際社会の経済的，政治的，安全保障的重要性において，世界的に非常に多くの注目を集め報道されてきた．北東アジアは，経済的な超大国としての日本，東アジアの「四つの小龍」と呼称されるうちの三つである韓国，台湾，香港，そして経済力を増す中国により，世界のGDPの約4分の1を占めている．そして北東アジアは，地政学的にみると大国による力関係のチェスボードとなっている．日本，中国，ロシアは，この地域における大国である．冷戦後の世界における唯一の超大国であるアメリカは，地域の政治的及び安全保障面で極めて重要な役割を果たしている．例えば，朝鮮半島における状況を理解するためには，アメリカの役割を考慮せざるをえないであろう．かなりの程度まで，アメリカを北東アジアの大国の一つとして，あるいはもっとも重要な大国と見なしても過言ではない[1)]．

その一方で，北東アジアは地域共同体構築の観点からみると逆行した動きを示しており，未だ東アジアの一地域である東南アジアよりはるかに遅れをとっている．これは，北東アジアにおける地域的な経済，政治，そして安全保障上の協調性が欠如している現実を考慮すると，それほど驚くべきことではない．北東アジアにおける多くの国々や経済圏が，APEC や ARF のような地域的多国間組織に既に加わっているが，第２次世界大戦以来，安全保障の強化や経済の向上を目的として北東アジアを包括する地域的組織は構築されなかった．

1990年代初頭あるいは冷戦終結から，北東アジアにおいて共同体を構築する切迫した必要性，希望，そして機会が生れている．この地域のアクターは，対立的イデオロギーによって動かされる諸国家間の選択に直面する必要はない．その上，一国内では解決できない経済分野で進んでいる相互依存関係が新たな論点を作り出している．このことは，全ての主要国の状況を考慮した現実的なアプローチを策定し，政策決定者に認識させるという両面において，多国間の研究及び政策対話に価値を与えている．その結果，北東アジアの政治家や学者は，地域的な問題に取り組むための様々な地域的多国間組織の構築を検討し，実験的な政策を進めている．地域的多国間組織の創設は，地域共同体の構築プロセスにおける最も重要な要素の一つである．これまでに，北東アジアの諸国家と組織は，経済と安全保障の両方を目的とした地域的な協力を促進するため，図們江プロジェクト，環日本海開発計画，朝鮮半島における４ヵ国協議及び６ヵ国協議，NEACE，北東アジア地域の安全保障に関するセカンド・トラックの国際フォーラムなどの実験的な試みを行っている．

しかし北東アジア共同体構築のプロセスは，いくつかの積極的で促進的な発展にもかかわらず，未だ準備段階あるいは発展途上段階にある．ある学者が論じたように，「北東アジアの地域主義は，他の東アジア地域とは非常に異なる性質を伴って発展してきた．二国間の様々な政治的不一致と安全保障に対する懸念が地域開発に暗い影を落としている地域であるが故に，他の地域と比べ北東アジアにおける地域的調整は，はるかに遅れている．」[2)]一言で言えば北東アジアは，世界における地域共同体の構築において今後もずっと後発地域であろうし，地域共同体構築の喫緊な必要性があるものの，長い道のりが予測されるであろう．

## 1．北東アジア共同体構築への主な課題

北東アジア共同体の構築に関する主な障害を正確に指摘することはそれほど困難なことではない．

第1に，未だに地政学的な紛争緊張が北東アジア地域における懸念となっている主要課題である．中台間の衝突や朝鮮半島の政治的分断といった冷戦期の分断が，現在の冷戦終結後においても北東アジアには存在している．また，この地域では領土や資源の権利に関する衝突もある．韓国と日本は，日本海にある独島（竹島）の統治権をめぐり争っている．日露間の北方領土に関する争いも未だ存在している．魚釣島（尖閣諸島）は日本，中国，そして台湾が所有権を主張している．この結果，当地域において，政策決定者は地域問題に対処するため，未だ現実主義理論のパラダイムを優先的に用いている．

第2に，歴史的な遺産がもう一つの障害となっている．二つの大戦は，欧州が争いを棚上げし，地域共同体を構築することに成功したという教訓を残したように見える．しかし北東アジア諸国が学んだ歴史の教訓は，互いに協力し合うことを妨げているように見える．中国を中心とした「柵封体制」は，ほとんどの北東アジア及び東南アジアの国々を含む地域共同体であった．しかし，このような地域共同体は中華思想に基づく概念であり，中国の

優越性を前提にしたもであった[3)]．中国の台頭とともにいくつかの近隣諸国は，中国を中心とした地域秩序が「復興」する可能性を恐れている．

20世紀初頭，日本の帝国主義者と軍国主義者は「大東亜共栄圏」の構築を主張した．それは日本が支配する地域共同体であり，地域秩序であった．また，日本帝国主義者は軍事的拡張によりその目標を実現しようとし，近隣諸国，とりわけ中国と朝鮮に多大な犠牲を強いた．その結果，他の国々は「大東亜共栄圏」という戦中の計画を復活させるという日本の陰謀があるのではないかと危惧し，日本による地域統合のための提案の多くに極度の疑いを持った．中国の観点から見れば，日本は中国への侵略行為を十分に認めていない．デイビット・シャンバフは，「中国が恐れるこの認識こそが，自責の念の欠乏と『日本軍国主義』の始まりを反映している」[4)]と述べている．同様に，朝鮮半島では日本の植民地主義に対する疑いが未だに消えていない．植民地時代，日本は朝鮮文化を変更しようとし，朝鮮人を残忍に扱った．朝鮮人にとって，この植民地の歴史の苦痛と日本に対する疑いが，二つの朝鮮と日本との関係に影を投げかけている．

第3の障害は，北東アジアにおけるリーダーシップの欠如である．この地域にはいくつかの大国が存在するが，いずれも地域協力と地域共同体構築の主導国として見なされ得ない．さらに悪いことに，大国間における不信感が深すぎるため，近い将来のいわゆる「大国の協調」の見通しは暗い．ある学者は，ほとんどの北東アジアを含むアジア地域における大国の関係に非常に暗い未来図を描いているが，彼が書くように，「長期的にみて，もっとも大国間による衝突の戦場になりそうに見えるのはアジアである．」[5)]

チュン・イン・ムーン教授は，効果的な地域経済統合を誘導するためには，覇権国家の機能（役割）が必要であると主張する．例えば，リーダーシップは，開かれた地域貿易制度を創造・維持するには，公共財を提供するための指導力が求められる[6)]．北東アジアに覇権的な安定性をもたらすにあたり，北東アジアの地域的覇権の欠如は，地域経済統合を実現するためのもっとも大きな抑制となるかもしれない[7)]．

最後ではあるが最も重要なのは，北東アジアには集合的あるいは共通の地域アイデンティティが存在しないことである．地域共同体の構築には，当該地域の社会と政府の指導者，及び一般市民に共通の価値観と目的が必要である，と多くの場合見なされている[8)]．

## 2．北東アジア共同体構築の基礎

最も重要なことは，地域的アイデンティティが将来の北東アジア共同体の基礎となるべきことである．アイデンティティの形成は，北東アジア共同体を形成する上で，極めて重要な要素である．カール・ダッチの主張のように，地域共同体の発展は，ある程度アイデンティティを形成する[9)]．現実主義やほとんどの自由主義の理論にとって，国家の利害は，国力や富などの物質的な要因と懸念によって形作られる．つまり，知覚的，観念的，文化的要素は物質的な要因から派生する．構成主義者によれば，理念や文化あるいはアイデンティティを含む主観的要素は，外交的相互作用において，二次的ではなくむしろ決定的な役割を果たしている[10)]．広く言われているように，共通のアイデンティティは国家の利害を創造し再定義し，またそれらをパワー・ポリティクスの論理を超えたレベルへ進めることができ，したがって安全保障のジレンマを改善することができる．

しかし，「アイデンティティ」の正確な意味を定義するのは容易なことではない．アイデンティティは主観的な概念である．アイデンティティの形成は，「我々が誰であるか」だけでなく，「我々が我々以外とどのように異なっているか」という共通の意識の形成を必要とする．それはまた，共同体自身の独自性という外部からの認識を確保することも含まれる．テッド・ホッフは，あなたと他の人にあなたが誰であるかを伝え，あなたに他の人が誰であるかを伝える，という社会における三つの不可欠な機能の観点からアイデンティティを定義している．あなたが誰であるかを伝える上では，ある分野における行動の選択やアクターに対して，アイデンティティが特定の関心と優先順位を決定する[11)]．学術的理論家にとって，アイデンティティ形成を計測することは，最も困難な挑戦の一つである．ある学者は，共通のアイデンティティを評価する尺度がいくつかあると主張している．第1は，増大する一国あるいは二国間で解決できなかった問題を多国間で解決しようとする多国間主義へのコミットメントである．第2の共通のアイデンティティにおける基準は，集団的自衛権，内部脅威に対する協力，集団安全保障，協調的安全保障措置などを含む安全保障協力の発展である．第3に，アイデンティティの形成は，組織の境界線や加盟国の基準によって形成されるかもしれない[12)]．

上記の基準を参考にすると，北東アジア地域に共通するアイデンティティが存在するとは言えない．北東アジアに共通するアイデンティティは，未だ形成過程である．

では，北東アジアに共通するアイデンティティは，どのように形成され得るのか．私には，共通のアイデンティティ形成は，地域内の社会化と交流による長期的な過程のように見える．

第1に，地域の経済的相互依存と協力，そして頻繁な政治的交流が，共通のアイデンティティ形成に貢献することは確かである．しかし，経済的相互依存と頻繁な政治的交流が地域共同体に必要な状態を成し遂げないことは，一般的に認知されている．そして，数人の学者たちが主張するように，地域共同体を構築するためには，共通の価値観と大志を構成するより強くて永続的な知識が不可欠な要素となる[13)]．

第2に，アイデンティティの形成過程において，安全保障対話や協同フォーラムもまた重要となる．すでに，4ヵ国協議，6ヵ国協議，そして朝鮮半島両国によるサミットが実現している．地域統合の観点からは，政治的安全保障の懸念が最も困難な課題である．何年間にもわたり，北東アジア諸国がどのような経済発展を遂げようとも，あるいは経済的相互依存度を高めようとも，これら国家の主要課題は軍事衝突の可能性を回避することだった．多数の地域的対話やフォーラムが地域安定に貢献したにもかかわらず，それらは全般的な地域協調を導く十分な信頼に至っていない[14]．

第3に，文化的交流と知的なコミュニケーションは，北東アジアの人々の間における相互理解に貢献し，それにより，「地域的意識」の形成を促す．

最後に，共通のアイデンティティを形成する主要素は，この地域における三つの主要国である中国，日本，韓国の協同と相互の信頼である．これら3ヵ国は，この地域の様々なアクターによる交流を促進するため，協同で牽引的役割を果たすべきである．北東アジアにおける主要3ヵ国の協力を促進するためには，中国，日本，韓国の政治指導者がその政治的構想や，歴史的問題のような「感情的要素」を乗り越える知恵を示すべきである．3ヵ国の協調にとって，相互の信頼はとても重要である．

## おわりに

この地域における共通のアイデンティティが欠如しているため，北東アジアの共同体構築は非常に遅れている．解決するべき多くの問題があるが，北東アジア共同体の構築は喫緊である．共通のアイデンティティと共同体意識こそが，やがて来る北東アジア共同体の基礎となる．しかし，このアイデンティティの形成は，社会的活動の促進と交流の長期的活動となる．主要三ヵ国（日中韓）を含む当該地域アクターは，国力重視の現実主義を乗り越え，共同体構築を促進するため共に多大な努力をすることがとても重要である．北東アジアの国際関係学者のように，我々も現実主義のパラダイムを越え，国際関係における取引，交流，社会化による社会学習とアイデンティティ形成の過程と捉える必要がある．学術界は，アイデンティティの形成と地域共同体の構築課程において，とても重要な役割を果たすべきである．

1) Christopher M. Dent and David W. F. Huang ed., *Northeast Asian Regionalism : Learning from the European Experience* (London: Routledge Curzon, 2002) p. 1.

2) *Ibid.*, p.26.

3) Gon Namkung, *Culture and Identity in the East Asian Community*. これは2003年10月24日，25日に東京で開催された，キョンヒ大学，北京大学，日本大学の年次会議で発表されたものである．

4) David Shambaugh 'China and Japan towards the Twenty–First Century : Rivals for Pre–eminence of Complex Interdependence ?', Christopher Howe ed., *China and Japan : History, Trend and Prospects* (Oxford : Clarendon Press, 1996) p. 91.

5) Aaron L. Friedberg 'Ripe for Rivalry : Prospects for Peace in a Multipolar Asia' Michael E. Brown, Sean M. Lynn–Jones, and Steven E. Miller ed., *East Asian Security* (Cambridge, MA : The MIT Press, 1996) pp. 3–30.

6) Christopher M. Dent and David W. F. Huang ed., *Northeast Asian Regionalism : Learning from the European Experience* p. 90.

7) *Ibid.*, p. 91.

8) *Ibid.*

9) Karl Deutsch *The Analysis of International Relations*, 3rd ed. (Englewood Cliffs, NJ : Prentice Hall, 1988) p. 271.

10) Amitav Acharya *Constructing a Security Community in Southeast Asia : ASEAN and the problem of regional order* (London and New York : Routledge, 2001) pp. 26–27.

11) Ted Hopf 'The Promise of Constructivism in International Relations Theory' *International Security*, vol.23, no.1 (Summer, 1998) p. 175.

12) *Op. cit.*, *Constructing a Security Community in Southeast Asia : ASEAN and the problem of regional order*, p. 29.

13) 国際交流日本センターの2004年上半期の報告である 'Dialogue and Research Monitor : Towards Community Building in East Asia' を参照．

14) Christopher M. Dent and David W. F. Huang ed., *Northeast Asian Regionalism : Learning from the European Experience*, pp. 26–27.

第14章

# 韓半島と北東アジア平和共同体の構築

金　景　一
姜京守・李頌東訳

## はじめに

近代に入ってから，北東アジアが世界体制に編入される過程で，韓半島は「東方のバルカン」と呼ばれ，北東アジアの国際秩序変化の震源地となっている．これまで北東アジアの国際秩序の変化や新たな構築は韓半島を中心として行われてきたと言っても過言ではない．今日に至ってからも北朝鮮の核問題をめぐる韓半島の問題は，新たな北東アジアの国際秩序の構築に重要な要因として浮き彫りとなり，事実上，北東アジア地域の共同体構築の要因として作用している．したがって，本論文は近代から今日に至るまで北東アジアの国際秩序に韓半島が及ぼした影響を分析し，韓半島の問題と北東アジアの共同体構築を新たな北東アジアの国際秩序構築という視角から検討しようとするものである．

## 1．北東アジアの秩序構築における韓半島の位置づけ

近代史に入る過程で北東アジアの秩序は大きく3回の転換期を経験するこ

となる．まず第１の変化は，19世紀半ばから20世紀初頭にかけての中国中心の「華夷秩序」が崩壊し，列強の闘争の結果形成された日本の覇権志向の秩序である．次に第２は，1945年第二次世界大戦後米ソ両国の対立によって形成された冷戦体制である．第３は，冷戦後，すなわち，現在進行中にある新たな秩序構築の段階である．周知のように，第１と第２の秩序構築は韓半島を舞台として始まった．今日における北東アジアの秩序構築も，やはり韓半島をめぐって展開されていることがその特徴であるということができる．

19世紀半ば，中国中心の国際秩序が揺らぎ始めた頃，韓半島に起こった最も大きな変化は地政学的変化である．それは，まず第１に，地理的に韓半島と離れていたロシアが中国の東北を侵略し，清を圧迫して締結した「愛琿条約」と「北京条約」によって100余万平方キロの極東地域がロシアの領土となった．その結果，韓半島がロシアと国境を接することになった．韓半島の近代史の悲劇は，この地政学的な変化から発生したのである．第２に，植民地争奪の時代に入ると，韓半島は海洋勢力と大陸勢力間の覇権争いの場となった．すなわち，大陸に進出しようとする日本と南下しようとするロシア，そして韓半島での伝統的地位を固守しようとする中国との間で矛盾と葛藤が韓半島で衝突し，どちらが韓半島を占領し，どちらが東アジアの覇権を握ることができるかという覇権争いの戦場となったのである，したがって，韓半島には日中，中露，日露，さらに英露，日米などの各国間の利益関係に対する確執が生じ，ますます韓半島が東方の焦点として浮かび上がった．その代表的な例としてロシアとイギリスの対立によって生じた「巨文島事件」[1]が挙げられる．列強の競り合いの中で韓半島は，地政学戦略によってやむを得ず「第１の敵対国」と「第１の協力国」を分類するパラダイムを選択するようになった[2]．こうしたパラダイムは近代に入って形成され，今日まで引き継がれている．また，このパラダイムは転換期の近代に「以夷制夷」，「以華制夷」，「引俄拒日」などの地政戦略として具現化されてきた．もちろん，有吉濬（ユギルジュン）の「中立論」といった戦略も存在していたが，当時の弱肉強食時代の状況では中立の道を選択することはできなかった．日露戦争が勃発する前，韓国は厳正中立を宣言したが，それは実現できなかった[3)]．結局，韓半島を舞台とした「甲午中日戦争（日清戦争）」と「日露戦争」によって北東アジアの秩序は崩壊し，この戦争で勝利を収めた日本がいわば「大東亜共栄圏」の秩序を構築するための覇権時代を迎えるようになったのである．

第二次世界大戦が幕を閉じ，北東アジアは新たな国際秩序の構築へと向かうことになるが，韓半島は再び新たな秩序構築において焦点として浮かび上がった．米ソ両帝国の勢力圏をめぐる争いは北東アジアの韓半島をめぐって展開された．この争奪戦で韓半島は二つに分断され，東アジアでの米ソ冷戦の前哨基地として浮かび上がった．分断された韓半島が統一を強く希望する状況下で，韓半島は北東アジアの国際秩序の最大の変数として浮上したのである．したがって，韓国（朝鮮）戦争という国際戦争によって北東アジアの国際秩序が確立され，またそれは世界的な冷戦秩序を決定付けたものとなった[4)]．

上述した2回の転換期における韓半島はまぎれもなく焦点として浮上し，それは「甲午中日戦争（日清戦争）」や「日露戦争」，「韓国（朝鮮）戦争」という韓半島を舞台とする戦争を通じて新しい秩序の構築を模索した．

世界的な東西冷戦が終結する過程で，冷戦による勢力の均衡が崩れ，各国間の実力の対比に変化が起こり始め，北東アジアは3回目の新しい秩序構築の段階に入ることになった．米国は冷戦が終結する過程で世界唯一の超強大国となり，「世界を支配するリーダー」として「米国の構想による世界秩序の改編」[5)]を目指した．北東アジアでの米国の戦略は日米同盟を軸とし，米韓同盟を強化しながら韓半島の冷戦構造を土台とする秩序構築であるということができよう．すなわち，韓半島は再びまた北東アジアの秩序構築での焦点として浮かび上がったのである．この視角からみると，北朝鮮の核問題の発生は決して偶然であるとはいえない．これは北東アジアの歴史の再現であり，冷戦終結後の北東アジアが抱えていた様々な矛盾と葛藤を集約的に反映したものであるということができる．

以上で検討したように，第1と第2の秩序の転換期はすべて韓半島を舞台とした戦争を通じて覇権もしくは勢力均衡の秩序を確立した．

冷戦が終結してから新しい秩序構築を戦争ではなく，平和的手段で実行すべきであるということは北東アジア諸国の共通の認識であるといえよう．グローバル化と地域経済統合が進展する中で北東アジア諸国が掲げた国家的目標は戦争を抑制することである．

しかし，北東アジアには脱冷戦時代の韓半島を中心とした冷戦構造が依然として残っており，それによってもたらされた北朝鮮の核問題は北東アジアの深刻な脅威となっている．グローバル時代と冷戦構造の並存は協力と対立，危機と緩和を繰り返しながら，当地域諸国間の関係，すなわち，経済関係と政治関係が平行して展開できない特徴を付与している．

したがって，北朝鮮の核問題をめぐる韓半島問題の解決は，第1と第2の変化と同様に北東アジアで新しい国際秩序を構築することが焦点であると考える．すなわち，韓半島問題を解決する過程で形成される国際関係が北東アジアの国際秩序の枠組みを設定するということができる．

## 2．米朝の地政学的戦略の衝突と北朝鮮の核問題

第一次北朝鮮核問題が浮き彫りとなったのは，冷戦の終結と軌を一にする．冷戦の終結とともに，韓半島における南北間の緊張局面は大きく変化した．すなわち，ロシアと韓国，中国と韓国が国交正常化を行うことによって韓半島の冷戦の均衡が崩れ始めたのである．

南北間の均衡が崩れ，北朝鮮は1960～70年代の優勢から劣勢に転じるようになった．南北間の均衡を形成しようとすれば，北朝鮮としては二つの道が存在する．まず第1に，米国との関係改善を通じて日本と西欧諸国との関係正常化を実現し，国際舞台で韓国と対等な位置を確保することである．第2に，韓国より強力な軍事力を保有し力の空白を埋めることである．もちろ

ん，最も強力な軍事力というのは核兵器の保有である．冷戦が終結した後，北朝鮮が選択した戦略は米国との関係改善であった．冷戦の終結に先立って，北朝鮮は米国との関係改善を念頭に置いて「緊張状態にある米朝関係と南北関係を改善し米国との和解と共存」[6]を呼びかけた．冷戦が終わる頃から北朝鮮は米国や日本，韓国との関係改善を目指し，米朝高官級会談，日朝国交正常化交渉，南北の「基本合意書」と「韓半島の非核化宣言」などといった外交努力を行った．その後，南と北は国際連合（UN）に同時加入した．変化した局面で北朝鮮の地政戦略は北朝鮮対日米韓の冷戦構造から脱却し，国際社会での孤立を回避しようとするものであった．

北朝鮮の地政戦略は，かつての歴史と同様に，激変した国際情勢に対処するための生存戦略の一つであった．北朝鮮としては国際情勢の変化を的確に捉え，それに適切に対応したといえる．中国が韓国との国交正常化を締結したことを北朝鮮に通告する際も，金日成主席は韓半島が微妙な時期に置かれているので，中国が中韓関係や米朝関係を改善してくれることを期待していた[7]．いわば，北朝鮮は米国との関係改善を望んでいたのである．

しかしながら，米国の事情は異なった．冷戦が終結した後，米国は国際権力体系における唯一の超大国の力と地位で米国主導下のヘゲモニー体系を一層強化し，いわば米国主導下の平和を実現しようとした[8]．北東アジアでは日米同盟を軸とする「新しい太平洋共同体」を構築しようとした．米中ソの三角関係の中で米ソの対立が解消され，旧ソ連を相手とした中国との暫定的な協力措置も無用となった．米国にとって中国との関係をどのように設定するかは長年の課題でありながら，新たな課題でもあった．対立か，抑制か，そして協力かということについて米国は正確な答案を持っていなかった．すなわち，米国は抑制と協力を織り交ぜた政策を取ってきたといえる．しかし，米国の新しい秩序構築において中国は決して同盟者ではなかった．これに限って米国は明確な立場を取ってきたのである．

米国は，冷戦の時に構築した日米同盟を軸に中国を牽制する構図を維持しようとした．中国を牽制し冷戦時の敵対国旧ソ連の変数を考慮する際，米国にとっては韓半島の冷戦構図を維持することが最優先の選択であった．例えば，米国が中国との関係を確実に構築しないまま，北朝鮮との関係改善を図ろうとしたら，外交上様々な難題に直面したかもしれない．すなわち，中国との対立関係を再現してしまうという逆効果をもたらす可能性もあった．いわば，米国にとって韓半島での冷戦構造を維持することが最優先の選択であったのである．韓半島の冷戦構造の維持，すなわち，これが北東アジアでの米国の地政戦略の重要な一部であったといえる．

米国は冷戦構造を維持しようとし，北朝鮮は冷戦構造を脱皮しようとした．結局，米国と北朝鮮の地政戦略は衝突が避けられない状況となった．北朝鮮問題は，このような背景から発生したのである．米国は，核問題で北朝鮮に対して圧力をかけており，北朝鮮との関係改善を模索する韓国と日本に対しても北朝鮮に対する圧力を強化するよう求めたのである．日本に対する米国の圧力は日朝交渉にも大きな影響を及ぼした．1991年から始まった日朝修交本会談では，日本は米国の提案に依存しながら，国交樹立交渉の初期には議題の前提として取り上げられなかった核問題を国交樹立の実質的前提に提示することになった．この点で日本は米国と共同歩調を取ったのである[9)]．この核問題は第八次会談が中断された大きな原因でもあった[10)]．また，これは北朝鮮が対外戦略を米国との単独交渉に転換した一つの契機となったといえる．

米国は同盟国が北朝鮮との関係改善を図ることを望んでいなかった．あくまでも米国の対北東アジア政策は冷戦構造を維持することであり，また，それは米国の北東アジアの秩序構築と合致するものであった．

結局，米国と北朝鮮の地政戦略の衝突は北朝鮮の核問題によって発生したということができる．米国は，自国の地政戦略の枠組みの中で核問題で北朝鮮に対する圧力をかけており，また，韓国と日本に対してもその圧力を強化するよう求めたのである．それに対し，北朝鮮は核を米国との関係改善を図るカードとして，すなわち，冷戦構造を脱皮するためのカードとして活用するようになった．前述したように，北朝鮮が「力の空白を埋める」にあたって選択できる二つの戦略，すなわち，米国との関係改善，軍事力強化という二つの戦略から北朝鮮は軍事力の最高手段である核を選択し，米国との関係改善を図ろうとした．

北朝鮮にとっての核は，崩れた均衡の空白を埋める役割を担うのみならず，米国と向かい合うためのカードとして使用されたのである．北朝鮮が核をカードとして使用できるということは，地政学的な特徴があるからである．いわば，北朝鮮の核カードとは，核と地政学的要素である．韓半島特有の地政学的要素が，結局，北朝鮮の核問題を米朝の地政戦略の衝突へと発展させ，なおかつ周辺国の安保に深刻な憂慮をもたらすほど，北朝鮮の核問題が拡大されたということができる．結局のところ，それは力の相互作用による「誰もが望まなかったこと，そのような何かが現れること」を引き起こすかもしれない[11)]．

第二次核危機も第一次核危機と同様な状況の中で発生した．また，これは北朝鮮と韓国，北朝鮮と日本が歴史的な首脳会談を実現する頃に起こった問題でもある．その頃，米国は，韓国の金大中政権に対しTMD構想により圧力をかけつつ，北朝鮮を「悪の枢軸」と規定した．日本が北朝鮮と首脳会談を行った後，米国のケリー特使が平壌を訪問する過程で第二次核危機が勃発した．韓国の丁世鉉（ジョンセヒョン）元統一部長官によれば，「米国は南北関係が好転すると，再び北朝鮮の核問題を提起する」という．すなわち，「核問題を利用して北朝鮮を縛っておく」ということである[12)]．

こうした背景から形成されたのが中国の仲介で行われた第3回の6者会談である．6者会談の開催は，9・11テロ事件以降米国の世界戦略の方向転換を背景とするものである．9・11テロ事件以降米国の世界戦略目標は，最優先で潜在的な競争対象を牽制することから，世界的規模でテロの脅威を断ち切ることへとシフトした．米国は他の強大国との協調を模索するようになった[13)]．もちろん，北東アジアにおいても中国との協調を重視するようになり，その結果，北朝鮮の核問題を解決するための6者会談という新たな枠組みを形成したのである．

しかし，北朝鮮の核問題で米国は，上述した東アジア戦略という次元のみならず，北朝鮮を「悪の枢軸」として規定しテロとの戦争相手国に包含させたのである．したがって，6者会談の枠組みの中で米国は他の国との協力を追求しながらも北朝鮮に対する既存の立場を固守しているのである．米国は「先核放棄，後対話」との主張を繰り返し，北朝鮮は「体制保証」を主張しているが，実は，この米国の方針の背後にはより大きな構想が描かれているのである．米国は，依然として東アジアの地政戦略という次元から北朝鮮の核問題を取り扱っている一方，北朝鮮は生存戦略という次元から核を使用してきたのである．

ところが，第二期ブッシュ Jr. 政権が発足して以来，その状況は新たな局面を迎えるようになった．2月10日北朝鮮のピョンヤンで行われた核保有宣言は，北朝鮮の核問題に質的な変化が起こっていることを示した．それはいわば，北朝鮮の戦略に変化が起こっているという証でもあった．上述した通り，北朝鮮が引き続き核をカードとして米国との関係改善を求める戦略を取ってきたとすれば，2月10日の声明は北朝鮮がこの戦略を放棄し，実際に核を保有しようとする方向に進もうとしていると見られている．結局，誰も望まない結果が発生することになる．すなわち，上述した二つの戦略の中で前者の戦略を放棄し，後者の戦略，すなわち米国との関係改善という戦略でもって実際に核を保有する強力な軍事力を持つ戦略を取る可能性も否定できない．

すなわち，北朝鮮の核問題は，米国の対北東アジアの地政学戦略と北朝鮮の地政戦略の衝突によって生じ，増幅されてきたのである．米国の地政学戦略に変化が見られない限り，北朝鮮の核問題の解決は長期化し，難航するであろう．しかし，こうした不吉な状況が継続的に続くと，北東アジアでは地殻変動が生じる可能性もある．

このように北朝鮮の核問題は，北東アジアの新旧秩序の転換期に発生している点で北東アジアの国際関係に大きな影響を及ぼし，北東アジアの国際関係も北朝鮮の核問題の解決に影響を与えているのである．すなわち，これは新しい北東アジア秩序の方向を明白に示唆するものであろう．

## おわりに――北朝鮮の核問題と北東アジアの平和共同体構築

北東アジア諸国いずれもは強大国を目指すという国家目標を設定している．例えば，ロシアは「強いロシア」を取り戻そうとし，韓国は「北東アジアの中心」を志向している．そして中国は「平和的興隆」を志向し，北朝鮮は「強盛大国」を目標として掲げている．経済大国である日本は政治大国あるいは軍事大国を目指している．皆が強大国を目指していることが今日の北東アジアの現実である．ここに当地域で最も大きな影響力を行使する米国が存在する．こうした国家的目標はすべて自国の国家利益を第１に考えていることである．一見したところ，各国間の国家利益は互いに異なるのが当然のことであるかもしれない[14]．

北東アジア諸国が掲げた国家的目標を基にして当地域の秩序を確立するというのは，やはり国家間の権力配分の転換を意味するものである．こうした新たな転換点に立って各国は他の国と比べ，自国により多くの利益が配分されることを望んでいる．したがって，新しい秩序を確立する際には，様々な問題点が浮上し，諸種の葛藤を経験することとなる．こうした葛藤を解決する過程で各国の位置が決定されるということができる．当地域が，経済的には交流が活発であるが，政治的あるいは領土問題や歴史問題に関しては依然として葛藤が続いている，ということもこれと無関係ではない．

韓半島問題の解決が焦点となっているといえる．韓半島問題は，米国が北東アジア地域に介入する口実を提供しており，それはまた，当地域の協力に大きな影響を及ぼしているのである[15]．韓半島問題をめぐって多くの強大国の利益関係，葛藤関係，そして協力関係は，今日における北東アジアの国際関係を表すものであるといえよう．

そうした意味で，北朝鮮の核問題に北東アジアの国際関係が集約されているというわけである．なお，逆説となるが，北朝鮮の核問題は北東アジアの国際関係に大きな影響を及ぼしているのである．

上述した第１と第２の秩序構築期において韓半島問題で利益を得た国は日本であった．日本は，第１の秩序構築期には韓半島での主導権争奪で北東アジアにおける覇権秩序を確立する基盤を整備し，なお，第２の秩序構築期には，韓国戦争（朝鮮戦争）という機会を十分活用し，経済発展の基盤を形成したのである．冷戦が終結した後，第一次北朝鮮核問題が表面化してから，日本は北朝鮮と関係改善を望みながらも北朝鮮問題を利用し自国の目標を着々と実現する二重性を見せていた．日本は北朝鮮問題を国内政治に最大限利用し，新しいガイドラインのいくつかの関連法案などを国会で通過させた．その法案には国旗としての「日の丸」，国歌としての「君が代」も含まれている．偵察衛星の開発と日米のTMD共同開発もやはり大義名分を得たように推進した．当時から北朝鮮は，日本が朝鮮の脅威を口実に周辺大国と対応できる軍事大国化，核大国化政策を推し進めていると批判した[16)]．昨今の日本は，すでに1990年代の日本と全く異なる様相を呈している．最近に入ってからは，米国との新しい「日米安保共同声明」を発表し台湾問題で中国を刺激しており，さらに安保，領土，領海権益，経済援助，そして過去の侵略の歴史に対する問題で周辺国を不安にさせている．すなわち，これは日本が新たな国際秩序の構築期に入った様相を呈していると同時に，当地域での主導権争いともいえる闘争を繰り広げているのである．結局，新しい北東アジア秩序を構築するにあたって日本の地位を高めようとする戦略でもある．事実上，北東アジアにおいて日本が示す地位は非常に重要である．日本と周辺国との協力がなければ，北東アジアの協力的な秩序は保障できないのである．

北朝鮮の核問題において事実上の鍵を握っている米国が継続的に強い姿勢を堅持しており，日本は周辺国との葛藤を巻き起こしつつ，特に中国とは対立するという構図へと変化している．一方で北朝鮮の核問題によって生じうる核ドミノ現象も日本の核武装に対する懸念を生んでいる．

北朝鮮の核問題で日米同盟は一層強化されている．北朝鮮の核問題で世界超強大国である米国と世界第2の経済大国である日本が前例がないほどに同盟関係を強化し，日本が中国と本格的に葛藤や摩擦を引き起こしているのは，やはり北朝鮮の核問題が単純な核問題だけではないということを証明しているのである．また，北朝鮮の核問題は米中関係，中朝関係，中韓関係，米韓関係，南北関係にも直接・間接的な影響を及ぼしてきた．こうした様々な関係の力が互いに作用をしながら，北東アジアの国際関係に大小の変化をもたらしているのである．

こうした大小の緊急が，眠っていた敏感な問題を浮上させ，グローバル化の動きとは逆行する対立をもたらしている．北朝鮮核問題を含む北東アジアにおける現秩序は，予測不能の混沌とした状態を呈しているのである．その一方では、新たな冷戦構造が作られる可能性もあると見ており，それに対して強い懸念が生れている．韓国の盧武鉉（ノムヒョン）大統領が打ち出した「均衡者論」は，部分的にこうした対立の構造を想定して設定したものといえる．

結局，北朝鮮の核問題の迅速な解決がなければ，北東アジアの現秩序が協力や相互依存ではなく，力の均衡を基礎とする対立構造の秩序へと向かう可能性が十分あるのである．なお，北朝鮮の核問題が悪化あるいは長期化し，戦争や動乱，核ドミノ現象で北東アジアを混沌とした状態にさせる可能性もある[17]．この視点からみると，北朝鮮の核問題をどのように取り扱い，解決するかによって北東アジアの地域共同体の構築とその秩序の行方が決定されうるのである．

実際，北東アジアがどのような秩序へ向かうかということは，未来形として予測不可能である．一つ目は力による対立構造の冷戦秩序である．二つ目はグローバル化の動きによる地域協力の秩序である．三つ目は対立と協力が並存する秩序である．

この三つの可能性は，北朝鮮の核問題の解決に集約されているということができる．言い換えれば，北朝鮮の核問題は単純な核問題を超越した今後の北東アジアの国際秩序と強く結びついている問題であると見ることができる．北朝鮮の核問題を圧力や戦争というものではなく，平和的な手段で解決すべきであることは，対立構造の秩序ではなく地域協力の秩序，すなわち，地域共同体構築を目指すことを意味するのである．

こうした新たな秩序が形成される際，すなわち秩序の転換期に北東アジアが対立構造で秩序を固定化すると，北朝鮮の核問題は長期化ないし悪化するに違いない．しかし，グローバル化の動きによる地域協力の構造の秩序を選択するなら，その状況は一変するであろう．

北東アジアの平和共同体の構築は北東アジア諸国の国家利益に合致するものである．新しい秩序を対立ではなく，協力構造で形成することは北東アジア諸国が追求すべき相互依存の秩序である．

近代史以降の北東アジア秩序は，すべてが戦争によって変更され，確立されてきた．昨今の転換期においても戦争という影から脱していない．新しい北東アジア秩序は，決して戦争ではなく，平和的な手段で形成されるべきであり，また，それは相互依存や共同繁栄の秩序へと進展していかなければならない．そうした意味からみると，北東アジアの関連諸国が地域共同体を構築するために，新たな協力秩序の枠組みを構築することは北朝鮮の核問題を解決するにあたって最も重要である．すなわち，北朝鮮の核問題の解決と北東アジア協力秩序の構築ということを同時に進めていく必要があるということである．今日のような日米同盟と周辺国との葛藤と矛盾，日本と周辺国間の葛藤と矛盾，北東アジア諸国が表出する民族主義の相互衝突などといった諸要素を克服しない限り，北東アジアの平和秩序は構築できないし，北朝鮮の核問題の平和的解決も期待できないのである．こうした意味から，「東アジア平和共同体構築において日本の役割が核心」[18]となっている，ということは道理があるのである．北東アジア諸国が協力の秩序を目指し，協力の構造を構築していくことが北朝鮮の核問題を平和的に解決する鍵である．このように北朝鮮の核問題と北東アジアの平和共同体構築は，相互に影響を与えあう不可分離の関係にあるということができよう．

1）1885年，ロシアの朝鮮進出を警戒するイギリス海軍が巨文島を占拠した．
2）李昊宰『韓国人の国際政治観』，発文社，1994年，４頁を参照．
3）同上書，105頁．
4）金景一『中国の韓国戦争の参戦祈願』，论衡，1995年，序論部分を参照．
5）宋新宁，陈岳『国大政治経済学概論』，中国人民大学出版社，1999年，290頁を参照．
6）『人民日報』，1984年９月21日．
7）銭其琛『外交十記』，世界知識出版社，2003年，154頁を参照．
8）陈东晓「試論国際试论国际制度的本質特徵及其与美国覇権的互動関係」『国際政治研究』，2004年３月，８頁を参照．
9）全東震『日本の対韓半島政策』，民族統一研究員，1992年12月，31頁を参照．
10）小此木政夫編『ポスト冷戰の朝鮮半島』日本國際問題研究所，1994年，266頁を参照．
11）「恩格斯致約．布洛赫」『馬克思恩格斯選集』第４巻，人民出版社，1976年，478頁を参照．
12）『新東亜』2005年，第５号．
13）銭其琛「米国国家安全戦略調整新世紀初的国際関係」『人民日報』（京），2004年１月19日．
14）宋新宁，陈岳，前掲書，288頁を参照．
15）金強一「論中国的東北区域戦略」『延辺大学学報』，社会学版，2004年６月，34頁を参照．
16）『朝鮮中央通信』，平壊1999年８月31日発．
17）姚勤「朝核危機背後的全球核問題和地区安全」『世界経済研究』（沪），2003年11月，19頁を参照．
18）「東アジア平和共同体における日本の役割が核心」『連合ニュース』，2005年５月25日．

**執筆者紹介**（執筆順）

滝田賢治　研究員，中央大学法学部教授［第１章］
内田孟男　研究員，中央大学経済学部教授［第２章］
ジョン・カートン　トロント大学政治学部教授［第３章］
楊永明　国立台湾大学政治学系教授［第４章］
韓庸燮　韓国国防大学教授・国家安全保障研究所所長［第５章］
イワン・ツェリッシェフ　新潟経営大学経営情報学科教授［第６章］
高橋由明　中央大学商学部教授［第７章］
星野智　研究員，中央大学法学部教授［第８章］
モジュタバ・サドリア　研究員，中央大学総合政策学部教授［第９章］
園田茂人　客員研究員，早稲田大学大学院アジア太平洋研究科教授［第10章］
斎藤道彦　研究員，中央大学経済学部教授［第11章］
金慶敏　漢陽大学政治外交学科教授［第12章］
張小明　北京大学国際関係学院教授［第13章］
金景一　北京大学朝鮮文化研究所副所長［第14章］

**訳者紹介**

今井宏平　中央大学大学院法学研究科博士課程前期課程［第３章］
川久保文紀　中央大学大学院法学研究科博士課程後期課程［第４章］
竹中奈津子　中央大学大学院法学研究科博士課程後期課程［第５章］
野村幸平　㈱キャリアライズMOT（技術経営）スクール担当［第６章］
降幡博亮　中央大学大学院総合政策研究科博士課程後期課程［第９章］
李相泫　筑波大学大学院人文社会科学研究科［第12章］
安藤智孝　中央大学大学院法学研究科博士課程後期課程［第13章］
姜京守　中央大学大学院商学研究科博士課程後期課程［第14章］
李頌東　中央大学大学院法学研究科博士課程前期課程［第14章］


東アジア共同体への道

中央大学政策文化総合研究所研究叢書３

2006年３月30日　発行

編著者　滝田賢治
発行者　中央大学出版部
代表者　中津靖夫

〒192-0393　東京都八王子市東中野742-1
発行所　中央大学出版部
http://www2.chuo-u.ac.jp/up/
電話　042(674)2351　FAX　042(674)2354





電算印刷㈱

ISBN 4-8057-1402-6